LAW&BUSINESS 法商圖書

钟 澄
王勇飞
黄俊峰
陈泓宇
著

国有土地上房屋征收理论与实务研究

基于司法案例和深圳实践

Theory and Practice of Expropriation of Buildings on State-owned Land and Compensation

based on judicial cases and practice in Shenzhen Municipal

法律出版社
LAW PRESS · CHINA
北京

图书在版编目(CIP)数据

国有土地上房屋征收理论与实务研究 : 基于司法案例和深圳实践 / 钟澄等著. -- 北京 : 法律出版社, 2022

ISBN 978-7-5197-6502-6

Ⅰ. ①国… Ⅱ. ①钟… Ⅲ. ①国有土地-土地征用-补偿-条例-研究-中国②房屋拆迁-补偿-条例-研究-中国 Ⅳ. ①D922.394②D922.181.4

中国版本图书馆 CIP 数据核字(2022)第 037823 号

国有土地上房屋征收理论与实务研究

——基于司法案例和深圳实践

GUOYOU TUDI SHANG FANGWU ZHENGSHOU LILUN YU SHIWU YANJIU

—JIYU SIFA ANLI HE SHENZHEN SHIJIAN

钟 澄 王勇飞 黄俊峰 陈泓宇 著

策划编辑 张 珺
责任编辑 张 珺
装帧设计 汪奇峰 鲁 娟

出版发行 法律出版社
编辑统筹 法商出版分社
责任校对 王 丰
责任印制 胡晓雅
经 销 新华书店

开本 710 毫米×1000 毫米 1/16
印张 16.75 **字数** 245 千
版本 2022 年 4 月第 1 版
印次 2022 年 4 月第 1 次印刷
印刷 唐山玺诚印务有限公司

地址:北京市丰台区莲花池西里 7 号(100073)
网址:www.lawpress.com.cn
投稿邮箱:info@lawpress.com.cn
举报盗版邮箱:jbwq@lawpress.com.cn
销售电话:010-83938349
客服电话:010-83938350
咨询电话:010-63939796

书号:ISBN 978-7-5197-6502-6
定价:85.00 元

凡购买本社图书,如有印装错误,我社负责退换。电话:010-83938349

序

深圳是社会主义市场经济实践最为生动的地区之一，其城市发展和相应的土地开发从一开始就伴随着各类市场主体的活跃身影。进入21世纪后，深圳的土地资源面临着枯竭的难题，存量土地再开发成为主要课题。房屋征收作为国务院行政法规确立的制度，本应当是实现旧城改造等公共利益目的基础性工作和主要途径，但囿于其实现过程中政府的高投入和赔偿标准的行政性，在深圳的存量土地开发中，相比于广东省创新确立的"三旧"改造（城市更新）制度和深圳市首创的土地整备利益统筹制度，似乎并不特别受青睐，经常作为"底牌"出现。

然而，无论是城市更新还是土地整备利益统筹，其制度设计都脱胎于房屋征收，或者说，其前身房屋拆迁，只是引入了市场机制，希望通过更加平等和柔和的民事手段解决不动产权益的集中问题。城市更新和土地整备利益统筹的制度核心——补偿机制在实践中也需要从房屋征收中寻找最初的答案。因此，作为入行者，无论是政府工作人员、市场主体工作人员还是研究机构工作人员，在热衷于学习"本土政策"的同时，也要搞清房屋征收制度，才能有助于理解由其衍生的其他政策。何况，在本土政策遭遇问题时，仍必须借助房屋征收政策来解决问题。近年来，城市更新和房屋征收的结合、棚户区改造和房屋征收的结合无不说明了这一点。毕竟能够解决问题的政策才是好政策，而无论其理论基础和部门划分。

本书作者之一钟澄老师自2011年进入规划国土部门工作后，已经就深圳的城市更新问题、历史遗留违法建筑问题与他人合作撰写了两本书。对于撰写本书，是一直以来的想法，但基于前述问题，虽然房屋征收在深圳有完备的地方立法，但实践并不太多，而没有实践的就事论事不是其研究风格。有幸遇到了其他几位作者后，才下定决心撰写本书，实是机缘。自2019年开始，第一、第二、第四作者所在律师团队开始为深圳某地重大基础性设施的房屋征收工作提供法律服务，十几位同事配合政府部门，在一线开展了大量的工作，虽然辛苦，但实践出真知，很快在该项工作中积累了经验和阅历，过程中也得到了第三作者的大力指导。经过理论的学习、政策的研究和实践案例的积累，终成本书。

本书主要分为五章：第一章，从“权”和“理”两个角度分析房屋征收的基本理论，“权”包括私有财产权利和政府行政征收权力；“理”则包括征收权力行使的依据、法理基础和征收的界限。第二章，对比2010年前房屋拆迁和2010年起实施的房屋征收制度的不同，通过对此前房屋拆迁制度问题的分析，说明目前国家房屋征收制度建立的必要性、合理性及其初衷。第三章，详细地回顾了从1980年深圳经济特区建立开始，深圳的土地征收和房屋征收政策、立法过程，系统地分析了深圳房屋征收政策立法随着深圳经济社会发展不断演进的过程和每个阶段的特点，也有助于理解现行政策、立法的背景和原因。第四章，以现行《国有土地上房屋征收与补偿条例》《深圳市房屋征收与补偿办法（试行）》的规范为纲，按照一个房屋征收项目进展的顺序为逻辑，逐步分析每个环节中的具体工作，需要满足的条件，以及需要注意的问题，并从司法判例中发掘容易产生的纠纷点，反推在立法没有明确规范的情况下，行政机关在征收工作中应当遵循的法律原则和规范。第五章，深入深圳的房屋征收实践，“接地气”地研究“原村民”“一户一栋”“历史遗留违法建筑”“祖屋”“协议征收模式”“清租”等深圳历史与现实环境下产生的特别问题，按照“特殊人—特殊资格—特殊物—特殊模式”的逻辑，对深圳实践中的特殊问题展开分析和讨论，并提出相应的建议。最后在结论中对全文进行总结。

人到中年且非专职做研究的我们深知，本书中仍存在大量的缺漏，与其说这是一本专著，不如说是学习笔记和实践后的心得体会。不求传经送宝，只求能与同道中人分享一二。感恩帮助过我们的领导和同事,感恩团队同事的鼎力支持,感恩法律出版社的专业编辑。

致敬这座我们已经挥洒了青春的伟大城市。

2022 年 4 月

目录
CONTENTS

引　　言

房屋征收,在2010年前称为房屋拆迁,作为一项政府行政权力,在改革开放后因我国大规模城镇化和城市建设而被大量使用。随着我国法治化进程的推进,“权力被关进笼子里”,从宪法,到法律、行政法规,再到地方立法,该项行政权力,或者说行政行为被逐步规范,使征收机关有法可依,让被征收人依法维权,在公共利益和私人利益之间力求平衡。

深圳虽然是一座新城市,但是40年的极速发展已经是“放眼尽楼宇”,无须引用具体的数据,土地急缺而行政区划又无法扩容,新增建设用地捉襟见肘已是深圳多年来的“基本市情”。然而,不断迭代的产业、不断增加的人口都对这座城市的“空间再分配”提出强烈的诉求并不断推进之。从政府的角度,城市基础公共设施、基础服务设施等民生短板的补齐,粤港澳大湾区核心城市加强对外“粘合力”的要求,都持续推动着城市高质量发展。对行政权力和市场动力而言,过去20年来,存量建设用地,也即存建成区的再次开发,无论在过去、现在还是将来都是“进行时”。在2004年即宣布全市土地国有化的背景下,“国有土地上房屋征收”就成为建成区再开发的基础工程。

不过,与大多数城市旧城改造时由政府征收“打头炮”不同,在深圳这座城市里,社会主义市场经济思维深入各行各业各界,市场主体众多,融资体系发达,因此,建成区再开发过程中活跃着众多市场主体。无论是现行的以市场协商为基础的城市更新,还是2010年之前的“旧工业区”“城中村”

改造中的拆迁许可证制度，开发企业始终都是建成区再开发的主力军，征收作为一种行政手段，似乎“退居二线”。的确，通过政府引导市场化的城市更新，一批学校、医院、养老设施、社区公共服务设施、交通场站、社区内道路得以落地，在此过程中政府不需要动用征收的“有形之手”，更降低了按照立法规定的一套程序走下来的行政成本。

然而，资本是逐利的，市场主体是需要营利的，与城市更新项目配套的公共设施当然可以在项目中落地，反言之，其本身也为城市更新项目中的可经营部分“增光添彩”。当纯公益投资的大项目，如地铁、高速公路、市政道路、大学等需要启动时，就无法再指望纯市场化运作将土地重新收回，政府征收必须“冲锋在前”。即便是上述市场化的更新项目中，也有因为其民事“谈判僵局”，产生类似“木头龙”项目的社会问题，经过10多年马拉松式的谈判后，最终仍然需要政府征收给予兜底，并成为特区立法《深圳经济特区城市更新条例》中“个别征收”制度的先例个案。

可见，在存量土地再开发这样一个系统工程中，“市场之手”和“政府之手”必须并存，各司其职，相得益彰，共同为人民服务。2009年，被国家确认的广东省“三旧”改造和深圳城市更新政策就已实施，虽然深圳的政府征收并不似其他城市那样“显山露水”，但其仍然发挥着不可替代的作用，且随着政府主导的连片开发增多，该项制度必然要发挥更大的作用。然而，在与“市场之手”并存的情况下，深圳特定的市场环境又决定了深圳的房屋征收不可能完全按照国务院行政法规《国有土地上房屋征收与补偿条例》“一板一眼”地进行，必须结合本地特点，尽量使补偿能够达到“市场价值”，而面对日益攀升的市场价值及公共利益项目的紧迫性，如何兼顾公平和效率，也是需要解决的问题。

本书正是在上述的背景下，按照以下逻辑思路展开：首先，介绍房屋征收的基础理论；其次，回顾国家房屋拆除——房屋征收的立法变迁历史，以及深圳经济特区成立以来深圳市相关地方政策和立法的沿革；再次，以现行国家立法和深圳市地方立法为基础，“应然性”地分析房屋征收全流程每个环节中的重要问题，阐述每个节点上作为征收人的各政府机关应当完成的任务，并从已经发生的司法案例中总结易产生矛盾的问题，特别是从政府败诉的案例中得出错误的行为方式，反推在立法没有明确规定的情况下，如何行事更为合法合理;复次,以作者在深圳市房屋征收一线实践工作和调研成果为基础,深入阐述一线实践工作遇到的突出问题,并研究这些问题的由来、表现形式和合理的解决之道,进而对现行的做法提出些许建议;最后,对以上内容进行总结。

第一章,从“权”和“理”两个角度分析房屋征收的基本理论,“权”包括私有财产权利和政府行政征收权力,前者包括房屋所有权和一众用益物权,后者包括直接的征收权和间接的规划权;“理”则包括征收权力行使的依据、法理基础和征收的界限。

第二章,对比2010年前房屋拆迁和2010年开始的房屋征收制度的不同,通过对此前房屋拆迁制度问题的分析,说明目前国家房屋征收制度建立的必要性、合理性及其初衷。

第三章,详细地回顾了从1980年深圳经济特区建立开始,深圳市的土地征收和房屋征收政策、立法过程,系统地分析了深圳市房屋征收政策立法随着深圳市经济社会发展不断调整的演进过程和每个时代的特点,也有助于理解现行政策立法如此进行规范的原因。

第四章,以现行《国有土地上房屋征收与补偿条例》《深圳市房屋征收与补偿办法(试行)》的规范为纲,按照一个房屋征收项目进展的顺序为逻辑,分析每个环节中的具体工作、需要满足的条件以及需要注意的问题,并从司法判例中发掘容易产生的纠纷点,反推在立法没有明确规范的情况下,行政机关在征收工作中应当遵循的法律原则和衍生出的规范。

第五章,深入深圳房屋征收实践,接地气地研究“原村民”“一户一栋”“历史遗留违法建筑”“祖屋”“协议征收模式”“清租”等深圳历史与现实环境下产生的特别问题,按照“特殊人—特殊资格—特殊物—特殊模式”的逻辑,对深圳实践中的特殊问题展开分析和讨论,并提出相应的建议。

需要特别说明的两点,一是鉴于前述深圳市房屋征收在城市建设和存量建设用地再开发中的“谦抑性”及政府在行使这一行政权力时的“柔和度”,故本书中引用的很多司法案例并非深圳“土特产”,而是通过大数据检索分析了全国各地的案例,以期将法条实践化、生动化。作为一个大国,我国各地的城市建设中都有当地特殊的情况,通过展现和对比各地的情况,也有助于我们对国家立法的理解。二是本书中引用的深圳行政案例、司法案例均来自公开的网站、数据库和作者的调研，出于保护隐私和保密的需要，第五章中对一些项目名、人名、地名等进行了处理，这些深圳的"土特产"可以让读者较为深入地理解深圳特殊市情下征收工作的难点，以及由此产生的一些政策上的规定和实操的由来。以上两点也是本书副标题的由来。

最后，因为深圳行政辖区土地已全部国有化，故本书将研究范围限定于国有土地上房屋征收。但是，在《民法典》已经将征收集体土地时房屋和土地的补偿分开规定的情况下，①本书中的一些分析仍可适用于集体土地上房屋征收。此外，在深圳的土地国有化过程中，集体土地并未得到非常好的处理，故关于集体土地的问题在目前的征收中仍然是绕不开且更加复杂的问题。

---

① 《民法典》第二百四十三条第一、二、三款规定："为了公共利益的需要，依照法律规定的权限和程序可以征收集体所有的土地和组织、个人的房屋以及其他不动产。征收集体所有的土地，应当依法及时足额支付土地补偿费、安置补助费以及农村村民住宅、其他地上附着物和青苗等的补偿费用，并安排被征地农民的社会保障费用，保障被征地农民的生活，维护被征地农民的合法权益。征收组织、个人的房屋以及其他不动产，应当依法给予征收补偿，维护被征收人的合法权益；征收个人住宅的，还应当保障被征收人的居住条件。"

第一章　房屋征收基本理论

房屋是人类生产和生活的空间物质载体，是法律上自然人和法人之动产与不动产物权的落脚点，其重要性毋庸置疑。房屋征收，系政府部门以公权力为手段，强制获取房屋及其所在土地的全部不动产权利，并以所在土地进行再开发为主要目的，本质上是对既存不动产的强制征收。房屋的重要性决定了房屋征收的难度——诸多利益主体的博弈，凸显公权力与私权利之间的冲突。房屋征收作为我国城镇化和新一轮城市更新①过程中不可回避的问题，是一个系统性的社会问题，必须从法律上建立规则并在实践中不断完善。从法律学科的视角，“权”与“理”系法学研究的核心内容，本章试图通过这两个维度介绍房屋征收的主要理论问题。

一、房屋征收中的“权”

（一）房屋征收中的基本权利——宪法意义上的私有财产权

法律上的权利是一个存在位阶的体系，其中，国家保障个人权利的最高依据和准则是基本权利，即法律都必须以基本权利为基础，并以保障基本权利的有效实施为目的。基本权利在权利体系中具有最高的地位和价值，往往被认为是宪法所确认的权利，通过宪法使这些基本权利具有宪法的地位

---

① 2021 年 3 月 5 日，李克强总理在第十三届全国人民代表大会第四次会议上所作《政府工作报告》。

和最高法律效力的性质,其通常是“表明权利主体在权利体系中重要地位的权利”。[①] 现行《宪法》第十三条第一、二款规定:“公民的合法的私有财产不受侵犯。国家依照法律规定保护公民的私有财产权和继承权。”宪法学意义上的私有财产权,是指一切具有财产价值的权利,它属于基本权利,即公民对财产享有支配性权利的资格。与其他任何基本权利一样,该项权利反映了国家与公民之间的关系,具有如下内涵:

1.私有财产权具有人权属性

生命权、自由权和财产权是人类最基本的人权,人格是公民参与社会活动应当具有的资格,亦是公民享受各项权利的基本前提,代表个人具备享有权利、承担义务的独立资格,对个人来说具有极其重要的意义。而人格的形成往往依赖于一定的物质基础即私有财产,在很大程度上,没有财产权,就没有人格权。[②] 财产是一个人维持生存和发展的最基本的物质保障,而财产权则是人之所以能被称为人的一项不可或缺的基本权利,属于基本人权范畴,是人支配物的权利,而不是财产作为物的权利。[③] 没有财产权为依托的生命权和自由权等基本权利是空洞的,没有财产权的其他任何权利都将形同虚设。所以说,私有财产权既是生命权与自由权的必然延伸,也是生命权与自由权的一种保证,[④]生命权和自由权的实现必然以财产的合法拥有为前提和基础。

世界范围内,财产权已经普遍成为宪法上的基本概念。林来梵教授认为,公民财产权与其他基本权利一样,也属于公民享有的、不为公权所侵害的基本权,直接反映出公民与国家权力的宪法秩序。[⑤] 财产是最坚实的物质基础,财产权是人之所以为人并维持其生存与发展所不可或缺的权利。近代启蒙思想家从自然权利的角度出发,把财产权视为“天赋人权”,而非可以由法

---

① 董和平、韩大元、李树忠:《宪法学》,法律出版社2000年版,第308页。

② 武勇:《私有财产权宪法保护的完善及其意义》,载《集宁师专学报》2005年第2期,第47~52页。

③ 石佑启:《论私有财产权的人权属性及在人权体系中的地位》,载《河北法学》2007年第3期,第21~25页。

④ 王夏昊:《私有财产权的人权底蕴——论私有财产权的性质与意义》,载《云南社会科学》2004年第2期,第15~19页。

⑤ 韩大元、林来梵、郑贤君:《宪法学专题研究》,中国人民大学出版社2008年版,第437页。

律肆意剥夺和限制的权利。同时,基于私有财产权的天然正当性,国家必须在实然层面上承认私有财产权的人权价值,履行保护财产权的义务。因此,在宪法层面上,私有财产权与人权的保护具有统一性,财产权构成了其他基本人权的物质基础,正可谓"无财产即无人格",没有财产权,人的其他权利就无从实现,人格、自由、尊严就不复存在。财产权使公民的个体独立得以实现,并使公民生命权、自由权并进而构成整个人权的基础,不承认财产权,个人就难以获得独立的人格。[①] 英国思想家哈耶克认为:"确认财产权是划定一个保护我们免于压迫的私人领域的第一步,私有财产权是自由的基本要素,是不可剥夺的天赋的自然权利。"[②]财产权是生命权得以存在和持续的物质保障,同时,财产权亦决定着自由权。英国政治哲学家洛克在其著作《政府论》中阐发了一个重要政治观点就是"政治的主要职责是保护私有财产,没有财产权就没有公正"。[③] 以上是本书的研究对象,房屋征收中的"房屋"作为公民极其重要的不动产在公法上的基本内涵。

2. 私有财产权具有防御权属性

宪法意义上的财产权反映着公民与国家、公民与社会多重关系,核心是财产权得以保障和当其必须被限制时是基于人权与社会公平。按照基本权利理论,财产权是人维持生计的前提,也是享有人格尊严的基础。所以说,宪法意义上的财产权超越了物质财富的范畴,升华出政治权利意义以及价值秩序统合的功能。在此背景下,公法上的财产权被作为人权,甚至可以说由于公法财产权的存在诱发了现代宪法的第一个功能——公民权利防御国家权力过度侵入的功能。

在宪法意义上,财产权超越了市民社会之间占有与交易关系,反映出公民与国家之间的权利——权力关系,以及为了社会公平和公共利益对财产的限制与保护关系。私有财产权写入宪法意味着国家与公民的关系构成了宪法调整内容的核心,也决定了在这种特殊关系中,基本权利的行使主体是公民个人,义务主体主要是国家,宪法的调整手段即是通过避免国家权力的滥

---

① 化玲珍:《私有财产权的宪法保障》,郑州大学2005年硕士学位论文,第4页。

② [英]弗里德利希·冯·哈耶克:《自由秩序原理》(上),邓正来译,生活·读书·新知三联书店1997年版,第1页。

③ [英]洛克:《人类理解论》(下),关文运译,商务印书馆1959年版,第540页。

用来保护公民权利最大化,并据此实现基本权利的内容。因此,宪法上的财产权是公民对国家的一种权利,要求国家在不侵犯财产权的同时保障财产权最大限度上得以实现。财产权作为一项基本权利,旨在划清公私的界限,实现对公权力的制约。作为调整国家与公民关系的宪法,需要在处理权利与权力关系的过程中实现对公民私有财产权的保护——就要求国家权力不得触碰私权的界限,在对待私权的过程中始终保持谦抑,国家权力的"作为"和"不滥作为"均是为了保护私有财产权义务。从某种意义上说,宪法意义下的私有财产权是一项"消极人权",公民对私有财产权的行使,使其能在宪法层面上凭借法的手段对国家权力针对个人的不当侵害进行防御。①

首先,防御权是公民基本权利的一项功能,其本身并不是一种独立的公民权利。宪法和保障其施行的行政法的目的在于规范政府的权力行使,并保护公民的基本权利,因而现代政府是"有限政府",其行使权力需要受到制约,其存在的意义即是保护公民包括财产权在内的各种权利。在此情形下,国家如要侵害或干涉公民的自由或权利,必须符合形式和实质意义上的合法要件,并遵守正当程序原则。其次,宪法上的财产权侧重于保护财产中蕴含的人的主体性与人的私域,本质上是"防御国家"的权能。② 在私有财产权保障之下,人民可以在其可支配财产范围内自由活动,增加自身收入和财产。最后,就财产权性质而言,与其他权利一样,属于排除公权力侵害或干预的消极防御性权利,这要求政府对公民财产的征收应当限制在合理且民众可以承受的范围之内,政府应当对公民的私有财产持一种尊重甚至是敬畏的态度。故此,才需要在征收公民的重要不动产时慎之又慎,设计出科学合理的理由、路径和补偿方式。

(二)房屋征收中的公权力

关于权力的概念,存在诸多观点,主要有:强力说认为,"权力是指它的保持者在任何基础上强使其他个人屈从或服从于自己意愿的能力";③支配力说

① 李龙、刘连泰:《宪法财产权与民法财产权的分工与协同》,载《法商研究》2003年第6期,第40~47页。

② 李龙、刘连泰:《宪法财产权与民法财产权的分工与协同》,载《法商研究》2003年第6期,第40~47页。

③ [英]A·布洛克等:《现代思潮辞典》,社会科学文献出版社1988年版,第89页。

认为,权力"是一种组织性之支配力……是制定法律、维护法律与运用法律之力";[①]可能说认为,权力是"这样一种可能性,即处于某种社会关系内的一种能够不顾抵制而实现其个人意志的可能性,而不管这一可能性所依赖的基础是什么";[②]关系说认为,权力是指"一个人或许多人的行为使另一个人或其他许多人的行为发生改变的一种关系";权利说认为,"权力只是更为广泛的'权利'概念的含义之一";职权说认为,权力就是职权、职责,其重点在于力量;力量说认为,刘金国教授在《再论权力腐败的法律制约》一文中将权力概括为"支配社会、控制社会或影响他人的能力,体现不平等的社会关系和强制性的力量"。[③] 总结来说,权力有如下特征:

(1)公益性。公益性是行政权力行使的目的之一。一般而言,权利的行使以权利主体自身利益的实现为主要目的,但行政权力属于公权力,行政主体并不能将实现自身利益作为目的。行政权力的行使应当以实现公共利益为目的,而公共利益并非单指某个团体或某个人的利益,其应当是团体利益、各个组织利益及个人利益的整合。在现代社会中,国家的政策和法律均应是公共利益的体现,国家设置行政权力的目的,在很大程度上亦是为了使公共利益得以实现。因此,国家行政机关及其工作人员在行使行政权力时,必须以实现社会公共利益为导向。

(2)强制性。为了实现社会公共利益,国家行政机关必须要让前述体现了公共利益的国家政策和法律得到实际上的落实,而强制力是落实过程中不可或缺的因素,其为行政机关执行公务提供了保障,因此,行政权力的行使往往具有强制性特征。这种强制性表现在行使行政权力的过程中一般不必征得行政相对人的同意,行政相对人必须接受国家所发布的政策和法律,积极或者消极的违反者会受到相应的处罚甚至刑罚。尽管随着法治国家、法治政府和法治社会的建设,人大立法、行政立法和行政决策民主化和科学化程度不断提高,但这种参与偏向于监督性或建议性,其所提意见是否被采纳仍取决于行政主体的意志。故行政权力行使的强制性亦是行政主体单方意志的

---

① 谢瑞智:《宪法词典》,台北,文笙书局1979年版,第89页。

② [美]E.博登海默:《法理学:法律哲学与法律方法》,邓正来译,中国政法大学出版社1999年版,第193页。

③ 刘金国:《再论权力腐败的法律制约》,载《政法论坛》2001年第4期,第126~132页。

体现。当然，行政权力行使的过程中，强制性并非绝对的，例如，行政指导、行政合同等即是非强制性的，但即便如此，强制力作为一种后盾力量，在行政权力行使的过程中仍发挥着重要作用。

(3)优益性。从行政权力行使的保障条件来看，行政权力具有优益性。为保障行政权力的有效行使，以实现公共利益，立法设置了相应的条件，使行政机关在行使行政权力的过程中，依法享有一定的行政优先权和受益权，职务上的特权称为行政优先权，指行政权与其他权利在同一领域或范围相遇时，具有优先行使与实现的能力；物质上的特权称为行政受益权，指行政机关为行使职权而拥有的享有物质上便利条件的资格。二者可以统称为优益权，指国家为确保行政机关有效地行使职权，实现管理目标或维护公共利益，而以法律、法规等形式赋予行政机关享有的相较行政相对人而言的各种职务上和物质上的特权。①

(4)职责性。行政权力既是一种权力，也是一种职责，即行政机关对于立法赋予的职责必须予以履行。这种权力与职责的统一决定了行政机关不能对行政权力随意处分，其必须严格按照法律、法规的规定来行使行政权力，在没有立法依据的情况下，行政机关不能随意增加或减少行政权力的行使，更不能放弃对行政权力的行使。

上述公权力的基本理论在房屋征收相对应的征收权和规划权问题上均有具体的体现。

1. 征收的权力行使——征收权

国有土地上房屋征收，是指享有征收权的主体依法对城市规划区内国有土地上的房屋予以征收拆除，并对被征收房屋的所有人或者使用人予以经济补偿的活动。如前所述，城市房屋征收的主要目的是获取被拆迁房屋下面的土地，对该片土地进行再开发，将这一目的结合行政法基本理论，房屋征收权具有如下特征：

(1)房屋征收是国家运用公权力的一种具体行政行为。行政行为是行政主体运用行政权对行政相对人所作的法律行为，或者行政主体在实施行政管

---

① 张榆：《行政协议中行政优益权的启动规制》，载中国法院网，http://www.Chinacourt.org/article/detail/2020/09/id/5470924.shtml。

理活动、行使行政职权过程中所作出的具有法律意义的行为。行政行为的成立具有主体、权力、内容和形式四个要件,具体到房屋征收,是指国家行政主体为了公共利益的需要,运用征收权行政权力将集体所有的土地或者法人、其他组织、个人拥有使用权的土地收归国家所有和使用的行为,该行为符合上述全部行政行为要件,故征收行为属于行政行为,且因征收中行政相对人特定,征收行为进一步属于具体行政行为。

(2)房屋征收具有公共利益目的性。房屋征收本质上是对公民财产权的剥夺,是对财产权最严厉的限制,而能够对财产权进行限制的公权力的行使必须受到严格的限制,所以征收必须是国家基于公共利益的需要而实施的,公共利益是国家实施征收行为的唯一合法理由,且公共利益应当是征收的直接目的。这种公益性在某种程度上成为判定具体征收行为是否合宪合法的依据和标尺,也是防止政府滥用权力、无视被征者合法权益的重要保障。

(3)房屋征收是有严格法定程序限制的具体行政行为。罗尔斯认为,公正的法治秩序是正义的基本要求,而法治取决于一定形式的正当过程,正当过程则主要由程序来体现。① 行政程序具有扩大公民行使参政权的途径、保护行政相对人的程序权益、监督行政主体依法行使职权、提高行政效率等重要意义,与普通的行政行为比较而言,房屋征收的程序是非常严格与复杂的,归根结底,看似烦琐的程序是为了保护房屋权利人的财产权,避免征收权的滥用。

(4)房屋征收是必须事先实施行政补偿的具体行政行为。尽管公共利益的需要赋予了政府强制征收公民合法财产的权力,被征收人在征收中负有容忍其财产权被剥夺之义务,但这并不意味着被征收人就应当默默承受损失,不能为了公共利益完全牺牲被征收人的个人利益,政府应当对财产的任何征收给予公平的补偿。因此,《宪法》中规定对于财产权的征收必须给予补偿,实践中政府也必须对被征收人先进行补偿,之后才可进行实物上的征收。

(5)房屋征收具有国家强制性。征收是一种单方法律行为,仅依靠国家之单方意志即可发生法律效力,具体体现在政府可以作出征收决定和补偿决定。“国家行使征收权,不是基于国家所有权,而是国家对内最高统治权的主

---

① [美]约翰·罗尔斯:《正义论》,何怀宏等译,中国社会科学出版社2001年版,第56页。

权的行使,被征收人负有容忍义务。”[①]被征收人在征收中不能以平等主体的身份与行政征收权之主管部门进行协商,其意思自治受到很大限制,即使被征收人对征收表示抗拒,征收人在必要时仍可采取强制措施实现对财产的取得,当然,这种强制性并不意味着征收人可以任意实施,被征收人的各项权利应得到充分尊重,强制性措施的使用更应当审慎,必须符合法定之条件和程序。

2. 征收的权力控制——规划权

规划权是国家通过积极方式对土地利用所进行的事前规制,是国家对土地利用行为进行限制的权力,体现了公权力对财产使用行为的指引性或者形成性影响。规划与征收是城市建设的两种不同手段,但随着城市化的推进以及城市问题的凸显,规划与征收的关系渐趋紧密。《国有土地上房屋征收与补偿条例》第九条规定:“依照本条例第八条规定,确需征收房屋的各项建设活动,应当符合国民经济和社会发展规划、土地利用总体规划、城乡规划和专项规划。保障性安居工程建设、旧城区改建,应当纳入市、县级国民经济和社会发展年度计划。制定国民经济和社会发展规划、土地利用总体规划、城乡规划和专项规划,应当广泛征求社会公众意见,经过科学论证。”该条是征收与规划关系的直接依据,理论上简称为征收的规划控制条款,[②]为征收权的行使创设了合规划性的法定要件。征收的规划控制条款不仅是征收得以开展的前提,也是对征收程序的一种控制。

(1)规划权的法律内涵[③]

政策性。政府的规划权具有公共政策的属性,是为了实现一定的社会经济发展目标而确定的一定范围内的城乡规模、发展方向以及各项建设,表达了政府在一定时期内的政策主张。政府对城乡规划的制定和修改要从实际出发,符合国家的规划政策,并且满足国家为了实现一定的公共利益的需要。

主动性。规划权并不是政府依据行政相对人或者利益相关人的申请而

---

① 王富博:《土地征收的私权保护——兼论我国土地立法的完善》,载《政法论坛》2005 年第 1 期,第 108 ~ 115 页。

② 王锡锌编著:《国有土地上房屋征收与补偿条例专家解读与法律适用》,中国法制出版社 2011 年版,第 66 页。

③ 参见姜明安:《行政法与行政诉讼法》,北京大学出版社、高等教育出版社 2019 年版,第 51 页。

行使的,而是政府为了实现一定的社会经济发展目标主动行使的。这体现了政府在促进城乡经济社会全面协调可持续发展的进程中的主动性。

裁量性。规划权的权力主体、权力范围、权力内容以及行使权力的程序等虽然是法定的,但是,规划是一种针对未来的行为,而未来的很多因素又都具有不确定性。因此,规划权并不是绝对的、一成不变的。法律只是对规划的总体目标以及规划者在编制城乡规划时所应当考虑的因素作出了规定,政府仍然具有自由裁量权。但是,这种自由裁量权并不是绝对的,而是要受到一定限制,即政府虽然有权自主决定行使权力的目标、方法和手段等,但是其权力范围必须在法定的范围之内,其实施的各种行为也必须符合法律的规定。

(2)规划权对行政征收的控制之道①

规划是行政理性的制度性保障。其一,规划有助于保证征收的公益性。规划控制与征收权的法律控制一样,也是行政理性的制度性保障,有学者甚至称之为"建设法治国家的理性手段"。② 究其原因,一方面,在科学、民主和合法规划的前提下,可以在一定程度上减少政府为发展经济而片面追求商业利益进而滥用征收权的情况发生;另一方面,规划程序中如能充分保证公众参与度,可以将因征收而导致的政府公信力下降、社会不稳定因素增加和经济损害成本上升等可能性降到最低。德国计划法上的"计划担保原则"理论,即认为都市计划在经报核发布实施后,其内容即成为规划范围内"公共利益"之代名词,成为后续征收措施之公共利益担保。③ 其二,规划有助于加强行政内部制约。行政机关之间的分工与制约有助于提高行政效率,在我国当前行政管理体制之下,决策权、执行权与监督权之间属于既相互制约又相互协调的关系。其中,规划处于行政系统内部的决策环节,征收则处于行政系统内部的执行环节,通过规划将征收权予以控制,体现了相互制约又相互协调的关系。基于此,《国有土地上房屋征收与补偿条例》将符合规划作为征收的前提条件之一具有必要性。

规划系征收的制度性限制。从作用上来看,目的限制和程序限制是规划

---

① 参见郑磊:《征收权的规划控制之道》,载《浙江社会科学》2019 年第 10 期,第 40~49、157 页。

② 林明锵:《国土计划法学研究》,台北,元照出版有限公司 2006 年版,第 97 页。

③ 陈明灿:《土地征收导论》,台北,新学林出版股份有限公司 2013 年版,第 29~32 页。

对征收权的主要限制功能。就目的限制而言,房屋征收活动既要符合公共利益,又要符合规划,而符合规划实际上亦是符合公共利益。合规性的目的是在满足经济和社会发展所需正常的土地需求的前提下,减少或避免不恰当征收或过度征收情况的出现。因此,符合规划既是作出房屋征收决定的法定事实基础,也是征收符合公共利益需要的重要担保。但是,征收与规划二者之间的公共利益程度并不能完全等同。规划是对未发生的事项进行筹谋计划,其要求的公益性更加宽泛且抽象;而征收则是当下直接进行的活动,其公益性要求应当是具体且明确的,或者说对应了明确的公共利益项目。换言之,二者实际上是征收过程中两个阶段的公共利益判定机制。就程序限制而言,规划对于征收的程序限制因"是否处于规划范围内"而有所不同。处于规划范围内的,规划即是征收决定的前提条件;处于规划范围外的,则必须先根据实际情况对规划予以变更,继而才能根据新的规划作出征收决定。据此,我国现行体制下的"四规划一计划"在实际上为征收提供了一个征前可以理性协商的、具有公共性质的平台。

(三)房屋征收中的私权利

何为"权利"? 这是一个法学、政治学、伦理学均研究和讨论的问题。中外学者从各自所处的历史条件出发,对权利的概念阐述了不同的主张,主要包括以下8种:资格说认为,权利就是一种资格;主张说认为,权利就是权利主体的应受法律保护的主张;法力说认为,权利是由法律和国家权力保证的,人们为某种利益而从事活动或改变法律关系的能力或权力;规范说认为,权利是法律保障或允许的能够做出一定行为的尺度;自由说认为,权利是权利人的意志自由和行为自由;选择说认为,权利是权利人优于义务人的选择;可能说认为,权利是权利主体作出一定行为、要求他人作出一定行为或请求国家机关作出一定行为的可能性;利益说认为,权利实质上就是给权利享有者以一定的利益。①

权利的特征包括:首先,权利具有自由的属性,如果没有自由,也便没有权利可言,自由乃是权利的前提。其次,权利的内容体现一定的利益,权利的

① 张文显:《法哲学范畴研究》,中国政法大学出版社2001年版,第282~297页。

行使与否与主体的利益密切相关,但又不等同于利益。因为利益是满足主体需要的价值,而权利则是主体追求一定利益或放弃一定利益的法律形式。行使权利不一定都能给主体带来利益,但主体的行为主要指向一定的利益,否则这种权利就毫无意义。再次,权利体现主体的意志,是主体的自我决定和选择。最后,意志的决定和选择之后的行为或不行为必须在法律允许的范围内,这是现代法治社会排除任意意志、维护公共利益所必须加诸于权利的限制。在房屋征收中,涉及的民事权利主要包括不动产所有权、用益物权、租赁权等,下文将详细阐述。

1. 不动产所有权

不动产所有权,是指依法对不动产即房屋享有的占有、使用、收益及处分权利。所有权意味着人对物最充分、最完全的支配。在现代民法理论中,所有权是物权制度的核心和基石,是物权最充分、最典型的表现形式,具有完全性、归一性及恒久性等特点,是其他物权产生的基础。[①] 所有权的本质,在于其是所有权人对房屋所享有的排他性的权利。

根据《民法典》第二百二十九条规定:"因人民法院、仲裁机构的法律文书或者人民政府的征收决定等,导致物权设立、变更、转让或者消灭的,自法律文书或者征收决定等生效时发生效力。"由此可见,征收行为是一种特殊的物权变动行为,是所有权绝对原则的例外规则。法律保护公民的合法财产,物权法律关系存在的重要意义即是明确物的归属及利用,使所有权人对所有权的信赖保护及合理预期利益能够得到保障,并据此强化所有权的安全属性及稳定性。因此,从私权保障的角度来看,房屋征收在本质上违背了物权的稳定性,且极有可能对所有权的安全属性造成破坏。[②] 在不动产征收中,不动产的所有权被强制转移,原所有权人对该不动产的权利归于消灭。对原所有权人占有、使用、收益、处分土地权利的干预或剥夺,一般可认为是一种对所有权的侵犯,征收权与所有权冲突的结果,在一定程度上是征收权对所有权排他性的否定,因为征收直接导致所有权发生变动,原所有权人丧失所有权。[③]

---

① 张俊浩:《民法学原理》(修订第三版)(上册),中国政法大学出版社2000年版,第421页。

② 焦清扬:《国有土地上房屋征收的立法透析与制度反思》,载《河南财经政法大学学报》2016年第1期,第121~130页。

③ 龙翼飞、杨一介:《土地征收初论》,载《法学家》2000年第6期,第21~26页。

行政行为具有公定力,这意味着行政机关所作行政行为,除因严重违法而依法无效外,在未经法定机关和法定程序撤销或变更之前,均推定为有效,行政机关、相对人、其他利害关系人以及其他国家机关均受到其约束。因此,征收决定作为一项行政行为,一经作出便可产生物权变动的法律效果,即房屋被纳入征收范围依法征收的,该房屋所有权由被征收人处转归国家,同时,国有土地使用权亦一并收回。对征收决定和补偿行为不服的,原土地使用权人可以通过行政复议、行政诉讼等法定途径维护自身合法权益,但其享有的国有土地使用权已在房屋被依法征收后消灭,因此其无权对后续的国有建设用地使用权出让等行为提起诉讼。

司法实践中,以"刘某英诉洛阳市政府土地出让批复案"①为例,2013 年 8 月 7 日,洛阳市老城区人民政府(以下简称老城区政府)常务会议通过了老城区政府《关于洛阳古城(老城区东西南隅历史文化街区)保护与整治项目国有土地上房屋征收决定》,决定对涉案土地实施征收。2014 年 1 月 6 日,刘某英等人向洛阳市中级人民法院提起诉讼,请求撤销上述征收决定,洛阳市中级人民法院于 2014 年 9 月 23 日作出一审判决,确认老城区政府作出房屋征收决定违法。2014 年 8 月 21 日洛阳市政府作出《关于洛阳古城整治与保护项目一期地块国有建设用地使用权出让方案的批复》,同意将涉案土地以挂牌方式公开出让。刘某英认为该批复侵犯其合法权益,请求撤销该批复。刘某英认为,其请求撤销批复的主张系基于其享有的土地使用权,并且认为其房屋虽被列为征收范围,但实际并没有完成征收,其还持有房产证,这说明政府没有征收其房屋的合法手续,因此,政府无权作出同意公开挂牌出让其享有的土地使用权的批复,其与该批复有法律上的利害关系。但最高人民法院审理后认为,根据《物权法》第二十八条规定及《国有土地上房屋征收与补偿条例》第十三条第三款规定,一旦征收范围内的房屋被依法征收,该房屋所有权即转归国家所有,被征收人对其房屋不再享有所有权。城市房屋的征收也意味着建设用地使用权的收回,房屋被依法征收的,国有土地使用权亦同时收回。原土地使用权人对征收决定和补偿行为不服的,可以通过行政复议、行政诉讼等法定途径维护自身合法权益,但在房屋被依法征收之后,由于其享

① 参见最高人民法院(2017)最高法行申 1164 号行政裁定书。

有的国有土地使用权已经消灭，其针对后续的国有建设用地使用权出让等行为提起诉讼则不再具有利害关系。同时，最高人民法院亦指出，如以后老城区政府所作房屋征收决定被依法撤销，刘某英自可根据新的事实另行起诉，但就本案而言，刘某英的再审理由并不成立。

2. 用益物权

用益物权人对他人所有的不动产或者动产，依法享有占有、使用和收益的权利。《民法典》第三百二十七条规定："因不动产或者动产被征收、征用致使用益物权消灭或者影响用益物权行使的，用益物权人有权依据本法第二百四十三条、第二百四十五条的规定获得相应补偿。"在国有土地上房屋征收中，主要涉及的用益物权是建设用地使用权，以及《民法典》新增的居住权。

(1)建设用地使用权

建设用地使用权人依法对国家所有的土地享有占有、使用和收益的权利，有权利用该土地建造建筑物、构筑物及其附属设施。房屋价值不仅仅包含房屋所有权本身，同时包含了国有土地使用权。房屋建筑物为被征收客体不存在疑问，而国有土地使用权在未明确纳入《国有土地上房屋征收与补偿条例》征收客体地位的情形下，结合现有立法及实践做法，其已然是纳入"房屋"一同予以征收。根据《民法典》第三百五十六条规定："建设用地使用权转让、互换、出资或者赠与的，附着于该土地上的建筑物、构筑物及其附属设施一并处分。"第三百五十七条规定："建筑物、构筑物及其附属设施转让、互换、出资或者赠与的，该建筑物、构筑物及其附属设施占用范围内的建设用地使用权一并处分。"上述规定确定了"房随地走，地随房走"的房地一体主义原则。据此，房屋征收时，土地使用权附随房屋一并征收处理，《国有土地上房屋征收和补偿条例》第十三条第三款规定房屋征收时国有土地使用权一并收回正是依据此原则。此外，司法实践中，最高人民法院在答复山东省高级人民法院对空地院落是否给予单独补偿的请示①中确定，将空地所对应的国有土地使用权价值纳入补偿范围，与房屋一同计算房产价值。加之《国有土地

① 参见《最高人民法院关于征收国有土地上房屋时是否应当对被征收人未经登记的空地和院落予以补偿的答复》(〔2012〕行他字第16号)："国有土地上房屋征收补偿中，应将当事人合法享有国有土地使用权的院落、空地面积纳入评估范围，按照征收时的房地产市场价格，一并予以征收补偿。"

上房屋征收评估办法》(建房〔2011〕77 号)第十四条第一款规定:"被征收房屋价值评估应当考虑被征收房屋的区位、用途、建筑结构、新旧程度、建筑面积以及占地面积、土地使用权等影响被征收房屋价值的因素。"即评估机构对于房屋价值的评估应考虑土地使用权对房屋价值的影响,将土地使用权纳入房屋价值一同补偿。这就为各地房屋征收中对房屋价值包含土地使用权价值提供了法律依据。

(2)居住权

居住权是《民法典》的新增内容,置于用益物权编的第十四章,尽管该章仅有第三百六十六条至第三百七十一条 6 个条款,但是其设置的意义重大。按照规定,居住权是一种用益物权,原则上为无偿设立,就设立方式而言,当事人也可以依约定设立或者以遗嘱方式设立。居住权虽然系由住宅所有权衍生而出,但却是独立于住宅所有权的用益物权类型,居住权人对他人住宅享有占有、使用的权利,还可基于特别约定享有以出租为代表的收益权。当土地或房屋被征收,土地使用权和房屋所有权消灭,居住权亦归于消灭。所有权人获得补偿的正当性基础在于所有权因征收而导致消灭或终止。同理,居住权作为独立的用益物权,具备绝对权、对世权等特征。根据《民法典》第三百二十七条的规定,用益物权人在不动产或动产因征收、征用而导致用益物权消灭或影响权利行使的情况下,有权获得补偿,而居住权是新增的用益物权,居住权人有权依该条规定在征收中获得相应补偿,故居住权人获得补偿具有法定基础。另外,居住权具有独立的经济价值,承担了保障特定群体,特别是弱势群体居住权益的功能,[①]故征收导致居住权消灭的,居住权人丧失了未来可期待的经济利益,这同所有权征收一样,均是为公共利益所作的牺牲。当为了实现公共利益而牺牲特定主体私人利益之时,只有国家对其给予补偿才能够满足公平正义之要求,[②]据此,理应对居住权人予以相应补偿,以保障其基本生存权益。

(3)引入补偿范围的探索——土地发展权

根据 2019 年修正的《土地管理法》第九条的规定,我国的土地属于国家

---

① 肖俊:《"居住"如何成为一种物权——从罗马法传统到当代中国居住权立法》,载《法律科学(西北政法大学学报)》2019 年第 3 期,第 96 ~97 页。

② 房绍坤等:《公益征收法研究》,中国人民大学出版社 2011 年版,第 333 页。

或集体所有,房屋所有人仅享有房屋占地范围内土地的使用权。与土地征收不同,房屋征收立法的核心指向系房屋本身,但是,房屋征收价值的核心部分仍然是土地而不是房屋。土地使用权在未被收回时并不具有动态价值,只有收回时,其动态价值才会显现,并进一步成为征收活动利益分配之关键,而收回实际上涉及土地发展权补偿问题。基于此,为了避免被征收房屋财产补偿落入补偿不足的尴尬境地,有必要解决被征收人土地发展权补偿问题。然而,基于征收而形成的土地发展利益却未能在政府、被征收人及开发主体之间公正的分配,这也导致实践中社会矛盾与冲突频发。虽然我国并未在立法层面上明确设定被征收人的土地发展权,但为了解决现实矛盾,特别是土地征收中被征收人补偿与享有土地发展权益的政府及开发主体之间利益差距较大的矛盾,部分地区已经开始对征收中配置土地发展权益的制度创新进行探索。①

3. 租赁权

已经废止的《城市房屋拆迁管理条例》第二十七条规定:"拆迁租赁房屋,被拆迁人与房屋承租人解除租赁关系的,或者被拆迁人对房屋承租人进行安置的,拆迁人对被拆迁人给予补偿。被拆迁人与房屋承租人对解除租赁关系达不成协议的,拆迁人应当对被拆迁人实行房屋产权调换。产权调换的房屋由原房屋承租人承租,被拆迁人应当与原房屋承租人重新订立房屋租赁合同。"但《国有土地上征收与补偿条例》并没有延续该条规定。在房屋征收中,承租人除了失去房屋的使用权,还会产生搬迁费用、临时安置费用、停产停业费用等一系列财产损失。同时,基于一些承租人在征收中成为"钉子户"的现实困境,对承租人进行合理补偿亦有利于提高其搬迁积极性,从而推动征收工作的进程。因此,有待通过立法创制对承租人权益损失的合理补偿机制。

在地方立法中,《新疆维吾尔自治区实施〈国有土地上房屋征收与补偿条例〉办法》(新疆维吾尔自治区人民政府令第187号)第三十一条第二款亦规定:"被征收房屋的承租人符合住房保障条件的,应当由房屋所在地住房保障部门审核确认后,优先给予解决。"这一做法能够进一步降低征收对承租人生

① 顾大松:《论我国房屋征收土地发展权益补偿制度的构建》,载《法学评论》2012年第6期,第17~25页。

活带来的不利影响，值得予以推广。

二、房屋征收中的“理”

上文中，我们阐述了与房屋有关的权利和权力，分析了这些权利和权力的基本逻辑和关系，可以看出，房屋征收作为“用权力消灭权利”同时又要“用权力补偿权利”的制度，关系到二者背后各种利益之间的冲突与调和，征收权作为触发这一制度运作的“启动键”居于主导地位，私人财产权利作为被动者，既负有“容让”的义务，又有着对抗权力的本能。下文中，我们将进一步介绍征收权行使法理基础，以及私人财产权面对征收权的容让但必须获得补偿的法理基础，再进一步寻求双方博弈时的平衡之道。

（一）征收权的法理基础

如前所述，国家有对私人财产享有征收权，但国家征收权作为一项限制或剥夺公民财产权利且具有极强的“侵权性”特征的国家公权力，是必须受到限制的，在不具备法定条件的情况下不得行使，法定条件即包括“公共使用的目的”和“公正补偿”。按照现代法治原则，国家的宪法或者法律授予国家一项旨在限制公民私权利的国家公权力时，必须要有其正当性的基础。综观现代政治哲学和法律哲学，关于国家征收权正当性基础的论证，主要有以下几种代表性学说：

1. 主权说。该学说认为：“征收权构成国家主权的一种内在的必要属性，其高于所有的财产权。”[①]还有观点认为：“征收权作为国家主权的一种必要属性，具有不可分割性及不可放弃性。若没有征收权，国家将不成其为国家。征收权如同国家自身的存在一样，具有永久性和不可毁弃性。”[②]《牛津法律大辞典》中的“国家征收权”以及博丹和格劳秀斯等人均是持此种观点。

2. 自然权利说。该学说认为：“征收权是一种为公共目的而取得私有财产的权利。其是国家的一项主权性权利，并不能属于个人。其之于国家，正

---

① Eminent Domain, 29 *a Couple Juris Secundum* 147, 2, p. 162. Cited from Ellen Frankel Paul, Property Rights and Eminent Domain, p. 161, note 19.

② Nichols, *The Law of Eminent Domain*, 1. 1 Cited from Ellen Frankel Paul, Property Rights and Eminent Domain, p. 162, note 19.

像财产权之于个人;换言之,它是国家拥有的自然权利之一。”①

3. 保留权利说。该学说的理论是建立在这样的假定基础上,即在个人占有财产之前,国家对一切财产都享有原始的、绝对的所有权。个人要取得财产的占有需要国家的授权,并且在个人占有财产的整个过程中始终隐含这样的保留条件:国家在符合公共利益需要的任何时候都可以将财产收回。欧洲近代早期思想家如普芬多夫等人认为,个人取得的财产所有权是由国家让渡而来的,在个人取得财产权利之前,国家对这些财产拥有初始的和绝对的所有权,国家将所有权让渡给个人的同时,保留了将来可以再收回的权利。

4. 人民同意说。该学说建立在社会契约论的基础上,如洛克认为:“不论政府由谁来掌控,既是为此受有使人们能享有和保障他们的各种财产的这一条件的委托,则君主或议会纵然拥有制定法律的权力来规定臣民彼此之间的财产权,但未经臣民的同意,其无权取走臣民财产的部分或全部。因为,这会导致臣民在事实上并不享有财产权。”②

5. 市场失灵说。即使财产在政府手中会更有效率,但是,如果无法通过正常的市场手段经与权利人协商完成交易,就是市场的失灵,这时,政府可以通过征收来补救市场的失灵。法律经济学认为,征收制度的潜在效率是可以抵消潜在无效率的。政府征收所涉及的项目一般涉及大量的权利主体,这些交易的谈判成本往往较高。一方面是因为政府在规划确定以后如果放弃原来的购买计划而再去购买其他所有人的土地,要付出巨大的成本,土地所有人对这点是很清楚的,因此他们会提出高昂的报价;另一方面是因为每位所有者都希望自己是最后一个卖出者,从而获得最大的利益,这显然会对征收的进度造成影响。在征收者承担了巨大成本的情况下,其通常会通过提高服务价格办法,将高出的成本转嫁到消费者身上,这样一来,无论是征收者还是消费者均无法获益。除此之外,由于征收成本过于巨大,征收者也可能干脆寻找其他替代措施,从而放弃征收原本拟征收的土地,其结果是,这些土地就不能转到使用效率更高的征收者手中。③

---

① J. B. Thayer, *The Right of Eminent Domain*, Monthly Law Reporter, n. s. IX(1856) at 241. Citied from Ellen Frankel Paul, Property Rights and Eminent Domain, p. 161, note 19.

② ［英］约翰·洛克:《政府论》(下),叶启芳、翟菊农译,商务印书馆 2011 年版,第 88 页。

③ 权小虎:《土地征收制度的法律经济学分析》,载《当代经济》2008 年第 1 期,第 38 ~ 40 页。

6. 强制交易说。该学说的代表人物美国法学家爱泼斯坦认为："关于私权保障存在两个问题：一是无法管制私人侵害；二是自愿交易无法催生中央集权从而与私人侵害作斗争。对于前者，可以由政府的警察权解决；而对于后者，由于其存在交易成本、坚持不合作者和搭便车者等问题，为解决这一问题，合理的措施是为公共使用目的，在有补偿的前提下，实施强制交易，即通过国家行使征收权来完成。"[①]爱泼斯坦的观点与国家征收权的正当性论证基本吻合，与鲍桑葵的国家暴力理论一脉相承。鲍桑葵认为："国家使用的手段总会带有暴力的性质，尽管这并不排除它还有其他方面的手段。征税的目的可能是最合理的，甚至是最能为一般人所接受的，但要做到普遍、公平且确有成效，也只有采取强制的办法。任何国家都不能靠自愿缴纳来进行这项工作。"[②]

通过对上述诸多学说的分析，关于国家征收权正当性的论证，应从国家存在的目的性出发，即国家征收权作为公权力的一种，是否符合国家存在的目的性。如果符合这一目的性，关于国家征收权正当性的问题也就不难论证。根据现代国家理论，国家的存在是以保护个人的生命、自由等人身安全以及财产安全，维护个人幸福为目的。因此，我们在论证国家征收权存在的正当性时，需要以这一目的为标尺，符合这一目的的就具有正当性，反之，背离这一目的的就不具有正当性。国家应履行的基本义务之一即是保护个人的财产权利，基于此，国家"背离"这一义务对个人的财产权利进行"侵犯"的唯一理由只能是这样做对社会公共利益是有利的。因为个人权利的实现是建立在公共利益的实现之上，假如公共利益不能实现，那么长远来看个人的权利也无法实现。由此可见，公共利益是个人权利的界限，是限制甚至剥夺个人权利的唯一正当理由。[③] 故通过国家征收权来限制或剥夺个人的财产权利必须基于公共利益之目的，我们认为国家征收权的正当性正在于此。

（二）财产权容让和合理补偿的法理基础

从法理学上进行分析，国家通过在宪法和法律中设定征收条款，对私人

---

① See Richard A. Epstein, *Takings: Private Property and the Power of Eminent Domain*, Harvard University Press, p. 5.

② ［英］鲍桑葵：《关于国家的哲学理论》，汪淑钧译，商务印书馆2011年版，第191页。

③ 张明：《国家征收权的异化及其限制》，载《河北法学》2012年第10期，第61～67页。

房屋等财产运用国家强制力予以剥夺的理论依据主要是私人财产权所负有的社会义务。

欧洲文艺复兴时期，罗马法开始复兴，这种法学观认为，所有权是与生俱来的，上天赋予所有人对财产以绝对支配的权利，[①]在自然法的学说中，"人们联合成为国家和置身于政府之下的重大的和主要的目的，便是保护他们的财产"。[②] 财产权与生命权、自由权是神圣不可侵犯的权利。个人对其所有之财产拥有占有、使用、收益、处分的绝对自由，这成为财产个人主义、所有权绝对思想的基石。在上述"私有财产神圣""所有权绝对"自由主义财产权观念的影响下，国家对私人土地房屋等财产的强制征收，在征收范围与条件上均受到了极大的限制。随着资本主义国家社会经济的发展，上述"私有财产神圣""所有权绝对"自由主义财产权观念的负面影响逐渐显现，并严重影响了社会的整体发展和人们权利的行使，为了增进公共福祉、实现社会正义而要求限制私人财产权的呼声越来越高。人们在探究如何平衡公共利益和私人利益关系中，对自由主义财产权观念进行反思，并提出了许多限制私有财产权的学说理论，如所有权义务说、社会协作说、特别牺牲说、利益位价说等。虽然从理论上来说，所有权是先于国家且超越国家而存在的基本权利，但是所有权毕竟不能离开国家的保护而存续。按照社会契约的理论，人们建立国家的原因之一即是追求对自身财产的保护。不依赖国家和法律的财产权只在理论上存在。在法律层面，财产权本身带有个人与社会的两面性，个人利益从来都是要与社会利益共生并存的。所以，作为一种法律权利的所有权，必然要求"个人利益"与"社会利益"的对立统一，所有权负有维护和增进公共利益的义务，是财产权固有的本质内涵。也正是因为如此，所有权在法律规范中从来都不是一种不受限制的绝对性权利，而是一种具有其权利运行边界的相对性权利。实际上，没有任何界限的绝对性权利在法律世界中是不可能存在的，即使是人的生命权和身体权，也要以他人的相关权利范围作为自己运行的边界。

上述财产权负有社会义务的观念，成为现代西方资本主义国家制定财产

---

① 余能斌、范中超:《所有权社会化的考察与反思》，载《法学》2002 年第 1 期，第 45 ~ 48 页。

② [英]约翰·洛克:《政府论》(下)，叶启芳、翟菊农译，商务印书馆 2011 年版，第 73 页。

法的一项立法指导原则。在这一观念的影响下,国家对私人土地、房屋等财产的强制征收范围与条件的限制,总体上呈现一个由窄到宽的趋势。但伴随各国为社会经济发展对财产征收范围进行扩大化解释所带来的新问题,亦开始出现从严控制征收范围的呼声。正是由于财产权本身要负一定的社会义务,因而对于私有不动产来说,权利人在使用其不动产时就必须承担适当的限制。但是,财产权社会义务也不能被扩大理解,不能将其作为任意侵害私有不动产财产权的借口。政府行使强制权力对私有不动产财产权进行限制只能在该不动产应该承受的社会义务的范围之内,如果超过这个范围,那么政府行为的性质将发生根本性的改变。

(三)征收权和私人财产权的行使界限

从以上论述来看,无论是从征收权的权力依据抑或不动产财产权社会义务理论等角度,都可以为征收找到相应的理论支持。但是,无论是哪一种理论,其背后的最根本法理都有两条:第一,公权力与私权利的博弈与选择;第二,公共利益与私人利益之间的冲突与平衡。

1. 公权力与私权利的博弈与选择——权利本位优先

公权力与私权利的划分就如同公法与私法的划分一样由来已久,并始终是法学理论研究的起点和核心,尤其是有关财产权保护的各种法学学说大多都是围绕权力与权利的博弈展开的。法律制度的最终选择便是要寻求权力与权利之间的平衡与协调。

权力与权利有时也被称为公权与私权,亦有公权力与私权利之说。关于二者的界分,有学者认为:“公权就是人们在政治领域和社会公共事务方面的权利,私权即人们在经济领域和民间的或私人的事务方面的权利。”[①]简言之,公权力是由政府行使的,服务于私权社会,并调整私权社会中的各种关系;私权利乃公民或者法人固有之权利,包括了人身权、财产权等各种具体之权利。在任何一个国家,公权力和私权利之间都难免会发生冲突,尤其以土地、房屋等不动产财产权最为突出。

在发生冲突时,究竟应该以权力为主还是以权利优先。目前,较为主流

① 张文显:《二十世纪西方法哲学思潮研究》,法律出版社1996年版,第507页。

的观点仍首推“权利本位”论。以本书研究的重点——不动产为例，政府根据公共利益的需要对私有不动产财产权加以限制，这是公权力行使的内在要求，私权主体对此必须予以容忍，但如果该公权力过度膨胀，必然会对公民之私有财产权造成侵害。故私有不动产财产权受到政府公权力过度侵害所面临的制度选择问题及如何以恰当的制度对二者之间的冲突进行平衡，是征收所要解决的主要问题。只有严格限定征收条件、征收程序等，重视对被征收人的权利的保护和救济，方能平衡二者之间的冲突。

2. 公共利益与私人利益的冲突与平衡——公共利益设边界

从公权力和私权利的相互博弈之中，我们不难发现，征收实质上体现的是其背后各种利益之间的相互冲突与平衡。对于作为法律的基础利益的关注和深入研究，使法律在实践层面更加贴近实际生活，对法学研究产生了深远的影响。庞德认为，一项法律制度要达到维护法律秩序的目的，需要通过：(1)承认特定的利益，该利益可能是个人的，亦可能是公共的或者社会的；(2)确定一个范围，哪些利益应当在这个范围内通过法律规范予以承认和实现，该法律规范由司法（现在还有行政）过程按照公认的程序运作和实施；(3)尽力保护在确定的范围内得到任何的利益。[①]

征收在其所表现出的公权力与私权利背后，实际上代表的是公共利益和财产权人个人利益。现代社会，人们在对“个人私益高于一切”的私有财产神圣不可侵犯原则所产生的后果进行反思后，公共利益逐渐受到重视并占据了主导地位，个人本位也逐渐让位于社会本位。因此，在财产权人之个人利益与公共利益发生冲突时，人们通常会以公共利益优先，个人利益往往屈从于公共利益。征收个人财产，其实质是个人与社会的一种交换，通过个人利益的部分让渡换取和平和自身利益的最大化。然而，何为公共利益？谁可以代表公共利益？公共利益的认定标准是什么？至今未能有非常确切的答案。因此，在现行法律体系中，公共利益成了最不确定的法律概念。然而，正是由于其不确定性，导致现实中出现了大量对公共利益进行扩张解释或者假借公共利益之名侵害不动产财产权人合法权益的纠纷。这就要求政府在行使公

---

① 马金芳、魏志学：《公共利益保护的三重视界》，载《商场现代化》2010 年第 28 期，第 218～220 页。

权力对私有不动产财产权实施限制或者征收时,必须要依法且谨慎,既要满足公共利益的需要,又要平衡不动产财产权人的个人利益。对于不动产财产权来说,政府以公共利益为由限制私有不动产财产权,原本无可厚非,但是,如果为了公共利益而使不动产财产权人遭受到了过度的损害以致其无法获取任何不动产利益时,利益的天平便会彻底失衡。这种情况是与法律最基本的"公平"与"正义"价值背道而驰的,后果也是极其严重的。因此,只有确立公共利益有限性的观念和原则,同时给予不动产财产权人合理的救济,才能实现财产权人之个人利益与公共利益之间的相对平衡。

政府过度限制或者侵害不动产财产权通常以维护公共利益为目的,其方式是通过限制不动产财产权人的私益来追求更大范围的公共利益。但是,从本质上讲,法律制度的设计应该有利于双方利益的追求与选择,以便最终实现利益的平衡。故唯有通过适当的制度设计,赋予不动产权利主体寻求救济的权利,才能充分照顾到各方利益之间的平衡。

本章中,我们引经据典地介绍了房屋征收的基本理论,而这些理论中关于权力、权利、公共利益、正当程序的论述,无一不体现在下文分析的立法条文、司法案例和征收实务之中。

第二章　行政法规从“拆迁”到“征收”的变迁

《国有土地上房屋征收与补偿条例》是本书研究的最重要国家层面立法,其前身是《城市房屋拆迁管理条例》。这两部条例的“前世今生”“优劣比较”对于相关领域的研究者和从业者已经是耳熟能详。笔者认为,废止了的,不代表一无是处,正在施行的,也不可能完美无缺。在后文对《国有土地上房屋征收与补偿条例》的施行要求以及在深圳的落地情况进行研究之前,还是有必要对这两部条例进行介绍。

《国有土地上房屋征收与补偿条例》经过先后两次面向全社会公开征求意见后,于 2011 年 1 月 21 日发布施行。同时也让备受争议的《城市房屋拆迁管理条例》正式废止。《国有土地上房屋征收与补偿条例》较之《城市房屋拆迁管理条例》的变化不仅仅是法律条文的不同,更多地反映了立法理念的变化和立法水平的提高,并且在切实维护被征收人利益、保护被征收人私有财产权及制衡政府公共权力,平衡政府公权与公民权利方面进步明显。除了在立法上体现制衡公权的作用外,《国有土地上房屋征收与补偿条例》还进一步在通过对征收主体的改变、公共利益的界定、补偿标准的确立、征收程序的明确以及条例的使用范围等方面确立了对私人财产权的保护和对被征收人利益的保障。综上所述,从“拆迁”到“征收”不仅仅是名词的更换,更是一种从制度层面的改革措施,表现出的是对“因公共利益对国有土地上房屋征收”和“因商业利益而促使的城市房屋拆迁”做出区分的一种观念转变和理念进步,是国家征收制度改革的一种有益尝试。

一、"房屋拆迁"——制度的异化

在《国有土地上房屋征收与补偿条例》颁布之前,调整城市房屋拆迁最高位阶的规范为《城市房屋拆迁管理条例》。《城市房屋拆迁管理条例》实施后,各地在此基础上结合当地实际情况制定了各地的城市房屋拆迁管理条例及实施细则。但在此条例框架下形成的拆迁制度在补偿主体、商谈机制等多方面存在值得商榷的问题。对此学界和实务界已多有讨论,可以总结如下:①

(一)法律关系的不清晰

拆迁模式下,拆迁人从政府处获得行政许可,再与被拆迁人进行非平等协商,此时该三方究竟是何种法律关系似乎并不明确。实践中,拆迁人多为开发企业,其本身是市场主体,本应与被拆迁人居于平等的法律地位,但在其取得拆迁行政许可,加之1991年的《城市房屋拆迁管理条例》第五条"被拆迁人必须服从城市建设需要,在规定的搬迁期限内完成搬迁"的规定下,拆迁人似乎又取得了一定的公权力,然而,从行政主体和行政许可的基本理论和规范来看,市场主体又不应该取得这样的行政权力,更不能成为行政主体。而真正有权剥夺私人财产的政府又不与被拆迁人直接谈判形成行政关系,反而成为裁决者来裁决自己许可的对象和自己管理服务对象的纠纷,这三种法律关系的不清晰一目了然。这实际上形成了政府居间,开发企业与被拆迁人就拆迁事宜直接发生法律关系的现象。而一旦开发企业与被拆迁人就征地事宜发生纠纷,为避免在纠纷中直接承担责任,政府往往会将自己"淡入"幕后,扮演一个"仲裁人"的角色。② 此种做法虽然在很大程度上减轻了政府的压力,但也增加了政府的不作为。

---

① 参见张豪:《城市房屋从拆迁到征收的制度嬗变——兼评〈国有土地上房屋征收与补偿条例〉》,载《社会科学战线》2012年第2期,第258~261页。

② 曹建海:《论我国土地管理制度与重复建设之关联》,载《中国土地》2004年第11期,第12~15页。

（二）不知情下的权利丧失

拆迁意味着旧物权的消灭，1991 年《城市房屋拆迁管理条例》中对此没有规定，2001 年《城市房屋拆迁管理条例》第七条规定：“申请领取房屋拆迁许可证的，应当向房屋所在地的市、县人民政府房屋拆迁管理部门提交下列资料：（一）建设项目批准文件；（二）建设用地规划许可证；（三）国有土地使用权批准文件；……”这就意味着被拆迁人所有的房屋在拆除之前，其所对应的土地使用权已经转给他人。这不仅违背了物权消灭和设立的基本原理，也违背了前述现代化法治中政府所作出的剥夺或限制人民的财产权、人身权等权利的行为都应当遵循正当程序，并且应当保证相对人享有知情权、抗辩权等权利的基本原则。拆迁人在获得拆迁许可证之前，被拆迁人的财产权被剥夺时，往往处于“不知情”的状态，对此根本不可能提出异议。如果被拆迁人只能通过拆迁公告得知自己的财产权被剥夺，这种信息的滞后性会导致其对房屋是否应该拆除丧失了表达异议的可能性，只能与开发企业就补偿金额进行博弈。不知情状态下的权利丧失，意味着利益表达机会的丧失，意味着和平沟通可能的丧失，也意味着矛盾最终的积聚与难以调和。①

（三）安置协议的商谈的“虚置”

《城市房屋拆迁管理条例》中虽然规定了安置协议的谈判机制，但该机制实际上并没有办法得到落实。原因在于：其一，按照民事法律活动的规则，开发企业与被拆迁人签订协议的前提是双方协商一致，但 2001 年《城市房屋拆迁管理条例》第十六条第一款规定：“拆迁人与被拆迁人或者拆迁人、被拆迁人与房屋承租人达不成拆迁补偿安置协议的，经当事人申请，由房屋拆迁管理部门裁决。”根据该规定，在当事人双方无法协商一致的情况下，行政部门可以强制启动交易，即当事人并没有拒绝交易的权利。其二，在开发企业获得拆迁许可后，拆迁已成定局，在此情况下，补偿合同已经丧失了协商的机会，被拆迁人对补偿问题持有异议并不能在实质上对拆迁造成影响。这种强制造成了民事主体的不平等，也导致民事合同订立规则的扭曲，所以，无论各

---

① 参见李怀：《城市拆迁的利益冲突：一个社会学解析》，载《西北民族研究》2005 年第 3 期，第 50～58 页。

地政府对于补偿问题和估价问题进行怎样的立法，都无法改变被拆迁人与开发企业签订的合同是在推土机之下缔结的“城下之盟”这一事实。①

（四）纠纷解决机制的扭曲

房屋拆迁过程中产生的争议最终仍是要通过司法途径进行解决，司法机关对存在前述制度性缺陷的拆迁制度应适用何种纠纷解决机制进行了探索。

1993 年 11 月 24 日，《最高人民法院关于适用〈城市房屋拆迁管理条例〉第 14 条有关问题的复函》（〔1993〕法民字第 9 号，已废止）中答复：“在城市房屋拆迁过程中，拆迁人与被拆迁人对房屋拆迁的补偿形式、补偿金额、安置用房面积、安置地点、搬迁过渡方式和过渡期限，经协商达不成协议发生的争执，属于平等民事主体之间的民事权益纠纷……当事人不服向人民法院起诉的，人民法院应以民事案件受理。”

1996 年 7 月 24 日，《最高人民法院关于受理房屋拆迁、补偿、安置等案件问题的批复》（法复〔1996〕12 号，已废止）中规定：“一、公民、法人或者其他组织对人民政府或者城市房屋主管行政机关依职权作出的有关房屋拆迁、补偿、安置等问题的裁决不服，依法向人民法院提起诉讼的，人民法院应当作为行政案件受理。二、拆迁人与被拆迁人因房屋补偿、安置等问题发生争议，或者双方当事人达成协议后，一方或者双方当事人反悔，未经行政机关裁决，仅就房屋补偿、安置等问题，依法向人民法院提起诉讼的，人民法院应当作为民事案件受理。”

2005 年 8 月 1 日，《最高人民法院关于当事人达不成拆迁补偿安置协议就补偿安置争议提起民事诉讼人民法院应否受理问题的批复》（法释〔2005〕9 号，已废止）中规定：“拆迁人与被拆迁人或者拆迁人、被拆迁人与房屋承租人达不成拆迁补偿安置协议，就补偿安置争议向人民法院提起民事诉讼的，人民法院不予受理，并告知当事人可以按照《城市房屋拆迁管理条例》第十六条的规定向有关部门申请裁决。”

从上述文件可以看出，最高人民法院针对房屋拆迁相关纠纷的处理，在“是否受理”和“以民事诉讼受理还是行政诉讼受理”的问题上，是存在反复

---

① 王怡：《论城市房屋拆迁中的强制权》，载《南方周末》2003 年 9 月 11 日，第 11 版。

的。城市房屋拆迁纠纷是城镇化进程中出现的不可避免的问题,各种纠纷的频发使社会的承受能力和处理能力特别是司法机制解决拆迁纠纷面临着极大的考验。[①] 拆迁制度中存在的主体混乱、法律关系扭曲等问题,既引发了理论上对这种制度的定性判断,亦导致了司法体系自身逻辑的混乱。因此,修正城市房屋拆迁制度具有其必然性及必要性。

二、“房屋征收”——征收的应有之义

2004 年的《宪法修正案》首次在宪法层面上明确了征收制度,而《物权法》(已废止)更是将以公共利益为前提的拆迁行为定义为征收,从而弥补了法律制度层面上拆迁的缺失,从上位法的层面为全面规制拆迁问题做好了铺垫,并促使国务院法制办将修改《城市房屋拆迁管理条例》提上日程。[②] 2010 年 1 月 29 日,国务院法制办在官方网站上公布了《国有土地上房屋征收与补偿条例(征求意见稿)》。在公布后的 15 天内,登录征集意见系统的人数多达 13, 437 人,创下迄今为止国务院行政立法征求公众意见参与人数之最。[③]《国有土地上房屋征收与补偿条例》自 2011 年 1 月 21 日正式公布,受到社会各界的广泛关注和认同,究其原因,该条例并不只是单纯地对《城市房屋拆迁管理条例》进行修改,而是对这一制度的立法理念、法律关系构建和制度设计进行颠覆性的改变。

(一)基本概念的优化

《国有土地上房屋征收与补偿条例》以“搬迁”一词替代了“拆迁”,许多学者对此给予了高度评价,例如,王锡锌教授认为:由“搬迁”一词取代“拆迁”,既有“名”的变化,又有“实”的变化。沈岿教授亦解释说,“搬迁”的基本理念是,在“公共利益”的名义下,经过“征收”程序后,房屋归政府所有,政府对拆不拆具有决定权,其可能因别的用途而不进行拆除,但房子里住的人要

---

① 冯玉军:《权力、权利和利益的博弈——我国当前城市房屋拆迁问题的法律与经济分析》,载《中国法学》2007 年第 4 期,第 39 ~ 59 页。

② 邢鸿飞、蔡鹏:《论我国房屋征收制度之发展与完善——兼评〈国有土地上房屋征收与补偿条例〉》,载《湖北社会科学》2011 年第 10 期,第 150 ~ 153 页。

③ 傅达林:《拆迁修法:求解城市发展和谐之道》,载《社会观察》2010 年第 4 期,第 30 ~ 33 页。

搬走了。①

《城市房屋拆迁管理条例》对于房屋拆迁行为的规定是笼统且模糊的,其并没有对因公共利益而拆迁还是因商业利益而拆迁予以明确区分,而政府作为国家公权力机关,其所追求的必然是公共利益,其也仅能以公共利益代表者的身份出现。基于此,在房屋征收中对公共利益和商业利益之间进行区分具有必要性。

根据宪法修正案和《物权法》(已废止)的相关规定,征收是指为了公共利益需要,行政机关依照法律,在给予补偿的基础上将私人所有的财产强制地征归国有。而国有土地上的房屋征收行为,不仅具备了征收行为的一般特征,还具备了其独有的特征。其一,从征收范围方面来说,根据《国有土地上房屋征收与补偿条例》第二条之规定,房屋征收行为仅涉及国有土地上单位或个人的私有房屋。至于土地,因为我国土地属于国家或集体所有,因此其并不属于征收范围。仅是基于"房地一体"原则,在收回房屋的同时,收回了相应的国有土地使用权。其二,从征收目的方面来说,公共利益是征收的前提之一,房屋征收亦要遵循该前提。为此,《国有土地上房屋征收与补偿条例》第三条规定了房屋征收的基本原则,第八条规定了公共利益的范围。根据上述规定,房屋征收是指行政机关基于公共利益的需要,在遵循法定程序并对被征收人予以合理补偿的前提下,通过强制手段将国有土地上单位或个人的房屋收归国有的行为。这一概念的明确,有利于将房屋征收与基于商业利益的拆迁予以区分。

总之,从"拆迁"到"征收"的转变,体现了行政立法理念的转型,《国有土地上房屋征收与补偿条例》的实施为我国房屋征收制度的改革指明了新的方向。

(二)清晰的法律关系和物权变动模式

征收制度下,开发企业彻底退出舞台,主体只有政府和被征收人,两者之间形成明确的行政法律关系,适用行政法的基本原理和规范。且随着《行政诉讼法》的修正,政府为了房屋征收作出的外部行政行为,包括权属调查、委

---

① 郭少峰:《中国拟立法以"搬迁"替代"拆迁"》,载《新京报》2010 年 1 月 21 日,第 8 版。

托测绘和评估、作出征收决定、制定补偿方案、作出补偿决定等均属于可以行政复议和行政诉讼的范围。虽然在双方无法达成征收补偿协议这一行政协议时,政府可以强制执行,但是需要向司法机关申请。在物权方面,政府行使公权力,付出对价后取得被征收房屋的所有权和对应的土地使用权,将其纳入国有房屋和土地范围,再根据征收项目需要进行出让或划拨,物权变动模式比较清楚。

(三)程序控制的强化

完善的程序控制对于任何一个机制的运行都至关重要,房屋征收亦不例外。《国有土地上房屋征收与补偿条例》遵循了程序正当原则,且对征收决定及征收补偿的具体程序等方面都进行了详细规定。与《城市房屋拆迁管理条例》相比,《国有土地上房屋征收与补偿条例》制度改进主要体现在以下三个方面:

1. 明确了征收阶段的顺序。如前所述,《城市房屋拆迁管理条例》第六条规定:“拆迁房屋的单位取得房屋拆迁许可证后,方可实施拆迁。”第八条第二款规定:“房屋拆迁管理部门和拆迁人应当及时向被拆迁人做好宣传、解释工作。”根据上述规定,开发企业在获得房屋拆迁许可证后,即可实施拆迁行为,并不需要提前获得被拆迁人的同意,而房屋拆迁管理部门只需要在拆迁确定后对被拆迁人进行宣传解释。这种情形下,拆迁人对拆迁没有任何异议的余地。《国有土地上房屋征收与补偿条例》为彻底改变被征收人(被拆迁人)的消极地位,对征收的阶段进行了重新排列:(1)房屋征收部门拟定征收补偿方案并论证;(2)组织补偿方案论证、公布,征求公众意见,并根据征求意见情况对征收补偿方案重新修订公布;(3)进行社会稳定风险评估;(4)作出房屋征收决定并公告;(5)房屋征收部门与被征收人签订补偿协议,在规定期限内达不成协议的,由房屋征收部门报请作出征收决定的人民政府作出补偿决定;(6)被征收人对补偿决定不服的,可以依法申请行政复议或提起行政诉讼,其在法定期限内不执行补偿决定也不申请行政复议或不提起行政诉讼的,有房屋征收决定的人民政府依法申请人民法院强制执行。这一征收程序的明确,使处于被动地位的被征收人获得了相对平等的地位。

2. 保障了被征收人的参与权。对被征收人在征收过程中参与权的保障,有利于确保其实体权利的实现,《国有土地上房屋征收与补偿条例》即对该方面进行了完善。《国有土地上房屋征收与补偿条例》第九条规定:“依照本条例第八条规定,确需征收房屋的各项建设活动,应当符合国民经济和社会发展规划、土地利用总体规划、城乡规划和专项规划。保障性安居工程建设、旧城区改建,应当纳入市、县级国民经济和社会发展年度计划。制定国民经济和社会发展规划、土地利用总体规划、城乡规划和专项规划,应当广泛征求社会公众意见,经过科学论证。”第十条第二款规定:“市、县级人民政府应当组织有关部门对征收补偿方案进行论证并予以公布,征求公众意见。征求意见期限不得少于30日。”第十一条规定:“市、县级人民政府应当将征求意见情况和根据公众意见修改的情况及时公布。因旧城区改建需要征收房屋,多数被征收人认为征收补偿方案不符合本条例规定的,市、县级人民政府应当组织由被征收人和公众代表参加的听证会,并根据听证会情况修改方案。”上述规定进一步加大了被征收人参与权的保障力度,从而更好地保护了被征收人的合法权益。

3. 限制了搬迁的强制性。强制性是房屋征收中公权力行使的重要特征,不仅体现在单方面作出征收决定和补偿决定上,更体现在政府取得被征收房屋的强制性上。然而如前所述,此种强制性必须受到一定的限制。《城市房屋拆迁管理条例》为人诟病的原因之一即在于没有对政府的强制力进行约束,导致实践中被拆迁人的合法权益被过度侵犯。如《城市房屋拆迁管理条例》第十七条第一款规定:“被拆迁人或者房屋承租人在裁决规定的搬迁期限内未搬迁的,由房屋所在地的市、县人民政府责成有关部门强制拆迁,或者由房屋拆迁管理部门依法申请人民法院强制拆迁。”该规定赋予了行政部门绝对的拆除权力,而向法院申请成为“可选择项”。《国有土地上房屋征收与补偿条例》在此方面的修正之处在于,首先,其明确限制了强制搬迁的主体。《国有土地上房屋征收与补偿条例》第二十八条第一款规定:“被征收人在法定期限内不申请行政复议或者不提起行政诉讼,在补偿决定规定的期限内又不搬迁的,由作出房屋征收决定的市、县级人民政府依法申请人民法院强制执行。”依据该规定,征收部门只能依法申请法院强制执行而不能自行强制执行。其次,《国有土地上房屋征收与补偿条例》明确限制了强制搬迁的手段,如《国有土地上房屋征收与补偿条例》第二十七条第三款规定:“任何单位和个人不得采取暴力、威胁或者违反规定中断供水、供热、供气、供电和道路通行等非法方式迫使被征收人搬迁。禁止建设单位参与搬迁活动。”

(四)补偿机制的明确

补偿机制是房屋征收活动中被征收人最关心的部分。《城市房屋拆迁管理条例》和《城市房屋拆迁估价指导意见》(建住房〔2003〕234号)均明确,补偿以房屋市场评估价格为主导。但在实践中,往往会面临拆迁评估价格过低、被拆迁人无法购置合适新住处等问题,导致被拆迁人的生活受到巨大影响。对此,《国有土地上房屋征收与补偿条例》在第三章中对国有土地上房屋征收的补偿机制进行了进一步的修改完善。该完善主要体现在以下四个方面:

第一,明确了补偿主体。《国有土地上房屋征收与补偿条例》第十七条规定:“作出房屋征收决定的市、县级人民政府对被征收人给予的补偿包括:……”根据该规定,征收补偿的主体应当是政府,这就减少了《城市房屋拆迁管理条例》下直接由开发企业在持有拆迁许可证并以法定成为相应地块新的土地使用权人的情况下对被拆迁人进行补偿时的市场自由博弈。

第二,扩大了补偿范围。《城市房屋拆迁管理条例》第二十二条第一款规定:“拆迁人应当依照本条例规定,对被拆迁人给予补偿。”但并未进一步对补偿范围进行明确,这就导致实践中开发企业往往只对被征收的房屋价值进行补偿。对此,《国有土地上房屋征收与补偿条例》在第十七条对补偿范围进行了明确规定,并在第二十二条和第二十三条对搬迁费、临时安置费和停产停业损失的补偿进行了明确的规定,增加了实践中的可操作性。

第三,完善了价格评估机制。以市场价格为补偿原则的补偿机制自然离不开对房屋的市场价格评估机制,《城市房屋拆迁管理条例》第二十四条规定:“货币补偿的金额,根据被拆迁房屋的区位、用途、建筑面积等因素,以房地产市场评估价格确定。具体办法由省、自治区、直辖市人民政府制定。”但是,该规定并未对价格评估机制予以明确。对此,《国有土地上房屋征收与补偿条例》在第二十条中对评估机构的独立性及选取方式进行了完善,使被征收人能够直接参与到评估机构选定中来,也进一步保证了评估机构所作评估的公正性。

第四,明确了先补偿后搬迁的原则。《国有土地上房屋征收与补偿条例》

第二十七条第一款规定："实施房屋征收应当先补偿、后搬迁。"第二十九条第一款规定："房屋征收部门应当依法建立房屋征收补偿档案，并将分户补偿情况在房屋征收范围内向被征收人公布。"上述规定极大程度上解决了实践中因补偿没有到位而强制搬迁引发的纠纷。此外，《国有土地上房屋征收与补偿条例》第二十一条第一款规定："被征收人可以选择货币补偿，也可以选择房屋产权调换。"这一规定亦充分尊重了被征收人的选择权。

（五）救济制度的完善

权力需要监督和控制，权利则需要保护和救济。在房屋征收过程中，公民的个人权益难免受到政府公权力的负面影响，因此，完善的救济制度是必不可少的。《城市房屋拆迁管理条例》第十六条规定："拆迁人与被拆迁人或者拆迁人、被拆迁人与房屋承租人达不成拆迁补偿安置协议的，经当事人申请，由房屋拆迁管理部门裁决。房屋拆迁管理部门是被拆迁人的，由同级人民政府裁决。裁决应当自收到申请之日起 30 日内作出。当事人对裁决不服的，可以自裁决书送达之日起 3 个月内向人民法院起诉。拆迁人依照本条例规定已对被拆迁人给予货币补偿或者提供拆迁安置用房、周转用房的，诉讼期间不停止拆迁的执行。"根据该规定，被拆迁人仅能对补偿安置协议提出异议，而无法对政府向开发企业颁发房屋拆迁许可证的行为提出异议，且我国并未设置独立的行政裁决机构，裁决一般由政府或房屋拆迁管理部门负责，这样一来，裁决的公正性难以得到保证。拆迁中救济制度设计存在的缺陷，导致实践中拆迁纠纷发生后，被拆迁人往往难以对自身合法权益进行有效救济。对此，《国有土地上房屋征收与补偿条例》对救济制度进行了较大的修改。该条例第十四条规定："被征收人对市、县级人民政府作出的房屋征收决定不服的，可以依法申请行政复议，也可以依法提起行政诉讼。"第二十五条第二款规定："补偿协议订立后，一方当事人不履行补偿协议约定的义务的，另一方当事人可以依法提起诉讼。"上述规定扩充了被征收人可以选择的救济途径，且对于司法救济途径进行了梳理，使被征收人的利益诉求得到更好的保障。

总之，房屋征收并不只是一个单纯的法律问题，更是一个社会问题。诚然，现行《国有土地上房屋征收与补偿条例》亦存在一些不完善之处，但是，它所体现的立法理念以及模式设计的转变，是对国家征收制度改革的一次有益尝试和完善，同时也是中国城市化进程步入良性运行和发展的一个契机。[①]《国有土地上房屋征收与补偿条例》的颁布和实施，使国有土地上的房屋征收与补偿安置行为得到了规范，对公共利益界定、补偿标准及征收程序等的规范及明确体现了房屋征收制度在立法观念上的转变。因此，《国有土地上房屋征收与补偿条例》是社会法治观念进步的必然结果，亦是全社会和谐发展的大势所趋。

本章中我们简单介绍了国家层面关于房屋征收立法的演变历史，此乃地方立法和政策变迁的上位依据。实际上，房屋和土地管理作为地方政府的重要事权，地方立法和规范性文件往往对实践具有直接适用价值。下一章中，我们将纵观深圳经济特区建立至今深圳地方关于房产拆迁和征收的政策和立法沿革。而作为改革开放的窗口和最早进行土地管理制度改革的地方，深圳的政策在改革开放初期在全国具有一定的引领性，在某些方面为国家立法起到了先行先试作用。而随着依法治国的深入，深圳的地方立法也在遵守国家法律的原则下，体现了地方的特色。

---

① 邢鸿飞、蔡鹏：《论我国房屋征收制度之发展与完善——兼评〈国有土地上房屋征收与补偿条例〉》，载《湖北社会科学》2011 年第 10 期，第 150 ~ 153 页。

第三章　深圳房屋征收制度发展沿革

深圳是因改革开放政策而生的城市。40余年来，深圳的土地和房屋征收工作为城市建设和发展提供了有力的土地资源保障。回顾城市化的发展历程，深圳在深入贯彻落实科学发展观的过程中，积极探索、大胆创新，不断完善征地拆迁体制机制，逐渐形成规范化、条理化、科学化的征地拆迁运作模式，并积累了诸多成功的经验和做法。在推进城市化过程中，深圳不断加强征收政策制定和立法工作，为城市建设和征地拆迁提供了较为完善的法律依据和政策保障。而房屋征收法治不断完善，对指导、规范房屋征收活动发挥了重要作用，确保了深圳征收工作的顺利进行。

一、深圳房屋征收制度的起步(1980～1988年)

(一)《深圳经济特区土地管理暂行规定》(1981年广东省人大常委会第6号公告，已废止)

深圳经济特区成立初期，仅是一个边陲小镇，其土地现状是整个特区乃至全市的土地基本为集体所有。土地资源是城市经济建设的依托，城市的建设和发展离不开土地房屋的征收，故此，为推进城市化进程，为特区发展提供土地资源保障，深圳市政府开展对农村土地的征收，步入非农化、城市化发展道路。

特区成立之初，为解决特区发展的资金问题并推动城市开发，深圳市政府筹建了特区发展公司来负责罗湖中心区约3平方公里土地的征收工作。在此期间，特区发展公司经市政府授权也零星完成了特区内零散地块的征用工作。[①]

1981 年 11 月 17 日,广东省第五届人民代表大会常务委员会第十三次会议通过了《深圳经济特区土地管理暂行规定》,其中第二条规定,由深圳市政府统一管理特区范围内已开发和尚待开发的矿藏、水流、荒地、耕地、山林和其他海陆资源,而且可根据建设需要对土地实行征购、征用或者收归国有。第六条规定,因建设需要征用土地、拆迁民房和其他建筑物的补偿办法,按照中华人民共和国和广东省人民政府有关规定办理。该规定的出台规范了土地房屋征收拆迁的法律适用,将特区发展公司的征地权收回,并明确了深圳市政府根据建设需要征购土地的权限,为之后的土地房屋征收政府权限管理制度的建立和完善奠定了基础。

(二)《深圳经济特区农村社员建房用地的暂行规定》(深府〔1982〕185 号,已废止)、《深圳市人民政府关于进一步加强深圳特区农村规划工作的通知》(深府〔1986〕411 号)、《深圳市人民政府关于加强特区内已划红线用地管理的通知》(深府〔1987〕368 号,已废止)

为了给经济发展提供更多的城市用地,1982 年 9 月 17 日,深圳市政府根据特区征地和村民建新房的情况发布了《深圳经济特区农村社员建房用地的暂行规定》,明确除了留够特定范围的宅基地和发展用地外,其余的土地收归国有,[②]并对特区内农村集体土地权益边界范围及土地权属性质进行了界定。该规定还提出对宅基地、新村建设用地等划定具体的用地面积标准。[③] 由于农村规划工作跟不上,不少农民建房大大超过了规定标准,违章滥建情况频发,严重违反了国家的政策、法规。深圳市政府于 1986 年 6 月 27 日发布《关于进一步加强深圳特区农村规划工作的通知》,根据特区农村的现状和发展

---

① 刘永红、王卫城:《快速城市化地区的征地留用地规划管理探索与实践——以深圳为例》,载《生态文明视角下的城乡规划——2008 年中国城市规划年会论文集》。

② 张岩鸿:《深圳原住民城市化的政策演进》,载《特区实践与理论》2014 年第 3 期,第 58 ~ 63 页。

③ 《深圳经济特区农村社员建房用地的暂行规定》:"六、新村(居民点)用地面积的计算以每户 150 平方米计算,每户住房的基底面积不得超过 80 平方米。建积可增加 20% 作预留发展。凡已建新村(居民点)、新房者,原有的旧村、旧房则由政府统一规划处理。七、办事处和大队的工业用地,按每个社员 15 平方米计算划地。如兴办商业、服务业等建筑的,应按'深圳市城市建设管理暂行办法',向市规划局办理申报审批手续,不得擅自占地乱建。"

形势,在原规定基础上对农村建设用地标准进行了部分调整,并对特区内农村私人建房的层数、建筑面积标准作出了进一步的修改及完善。同时,该文件明确:应根据原村庄建设现状划定“用地红线”,以符合城市规划。1987 年 9 月 22 日,深圳市政府发布《关于加强特区内已划红线用地管理的通知》,进一步规范了原特区内原村民的建设行为,加强了对特区内已划红线用地的管理。

上述规定的出台加强了特区内农村规划工作,减少了违法占地行为,明确了土地权属界限,为征地拆迁工作的开展提供了必要前提。

(三)《深圳经济特区土地管理条例》(1987 年广东省第六届人民代表大会常务委员会第三十次会议通过,已废止)

为了加强对深圳经济特区的土地管理,合理开发利用土地,1987 年 12 月 29 日,广东省通过了《深圳经济特区土地管理条例》。其中第五条规定:“市政府为了公共利益的需要,可以依照法律规定对土地实行征用。征用集体所有土地的各项补偿费和安置补助费,按照《广东省土地管理实施办法》的规定办理。”该条例的发布明确了土地征用的前提条件必须是出于公共利益的需要,并规定了具体的补偿方式和范围,对土地征用工作的开展给予了有效规制。

二、深圳房屋征收制度的形成(1989 ~ 1993 年)

土地有偿使用制度促进了房地产业的发展,深圳据此进入快速发展时期。然而,随着城市化进程的加快,当时的经济特区也很快遇到了用地瓶颈。增加国有土地供应量,为拓展城市建设规模提供用地保障成为当务之急。1989 年至 1993 年是深圳征地拆迁法制建设的初步阶段,为规范土地房屋征收活动,这一时期出台了诸多对当时征地拆迁有着重大影响的法规、规章。

(一)《深圳市人民政府关于深圳经济特区征地工作的若干规定》(深府〔1989〕7 号,已废止)、《深圳经济特区征地拆迁补偿办法》(已废止)、《关于深圳经济特区农村城市化的暂行规定》(1992 年中共深圳市委、深圳市政府)

为了加快城市建设步伐,1989 年 1 月 3 日,深圳市政府发布了《关于深圳经济特区征地工作的若干规定》,规定特区内土地征用工作由市国土局会同各管理区具体组织实施。同时,该规定所附的《深圳经济特区征地拆迁补偿办法》对征地的各项补偿费和安置补助费等进行了具体的规定,为土地征收工作提供了明确的规范性指引。此外,该规定还从制度层面首次明确提出为集体和村民个体预留发展用地,[①]一方面,实现了城市建设快速发展对土地的需求;另一方面,保障和扩展了村民的发展权益,将土地征收过程中的社会矛盾降低到最低限度。但由于返还土地的产权未予以明确,加上政府未对土地开发利用统一规划,催生了违章建筑泛滥、“城中村”等一系列管理问题。

至1992年,特区内的农民已因城市建设大量征用农村集体土地而无地可种,特区内的农村不再具有传统的农村功能和条件。[②] 1992年6月,深圳市政府发布了《关于深圳经济特区农村城市化的暂行规定》,其中第九条规定:“对现有特区内农村的土地采取如下办法实现国有化……”使特区内农村城市化即集体土地全部转为国有、村民转化为城市居民的工作有章可循。经过这次城市化,特区内的4.6万农民全部转为城市居民,其中的68个行政村以及173个自然村都转为城市居委会。[③] 此乃深圳历史上的第一次农村城市化工作,特区内的城市化“统征”,实现了城市建设快速发展对土地的需求,将特区内用地纳入国有建设用地管理轨道,将特区的行政地理范围加以扩张和固化,促进了特区的经济发展,同时也为在特区范围内实施特殊政策奠定了基础。

(二)《深圳市房屋拆迁管理办法》(深府〔1991〕225号,已失效)

随着社会经济关系的变化,征地方面的管理规定已无法适应当时征地拆迁工作的需要。1991年6月14日,深圳市人民政府发布《深圳市房屋拆迁管理办法》。其中第二条规定:“凡市、区国土管理部门(以下统称国土管理部门)因征用土地、收回土地或其他用地单位征用土地,涉及拆除土地上的房屋

---

① 《关于深圳经济特区征地工作的若干规定》第五条:“市国土局根据土地被征用村庄的大小,征地数量,被征地单位拟投资的规模,结合城市规划要求,优先免地价划拨一块土地,供被征地单位兴建经营性的商业、服务楼宇(可先划地后立项),以发展生产。”

② 深圳经济特区研究会:《深圳经济特区改革开放专题史》,海天出版社2010年版,第312页。

③ 《2003年10月30日时任中共深圳市委书记的黄丽满同志在加快宝安龙岗两区城市化进程动员大会上的讲话》,深圳年鉴出版社2004年版,第15页。

而引起的拆迁、补偿、安置事宜的,适用本办法。”该办法根据当时的国务院《城市房屋拆迁管理条例》,结合深圳实际情况,初步建立起深圳建设初期的房屋拆迁体系和模式,标志着深圳市房屋拆迁有了统一的、可操作性的行为准则,拆迁补偿安置有了科学的、明确的补偿标准,对规范房屋拆迁行为、加强对城市房屋拆迁的管理及维护拆迁当事人的合法权益发挥了积极作用。

三、深圳土地房屋征收制度的发展(1993~2005年)

经济社会的飞速发展使土地供应的需求日益高涨,但与此同时,土地资源的匮乏成为阻碍深圳发展的最大障碍。这一阶段深圳市政府为配合原特区外居民户口城市化工作,制定了大量征地、转地以及房屋拆迁的规定,这些规范文件的颁布实施加快了征地拆迁工作的步伐,确保了城市化的顺利开展。

(一)《深圳市宝安、龙岗区规划、国土管理暂行办法》(深府〔1993〕283号)、《关于加快宝安、龙岗两区城市化进程的意见》(深发〔2003〕15号)、《深圳市宝安龙岗两区城市化土地管理办法》(深府〔2004〕102号)

1993年7月14日,深圳市政府发布《深圳市宝安、龙岗区规划、国土管理暂行办法》,其中第二条规定,对宝安、龙岗两区的土地实行“五个统一”,具体为统一规划、征用、开发、出让以及管理,并对两区的规划、国有土地使用权出让、转让、出租、抵押、农村集体或个人使用土地等管理问题以及非法用地的处理问题都予以详细的规定,明确只有派出机构才能征收或出让集体土地,对征收主体的征收程序、农村非农建设用地的划定作出了具体的规范性指引,有效推进了征地工作的有序开展,为城市建设提供了必要的用地保障。据统计,1993年,全市统征土地26宗,面积15.4万亩,征地补偿费6.37亿元,完成的征地数量相当于上年的3.4倍;收回土地8宗,面积2719.2亩,收地补偿费3611.5万元;拆迁各类建筑39.5万平方米,拆迁费2274.7万元。[①]

随着城市化的不断推进和经济的迅速发展,深圳饱受土地资源紧缺的瓶

---

① 深圳经济特区年鉴编辑委员会主编:《深圳经济特区年鉴(1994年)》,深圳特区年鉴社1994年版,第322页。

颈制约，但同时又面临着特区外集体土地被非法侵占、肆意违法抢建、私宅出租的乱象。为了加强土地的有效管理，保障城市发展所必需的用地空间，2003 年，市政府开始进行城市化转地工作。[①] 2003 年 10 月 31 日，中共深圳市委、深圳市政府发布了《关于加快宝安、龙岗两区城市化进程的意见》，为城市化工作的开展提供了法律基础，并制定时间表，对推进宝安、龙岗两区城市化作出了具体的工作部署。2004 年 6 月 28 日，深圳市政府发布《深圳市宝安龙岗两区城市化土地管理办法》，根据该办法，宝安、龙岗两区农村集体经济组织成员全部转为城镇居民后，原集体所有的土地转变为国有。深圳由此开始了第二轮农村城市化。从理论上讲，深圳从此没有农村，没有农民，实现了全面城市化，全市土地亦实现了国有化。[②] 该办法在当时备受争议，因其没有遵循传统征用或征收的思路，而是开创性地采用了“转地”方式。“转地”的开展为把深圳建设成为一个国际化城市打下了坚实的基础，但是也给深圳的后续发展埋下了隐患——复杂的历史遗留土地问题。当时，原村民或继受单位仍“手握”大量原集体土地的实际使用权，这些土地，于占有者来说缺乏合法产权，于政府而言得不到应有的管控，处在法律和土地管理都未能有效发挥规制管控作用的“真空”状态。

（二）《深圳市土地征用与收回条例》（深圳市人民代表大会常务委员会公告第 82 号，已被修改）、《深圳市征用土地实施办法》（深圳市人民政府令第 121 号）

为保障土地资源的合理利用和城市规划的顺利实施，1999 年 5 月 6 日，深圳通过了《深圳市土地征用与收回条例》，规定征用土地应当根据社会经济发展和城市总体规划、土地利用总体规划的需要，而且必须是有计划地实行征用；并明确征用的土地不得撂荒闲置，应当按照实际需要进行开发和使用。针对土地征用收回制度以专门地方立法——条例的形式正式确立，对征用收回行政活动中的适用范围、情形、补偿安置、法律责任等各环节中的程序都进行了明确具体的规定，对土地征用和收回行政行为加以更有约束力且更具针

① 刘芳、邹霞、姜仁荣：《深圳市城市化统征（转）地制度演变历程和解析》，载《国土资源导刊》2014 年第 5 期，第 17～20 页。

② 黎江涛：《深圳市土地管理法律制度初探》，载《企业经济》2012 年第 7 期，第 189～192 页。

对性的指引和规范，保障其有序进行，推动了土地征用收回制度的法治化、标准化和科学化。

2002 年 8 月 21 日，深圳市政府根据实际工作需要，在上述条例的基础上，发布了《深圳市征用土地实施办法》，明确规定其适用对象为依法批准后的征地活动。该办法的颁布进一步明确和细化了征地工作规程，规范了征地拆迁工作程序，突出了制度的科学性、可操作性和实效性，完善了土地征用与收回制度。

四、深圳房屋征收制度的发展（2006～2015 年）

随着深圳城市化的全面展开，城市交通、大运会筹备以及其他大型公共基础设施建设等重大项目加速推进，土地资源承载力已接近极限，城市发展的重心逐渐由开发增量空间转移到对存量土地资源的整合来保障城市发展的空间需求。因此，这一阶段征地拆迁主要是以重大工程建设的拆迁、城市更新、旧村改造的拆迁为主。

（一）《深圳市公共基础设施建设项目房屋拆迁管理办法》（深圳市人民政府令第 161 号，已废止）

2001 年国务院《城市房屋拆迁管理条例》颁布实施后，《深圳市房屋拆迁管理办法》中的很多规定已不能满足房屋拆迁工作的现实需要，必须作出相应的调整建立一套新的规范和程序。同时，为促进地铁建设、“世界大运会”筹备等重大工程的全面开展，亟待一部更具针对性的专门规章。在此背景下，深圳市政府发布了《深圳市公共基础设施建设项目房屋拆迁管理办法》，并于 2007 年 3 月 15 日起施行。该办法明确了拆迁安置中各类房屋的补偿方式和标准，而且在补偿标准的确定上考虑到了市场价格的因素。此外，该办法还对拆迁安置用地划定应遵循的原则以及具体的操作流程等进行了详细规制。这一办法的实施促进了对公共基础设施建设项目房屋拆迁的规范化管理，明确了征收相关的政府部门之间的职权职责，具有较强的可操作性和指导性，有利于构建公正合理的房屋拆迁模式，同时对于其他建设项目的拆迁工作也起到了积极的示范和借鉴作用。

(二)《深圳市房屋征收与补偿实施办法(试行)》(深圳市人民政府令第248号,已被修改)的发布

为配合《物权法》的实施、《国有土地上房屋征收与补偿条例》颁布实施,房屋拆迁制度正式退出历史舞台,这使得深圳征地拆迁的法律依据发生重大变化。2013年3月18日,深圳市政府五届六十四次常务会议审议通过《深圳市房屋征收与补偿实施办法(试行)》。该办法不仅对房屋征收的具体适用情形和补偿进行了详细规定,而且将"拆迁"的字眼以"征收补偿"取代,还规定必须先补偿、后搬迁。征收补偿制度更加注重对被征收人利益的保护,更加强调对社会公平公正的维护,因此具有进步意义。此外,该办法还结合深圳城市更新、土地整备等情形进行了具体的征收规定;同时,进一步明确了房屋征收与安置标准,合理提高了补偿标准,并对房屋征收评估及房屋测绘等征收程序进行了细化。房屋征收活动有了符合深圳具体实际的行为规范,这也为房屋征收评估与安置补偿活动提供了更具针对性、可操作性的法律保障。

(三)《深圳市人民政府关于推进土地整备工作的若干意见》(深府〔2011〕102号)、《深圳市土地整备资金管理暂行办法》(深府办〔2012〕22号,已废止)、《关于优化土地整备项目管理工作机制的暂行措施》(深府办函〔2013〕147号,已废止)

征(转)地过程中产生了大量的土地历史遗留问题和违法用地、违法建筑问题,呈现零散无序的状态,使得城市空间破碎,土地利用效率低下,给规划和土地管理工作带来严峻的挑战,而应对这一挑战的关键是创新用地管理机制。土地整备是政府主导下的多种存量用地挖潜方式的综合,实施土地清理,整合零散用地,传统的建设用地整理、房屋征收、土地开发等均是其制度设计目标的实现途径。建立土地整备制度,有助于挖掘土地潜力,缓解土地供求矛盾,解决历史遗留问题。

2011年7月2日,深圳市人民政府发布《关于推进土地整备工作的若干意见》,确立了土地整备必须坚持"政府主导、规划统筹、分区实施、统一管理、共同责任、利益兼顾、保障和促进科学发展"的原则,提出开展土地整备,应注重创新管理体制和实施机制,建立科学有效的激励机制与责任机

制,提升整备效率,整合现有土地资源,为城市发展提供用地保障,优化城市功能和空间布局,解决历史遗留土地问题。该意见还具体规定了土地整备的实施方式、规划计划管理制度,明确了土地整备的总体工作要求、组织保障、资金保障、实施范围、实施程序和激励机制等细致内容,对土地整备工作的开展提出了较为清晰的目标和思路,为土地整备工作的实施提供了制度保障。

土地整备是深圳对当前土地管理模式的重大突破,开展土地整备必须有充裕的资金保障。2012 年 3 月 2 日,深圳市政府办公厅发布《深圳市土地整备资金管理暂行办法》(深府办〔2012〕22 号,已废止),其中第三条规定:“土地整备资金实行依法依规管理,按计划执行,实行专款专用、专户储存、专账核算。”此外,该办法还对土地整备资金的管理职责、计划编制与审批、资金来源、资金支出以及监督检查作出了详尽的规定,以强化土地整备资金监督,规范深圳市土地整备资金管理。

为落实《关于推进土地整备工作的若干意见》,结合《深圳市土地整备资金管理暂行办法》,2013 年 12 月 17 日,深圳市政府办公厅发布《关于优化土地整备项目管理工作机制的暂行措施》(深府办函〔2013〕147 号),进一步明晰土地整备项目管理流程,完善了土地整备工作制度和管理机制,提高了土地整备实施效率。

(四)《深圳市原农村集体经济组织非农建设用地和征地返还用地土地使用权交易若干规定》(深府〔2011〕198 号)、《深圳市完善产业用地供应机制拓展产业用地空间办法(试行)》(深府办〔2013〕1 号)、《关于征地安置补偿和土地置换若干规定(试行)》(深府〔2015〕81 号)

经过 2004 年的城市化转地后,深圳理论上已全盘国有,不存在集体土地。但是,经济特区内外仍存在历史遗留土地问题,原村民并不愿意将其纳入政府的规范管理,政府对该土地上的不合理收益也无法管控,大量原村集体土地处于改革的“半进程”状态。因而,2004 年以后,处理征转地后仍存在的历史遗留土地问题成为深圳土地管理工作的重点,如何管理和盘活原集体经济组织所掌控并使用的土地资源,是深圳土地管理的重中之重。

1. 制度创新——“农地”[1]入市流转

为加强非农建设用地和征地返还用地管理,深圳市政府于2011年12月16日发布《深圳市原农村集体经济组织非农建设用地和征地返还用地土地使用权交易若干规定》,其中第二条规定:“本规定所称非农建设用地和征地返还用地是指为了保障原农村集体经济组织生产生活需要,促进其可持续发展,根据有关法律法规和政策规定,由规划国土部门核准的原农村集体经济组织保留使用的土地……”该规定进一步规范了非农建设用地以及征地返还用地的市场交易,明确了非农建设用地和征地返还用地土地使用权交易的监管、开发建设、登记等具体程序的要求,规定了上市交易的程序和地价标准。通过市场方式解决原村集体经济组织通过获取土地增值收益谋求长期发展的问题,有效激活非农建设用地入市,推进非农建设用地资产化、市场化,为历史遗留土地管理制度注入新的活力。

为推进土地节约集约利用,更好地促进产业转型升级,2013年1月7日,深圳市政府发布《深圳市完善产业用地供应机制拓展产业用地空间办法(试行)》,弥补了城市化推进中“未征未转”用地开发利用的政策缺陷,为其指明了出路。该办法具体规定了拓展产业用地空间中各部门职责、具体交易程序以及交易收益的归属等内容,鼓励继受单位将尚未进行开发建设的、符合规划的合法工业用地申请入市,规定所得收益归继受单位,并在第七条规定关于尚未完善征(转)地补偿手续而且符合规划的工业用地,继受单位需先行理清土地经济利益关系,完成青苗、建筑物及附着物的清理、补偿和拆除,在入市所得收益上区分两种不同的方式,即可选择与政府“五五分成”或者“三七分成”的方式申请挂牌出让,并对具体内容进行了详细的规定。[2]

---

① 深圳通过两次城市化土地统征(转),法律框架下已不存在农村集体用地,也不存在农民,但由于城市化过程中形成了一系列有关土地的历史遗留问题,仍存在土地的二元管理现象,即存在原村民土地问题。

② 《深圳市完善产业用地供应机制拓展产业用地空间办法(试行)》第七条规定:“对于尚未完善征(转)地补偿手续且符合规划的工业用地,原农村集体经济组织继受单位在先行理清土地经济利益关系,完成青苗、建筑物及附着物的清理、补偿和拆除后,可选择以下方式之一进入市场:(一)原农村集体经济组织继受单位提出申请,通过政府指定的公开交易平台,以挂牌方式公开出(转)让上述土地使用权,所得收益50%纳入市国土基金,50%归原农村集体经济组织继受单位。(二)原农村集体经济组织继受单位提出申请,通过政府指定的公开交易平台,以挂牌方式公开出(转)让上述土地使用权,所得收益70%纳入市国土基金,30%归原农村集体经济组织继受单位。选择此方式的,原农村集体经济组织继受单位可在成交后继续持有不超过总建筑面积20%的物业专用于产业配套,并在挂牌文件中予以明确。以上述方式进入市场的,相关征(转)地补偿协议应当在成交之前签订,政府不再支付任何补偿款。”

2013年12月20日，凤凰社区一处原集体建设工业用地成功上市，这是深圳历史上第一块原村集体土地进入市场流转。“农地”入市制度的施行，充分发挥了市场配置作用，在拓宽产业发展空间的同时，还通过土地出让利益分成的方式支撑了原农村集体转型发展，解决了历史遗留土地问题，实现了双赢，为实现不同权利主体土地的同价同权开辟了新的道路。①

2. 完善安置补偿制度

深圳于1992年和2004年进行两次土地转制，但实际上大量土地并没有完成相应的补偿返还手续，仍然属于村集体及股份公司所有，为妥善解决深圳征地历史遗留问题，保障城市发展的土地和空间需求，实现国家、集体和个人利益共享机制，深圳市人民政府于2015年9月10日发布了《关于征地安置补偿和土地置换若干规定（试行）》。该规定第二条明确，“征地历史遗留问题”指的是为推进城市化进程，在征收过程中而遗留下来的安置补偿问题。该规定强调“以货币补偿为主，以土地安置和土地置换为辅，以等价值进行补偿”为基本原则，对土地安置、土地置换的具体适用情形进行了限定，提出征地安置补偿、土地置换应依法与城市更新、土地整备及城市化历史遗留违法用地等问题统筹处理，通过各制度之间的衔接配合妥善解决征地、收地补偿等相关问题，共同优化城市空间和功能的合理布局。该规定还明确，在符合安置、置换情形下，选择货币补偿的，补偿金额则适当提高，即加以鼓励，②并明确了处理程序，进一步规范了征地历史遗留问题处理和收地补偿工作，完善了货币补偿标准和安置置换措施，加强监督管理，为征地安置补偿提供法律依据和保障。该规定的出台在适用土地安置、土地置换或货币补偿的情形、土地划定与落地等方面填补了法律空白。

五、深圳房屋征收制度的完善（2016年至今）

深圳不断探索科学征收、和谐征收的新思路、新举措，逐渐形成规范化、

---

① 贾康、程瑜、陈龙、陈通：《国有平台、整合分类、权益求平、渐进归一：中国新型城镇化进程中土地制度改革的难题破解路径——基于深圳调研的报告》，载《经济研究参考》2015年第21期，第46～62页。

② 《关于征地安置补偿和土地置换的若干规定（试行）》第十六条规定：“按照本试行规定可以进行土地安置或土地置换，土地权利人选择货币方式补偿的，补偿金额按拟安置、置换土地的市场评估价值上浮20%确定。”

条理化、系统化的征地拆迁法规体系和运作模式，保障了征收工作的有序进行，有效推动了城市建设的迅速发展，征收法治在不断探索实践过程中，释放出了巨大的土地增值收益。与此同时，随着城市范围不断扩大、建设速度加快和旧城区改造的推进，房屋征收工作进入了一个新的时期，且在实践中仍存在一些法律适用困境，因此，房屋征收工作面临新的形势和挑战。为了规范房屋征收工作的开展，需不断完善房屋征收工作制度，健全体制，创新机制，科学安排操作流程，完善征收程序，保证征收工作顺利进行，防范法律风险。

（一）《〈关于征地安置补偿和土地置换的若干规定（试行）〉实施细则》（深规土规〔2016〕1号，已废止）

为了规范征地安置补偿和土地置换行为，细化处理程序，促进土地资源节约集约利用，实现城市发展利益共享，根据《关于征地安置补偿和土地置换的若干规定（试行）》第十七条第三款的规定，2016年6月1日，深圳市规划和国土资源委员会印发了《〈关于征地安置补偿和土地置换的若干规定（试行）〉实施细则》，坚持等价值补偿原则，同时强调征地安置中原则上采取货币补偿的方式。

该实施细则对征地安置和土地置换工作中出现的不同情形作了详细规定，例如，对于"集体发展用地""发展备用地""原村发展用地"等各类用途未明确的用地以及土地用途"按规划功能实施"的用地，参照《关于征地安置补偿和土地置换的若干规定（试行）》中"工商发展用地"的有关规定执行。

"等价值补偿"原则在该实施细则中有多处体现。该实施细则第十四条规定："按照《若干规定》确定土地安置规模后，因土地资源限制等原因只能选定小于安置规模的地块落实用地的，可以按照等价值补偿原则，在符合城市规划要求的前提下，通过调整所选地块容积率的方式进行安置。"该实施细则第十五条规定："根据《若干规定》进行的土地置换应当遵循等价值原则进行价值评估……"第十八条第三款规定："置换土地的使用年期应当在遵循等价值原则的基础上确定，且不得超过相应用地功能的法定最高年期。"

对于价值评估的程序，该实施细则亦在第十九条作了专门规定："依照《若干规定》实施的土地安置、土地置换、货币补偿及地价收取需要进行价值评估的,应当遵循公平、公开、公正原则,由派出机构与继受单位或者土地权利人选取以下一种方式进行评估。评估方式一经选定,不得更改:(一)由派出机构委托市政府确定的承担评估职能的非营利机构(以下简称非营利评估机构)进行价值评估;(二)由派出机构委托非营利评估机构,由继受单位或者土地权利人委托3家市场评估机构,按照相同规则分别进行价值评估。采取本条第一款第(二)项方式进行评估的,评估价值按照非营利评估机构评估结果与市场评估机构评估结果的平均值确定。市场评估机构评估结果应当按照3家市场评估机构评估值的算术平均值确定。"

(二)《深圳市人民政府关于修改〈深圳市房屋征收与补偿实施办法(试行)〉的决定》(深圳市人民政府令第292号)

为进一步完善房屋征收补偿标准,推进深圳市房屋征收工作,维护被征收人的合法权益,保障城市发展与公共利益,深圳市人民政府于2016年12月23日发布了《关于修改〈深圳市房屋征收与补偿实施办法(试行)〉的决定》,主要修改内容包括房屋征收补偿文件依据、原村民非商品住宅征收补偿、非原村民房屋征收补偿、历史遗留违法建筑征收等多个方面。

在《深圳市房屋征收与补偿实施办法(试行)》依据的政策法规方面,修改后的办法增加了一份名称为《深圳市人民代表大会常务委员会关于农村城市化历史遗留违法建筑的处理决定》(深圳市第六届人民代表大会常务委员会公告第161号)的文件。

在原村民非商品住宅征收补偿方面,修改后的《深圳市房屋征收与补偿实施办法(试行)》第二十五条规定补偿标准为:"符合原村民非商品住宅建设用地标准的,不超过建筑面积480平方米的部分给予产权调换,超出部分按照《实施办法》附件有关规定给予货币补偿。所建房屋建筑面积未达到480平方米的,可按照建筑面积480平方米给予产权调换,差额部分面积由被征收人按产权调换房屋的成本价购足;被征收人选择货币补偿的,以建筑面积480平方米的标准计算被征收房屋的价值,扣减10%的公告基准地价后予以补偿。"

在非原村民房屋征收补偿方面,修改后的《深圳市房屋征收与补偿实施办法(试行)》第二十五条规定补偿标准为:"不超过建筑面积150平方米的部分给予产权调换;被征收人选择货币补偿的,按照被征收房屋的价值扣减10%的公告基准地价予以补偿。超出部分按照《办法》附件有关规定给予货币补偿。”

在征收价格方面,修改后的《深圳市房屋征收与补偿实施办法(试行)》第二十六条第二款规定:“市房屋征收部门发布房屋征收补偿基准价格。被征收房屋的价值以房地产价格评估机构评估确定的价格或房屋征收补偿基准价格确定。”

随后,2017 年深圳市规划和国土委员会公布了《深圳市房屋征收补偿基准价格》,针对两类情形适用:一是根据《深圳经济特区处理历史遗留违法私房若干规定》、《深圳市人民代表大会常务委员会关于农村城市化历史遗留违法建筑的处理决定》及其配套政策处理取得“绿本”房产证的原农村私房;二是属于《深圳经济特区处理历史遗留违法私房若干规定》、《深圳市人民代表大会常务委员会关于农村城市化历史遗留违法建筑的处理决定》及其配套政策规定的处理范围但尚未处理的违法私房。①

(三)《深圳市人民政府关于进一步完善房屋征收补偿机制的若干意见》(深府函〔2016〕306 号)

自《深圳市房屋征收与补偿实施办法(试行)》实施以来,深圳房屋征收体制机制得到不断完善,但由于深圳在快速城市化进程中产生大量历史遗留问题,房屋征收工作经常面临较大阻力,随着深圳经济社会发展,需要进一步完善房屋征收补偿工作机制。因此,为推进深圳房屋征收工作,维护城市公共利益和被征收人合法权益,保障民生工程顺利实施,深圳市人民政府于 2016 年 12 月 24 日发布《关于进一步完善房屋征收补偿机制的若干意见》,就完善深圳房屋征收补偿机制提出以下主要意见:一是对祖屋以及 2006 年 6 月 5 日前根据《宝安区工业和公共配套类停建违法建筑申请复工管理暂行办法》(深宝查违〔2005〕1 号)、《龙岗区工业和公共配套类停建违法建筑申请复工管理暂行办法》(深龙查违〔2005〕1 号)规定取得《复工通知书》的工业类、公共配

---

① 王锋:《专家解读〈深圳市房屋征收补偿基准价格〉》,载《深圳经济特区报》2017 年 3 月 14 日,第 5 版。

套类停建违法建筑以及涉及空地等类型的被征收房屋规定了补偿标准;二是明确规定征收非商品性质房地产以及未经产权登记的建筑,在依法给予产权调换并办理安置房的初始登记后,符合条件的,可申请安置房转为商品性质房地产;三是合理制定房屋征收项目预算方案;四是规定房屋征收安置房源可从本市安置房、保障性住房中统筹安排,城市更新项目配建的保障性住房中应当安排一定比例用于征收安置;五是区规划土地监察机构依法没收的住宅类历史遗留违法建筑,经工程质量和消防安全检验合格并符合地质安全条件的,可作为征收安置用房,由辖区政府统筹使用。

(四)《关于征(转)地安置补偿和土地置换的若干规定》(征求意见稿)

为进一步规范征(转)地安置补偿和土地置换,解决征(转)地历史遗留问题,完善安置补偿措施,明确处理标准,深圳市规划和自然资源局拟修改深圳市政府于2015年9月10日发布的《关于征(转)地安置补偿和土地置换的若干规定(试行)》,并起草形成了《关于征(转)地安置补偿和土地置换的若干规定》(征求意见稿)。为保障公众的知情权和参与权,提高文件修改质量,2020年8月28日,深圳市规划和自然资源局就《关于征(转)地安置补偿和土地置换的若干规定》(征求意见稿)公开征求社会公众意见,主要作了以下多处修改:

一是在征转地安置补偿方面:(1)提升土地补偿费标准。(2)新增利益共享建筑面积的规定,超出规定的容积部分,按60%归属政府,40%归属原集体分配。(3)补充征地返还用地的规模和用途进行整合和调整方式,征地返还地用途为工商发展用地、发展备用地或未明确具体用途的按照原规模确定为工业用途或按65%换算为居住用途。(4)整合征地返还用地安排的方式及顺序,即以纳入城市更新项目、纳入土地整备利益统筹项目、货币补偿、在原村集体未完善征(转)地补偿手续或已征未完善出让手续用地上、在其他原村集体未完善征(转)地补偿手续或已征未完善出让手续用地上、在国有储备用地上的顺序进行安排。(5)进一步明确了征地返还用地的价值评估规则。

二是在土地置换方面:(1)修改土地置换条件,即对"收回整宗或部分有合法产权的产业项目用地,导致该土地权利人无法在原地开发建设或生产经营的",删除了"该项目经市、区产业主管部门评估属于我市鼓励发展的产业"

的限制条件;对“收回尚未开发建设的商业、居住用地,导致无法开发建设的”删除了“以有偿方式取得”的限定;并删除了“收回原农村集体经济组织继受单位的原征地拆迁安置地、非农建设用地或因规划原因导致继受单位的土地无法开发建设的”。(2)新增关于置换用地指标与更新统筹处理的规定。对于收回经营性用地给予土地置换的,可以按照等用地面积作为合法用地指标调入本街道内城市更新项目,并另外按照被收回土地面积10%核算合法用地指标作为奖励。(3)新增物业产权调换的补偿方式,在与土地权利人协商一致的情况下,回收土地补偿可以选择与被收回土地价值相当的物业进行产权调换方式。(4)新增关于经营性用地的等价值置换原则的价值评估规定。对于被收回土地供应合同中约定或不动产登记簿记载为“允许分割转让”“限整体转让”“商品性质”,或是约定、记载为“不得转让”、“自用”或“非商品性质”的,都作了详细规定。(5)补充完善关于非经营性用地的土地置换规定,明确收回非经营性用地的,可置换为使用功能相当的用地。(6)补充产权受限制的土地置换规定,被收回土地存在产权限制条件的,置换后的用地原则上应当设置相同的产权限制条件。(7)将《〈关于征地安置补偿和土地置换的若干规定(试行)〉实施细则》中关于“收回部分土地使用权的可以通过依法调整剩余部分宗地的规划指标,按照等价值原则补偿土地权利人”的规定纳入征求意见稿之中。(8)新增收回土地地上建筑物的补偿标准,明确按重置价进行补偿。(9)调整价值评估容积率的确定标准:被收回土地供应合同有约定容积率的,按照约定确定,但产业用地约定的容积率不得低于1.0;未约定容积率的,产业用地容积率按1.0确定,居住用地容积率按照1.8确定,商业服务用地容积率按照2.0确定。(10)新增关于用地调整的规定,因公共利益或规划实施需要对已出让用地进行调整的,可由派出机构直接按规定办理用地调整手续。

三是在补充性规定方面:(1)明确评估基准时点以委托评估时确定的评估日期为准,地价按评估基准时点的土地市场价格确定。(2)明确用地审批主体:征地返还用地占用国有储备土地总面积3000平方米及以上的,土地供应方案由市政府审批,其他情形由区政府审批。置换用地的土地供应方案由市政府审批。

（五）《深圳经济特区城市更新条例》（深圳市第六届人民代表大会常务委员会公告第228号）

作为第一部地方性城市更新立法的《深圳经济特区城市更新条例》经深圳市第六届人民代表大会常务委员会第四十六次会议于2020年12月30日通过，自2021年3月1日起施行。多年来行业翘首以盼的顶层制度设计终于落地，《深圳经济特区城市更新条例》以深圳多年的城市更新实践经验为基础，借鉴国内外相关行业的优秀立法和制度设计，将一套行之有效的政策体系固化为层级较高的法规，有着诸多亮点，其中关注度最高的莫过于"个别征收"制度的创设。

城市更新改造是对城市整体空间与土地价值的重构，亦是城市规划实施的重要组成部分之一。开展城市更新的目的在于落实城市规划，提升城市基础设施建设和管理水平，完善公共服务配套设施，改善人居环境质量，通过对周围片区的良性辐射，带动整个城市的可持续发展。城市更新项目推进中实施拆迁的基本原则一直是"双百签约"，即专有部分面积占比百分之百且占总人数百分之百的物业权利人同意并签署拆迁补偿安置协议。实践中，这一原则往往会导致部分权利人因利益诉求差异而拒绝签约，从而产生俗称的"钉子户"。"个别征收"则是指政府对少数未签约业主的房屋实施征收并取得的物业权利后，在不低于原有搬迁补偿标准的基础上，由政府相关部门与市场主体重新协商签订补偿方案。当事人不服征收的，可以申请复议或提起行政诉讼。在《深圳经济特区城市更新条例》出台前，实践中也有个别征收的案例。2019年8月7日，罗湖区政府将木头龙片区零星房屋征收确定为2019年度罗湖区零星急需项目，并在次日发布了《深圳市罗湖区翠竹街道木头龙片区零星房屋征收提示》。2019年10月29日，罗湖区政府发布公示，宣告木头龙1363户权利主体的房地产的相关权益已被转移到益田集团，形成了单一主体，据此，木头龙片区长达11年的拉锯战终于迎来破局，这是深圳乃至全国第一个在城市更新项目中启动行政征收手段的例子。继对木头龙城市更新项目零星房屋进行征收，首次启动零星征收推进"城市更新"先例之后，2020年4月1日，深圳市罗湖区城市更新和土地整备局又发布《蔡屋围新围片区房屋征收提示》，拟再次启动蔡屋围城市更新项目新围片区城市更新的"征收兜底"。

借助公权力解决搬迁补偿过程中的僵局是各方对《深圳经济特区城市更新条例》最大的期待,也是《深圳经济特区城市更新条例》最大的争议所在。因此,为了有效地解决城市更新搬迁难问题,《深圳经济特区城市更新条例》创设了“个别征收+行政诉讼”制度,即在旧住宅区城市更新项目中,如果个别业主在行政调解后仍未能协商一致签订搬迁补偿协议的,区人民政府基于维护和增进社会公共利益,推进城市规划的实施目的,可以对未签约部分房屋实施征收。此外,《深圳经济特区城市更新条例》还进一步明确了政府实施征收的适用情形、征收程序及补偿方案,具体规定如下:

一是该条例第三十六条规定,旧住宅区已签订搬迁补偿协议的专有部分面积和物业权利人人数占比均不低于95%,且经区人民政府调解未能达成一致的,为了维护和增进社会公共利益,推进城市规划的实施,区人民政府可以依照法律、行政法规及本条例相关规定对未签约部分房屋实施征收。城中村合法住宅、住宅类历史违建部分可参照执行。

二是该条例第三十七条规定,依照条例规定对未签约房屋实施征收的,可以不纳入全市年度房屋征收计划,由区人民政府参照国家和本市国有土地上房屋征收与补偿的有关规定,依法分别作出征收决定。被征收人对征收决定或补偿决定不服的,可以依法申请行政复议或者提起行政诉讼。

三是该条例第三十八条规定,在区人民政府依法作出征收决定前,尚未签订搬迁补偿协议的物业权利人与市场主体协商签订搬迁补偿协议的,市场主体应当在签订搬迁补偿协议后3个工作日内告知区人民政府。区人民政府对该房屋的征收程序终止。

四是该条例第三十九条之规定,区人民政府征收取得的物业权利,由相关部门按照有关规定与市场主体协商签订搬迁补偿协议。

“个别征收”以市场化协商收购为基础,在仅有少数协商失败例子的情况下,由政府以公共利益为立足点进行介入,对于该部分“钉子户”采取依法强制征收的手段,有利于维护和平衡城市更新项目中各方的合法权益,且政府介入条件的明确性及程序的透明性亦确保了“个别征收”的公信力。因此,“个别征收”这一制度的创新,不仅会极大地助推深圳的城市更新项目,也将会对大湾区的城市改造乃至全国的类似问题的解决提供可资借鉴的经验。

本章中,我们纵观历史,介绍了深圳经济特区建立以来土地征收、房屋征收的政策制定和立法历史，这些政策和立法紧扣这座城市的经济社会发展需要，在不同时期体现出不同的特点，既有针对专门问题的，也有系统性的，总体而言已经编织成一张较为严密的规范网络。

第四章　深圳房屋征收实操流程研究
——基于现行立法的应然视角

在掌握了房屋征收的基础理论，了解了国家层面立法变迁的方向及其原因，系统梳理了深圳地方征收政策和立法的沿革后，本章中，我们将以《国有土地上房屋征收与补偿条例》和《深圳市房屋征收与补偿办法（试行）》为纲，结合公开的深圳市行政信息、全国的司法案例及其他地方的立法和规范性文件，讨论一项完整的房屋征收流程中应当完成的工作和需要注意的问题。

一、房屋征收决定

（一）房屋征收前提条件

1. 符合公共利益

如前文所述，公民合法拥有的房屋属于其私有财产，受到我国法律的保护，而政府征收房屋实际上突破了对公民私有财产的物权保护，基于此，政府作出房屋征收决定的前提必须是为了公共利益。即政府在作出具体房屋征收决定之前，首先应当对作为房屋征收前提的公共利益进行考量。①

公共利益的界定，须结合我国国情。在我国经济高速发展的现阶段，政府通过房屋征收的方式进一步完善城镇规划并满足社会大众的利益需求。因而，在此阶段，对公共利益

---

① 苏丽君：《城市房屋征收补偿问题研究》，复旦大学 2012 年硕士学位论文，第 17 页。

的判断应满足:第一,具有明显的公益性;第二,具有长远性;第三,受益群体为不特定的大多数人;第四,须综合考虑经济发展水平、环境资源等方面。①我国《宪法》第十三条规定:“国家为了公共利益的需要,可以依照法律规定对公民的私有财产实行征收或者征用并给予补偿。”虽然该规定仅为原则性规定,但作为根本法中规范,对于公共利益有着宣誓性的意义。②

《国有土地上房屋征收与补偿条例》对公共利益予以进一步规定,明确了房屋征收决定由市、县级人民政府作出,并且必须是基于公共利益的需要。根据该条例第八条规定,所谓的公共利益包括:“(一)国防和外交的需要;(二)由政府组织实施的能源、交通、水利等基础设施建设的需要;(三)由政府组织实施的科技、教育、文化、卫生、体育、环境和资源保护、防灾减灾、文物保护、社会福利、市政公用等公共事业的需要;(四)由政府组织实施的保障性安居工程建设的需要;(五)由政府依照城乡规划法有关规定组织实施的对危房集中、基础设施落后等地段进行旧城区改建的需要;(六)法律、行政法规规定的其他公共利益的需要。”

《深圳市房屋征收与补偿实施办法(试行)》与《国有土地上房屋征收与补偿条例》的规定基本相同,唯一不同之处在于实施办法在“由政府依照城乡规划法有关规定组织实施的对危房集中、基础设施落后等地段进行旧城区改建的需要”这一条款中增加了“城市更新”的字样。其原因在于深圳市政府于2009年10月22日发布并于2016年修改了《深圳市城市更新办法》,为实施该办法,2012年1月21日深圳市政府又出台了《深圳市城市更新办法实施细则》(深府〔2012〕1号),该实施细则第七十条规定:“市、区政府可以通过房屋征收、土地和房地产收购等方式对城市更新单元内的用地进行整合,采用招标、拍卖、挂牌等公开方式出让土地使用权或者成立、授权相关城市更新实施机构具体实施拆除重建类城市更新项目。”故实施办法中增加“城市更新”字样实际是对《深圳市房屋征收与补偿实施办法(试行)》与《深圳市城市更新办法实施细则》两部规定的衔接。

在司法实践中,法院对房屋征收相关案件进行审查时,会注重对于公共

---

① 陈柏言:《法理视野中公共利益之边界》,载《学术探索》2011年第5期,第51~54页。

② 曹天:《我国城市房屋征收中公共利益的界定》,载《法制博览》2019年第28期,第12~14页。

利益的判断。

以卫生基础建设方面的公共利益认定为例,在“张某军诉惠州市惠城区人民政府行政补偿案”[①]中,原告张某军认为,惠州市中心人民医院全科医生临床培养基地和儿科专科病房建设项目是由惠州市中心人民医院自身组织实施的项目,并非政府组织实施的公益事业项目。但法院通过查明认定,该项目属于中央预算内投资建设项目,是基于完善卫生机构管理体制和运行机制,以及提升全市基本医疗服务水平的需要,由政府组织实施的卫生公共事业项目,因此,被告惠州市惠城区人民政府基于社会公共利益的需要,具有作出被诉房屋征收行政决定的法定职权,案件以法院驳回张某军的诉讼请求为结果。

以交通基础设施方面的公共利益认定为例,在“叶某洲诉广州市花都区人民政府行政许可案”[②]中,被告广州市花都区人民政府为修建广州市轨道交通 9 号线花都段项目花城路站而对房屋进行征收,原告叶某洲的房屋位于征收范围之内,法院审理后认为,广州市花都区人民政府根据当地交通设施的需要,作出房屋征收决定,符合公共利益的要求。

以文化遗址保护方面的公共利益认定为例,在“杭州鸿图商贸有限公司诉杭州市余杭区人民政府、杭州市人民政府等行政征收案”[③]中,原告杭州鸿图商贸有限公司认为,“良渚遗址综合保护工程二期(良渚文化艺术长廊)”项目并非公共利益项目,而是为了建设“良渚文化艺术走廊”的纯商业旅游性质的项目。法院审理后认为,该项目的建设可以保护重点遗址的真实性和完整性,推动良渚遗址申遗工作,属于公共事业建设,符合公共利益的需要。

以在旧城区、棚户区改造方面的公共利益认定为例,在“佟某祥诉天津市河北区人民政府行政补偿案”[④]中,因天津市河北区某某路片区棚户区改造(旧城区改建)项目需要,被告河北区政府决定征收东至铁路线,南至东六经路,西至新大路,北至铁通天津分公司范围内房屋。原告佟某祥承租的企业产权房屋位于被诉房屋征收决定确定的征收范围内,佟某祥因认为,天津市

---

① 参见惠州市中级人民法院(2017)粤 13 行初 68 号行政判决书。

② 参见广州市中级人民法院(2014)穗中法行初字第 213 号行政判决书。

③ 参见杭州市中级人民法院(2018)浙 01 行初 393 号行政判决书。

④ 参见天津市第一中级人民法院(2017)津 01 行初 240 号行政判决书。

河北区人民政府旧城区改建项目侵犯自身合法权益而向法院提起诉讼。法院通过审理查明认定,天津市河北区某某路片区棚户区改造(旧城区改建)项目已纳入天津市河北区国民经济和社会发展第十三个五年规划,目的在于切实改善新大路片区广大群众的居住环境和条件。故被诉房屋征收决定适用《国有土地上房屋征收与补偿条例》的相关规定,并未侵犯佟某祥的合法权益。

此外,公共利益作为征收的前提条件,除了条例中已经明确规定的情形之外,还属于一种不确定的法律概念。为了公共利益而进行的征收,毕竟要牺牲私人利益,在对公共利益进行界定时,要严格遵循比例原则,对私人利益的减损与公共利益的增长进行合理的权衡,避免"因小失大"等情况的出现。例如,在"刘某洪诉云南省昆明市西山区人民政府收回国有土地使用权再审案"中①,申请人刘某洪诉称,依据我国相关法律法规的规定,被申请人西山区人民政府收回土地使用权的目的违法、程序违法,同时并未进行合理补偿。最高人民法院经审查认为,首先,涉案土地位于云南省昆明市西山区草海片区保护治理和开发建设项目征地拆迁范围内,目前草海片区的征地拆迁及相关建设工作已经实施。对于草海片区保护治理和开发建设,有关行政机关已经投入了大量的人力、物力、资金,本案收回国有土地使用权的行政行为作为草海片区保护治理和开发建设工程项目的一部分,如予以撤销,会影响到整个草海片区保护治理和开发建设工程项目的推进和实施,造成社会资源浪费,损害公共利益。其次,涉案土地已经依据法定程序出让给了有关公司。撤销本案被诉行政行为,不仅会破坏有关政府部门在出让土地过程中的公信力,同时也会侵害经正当程序取得本案国有土地使用权的第三方公司的正当权益。最后,公共利益的实现应当给予利益受损方公平、合理的补偿或赔偿。案件最终以最高人民法院驳回刘某洪的再审申请为结果。

另需关注的是,如房屋被征收后"土地用于商业开发",不能据此完全否定征收的公益目的。在"张某甲、周某昌、雷某华、文某丽、吴某贵、符某清、刘某、包某安、张某乙、韩某英、李某杰诉海口市美兰区人民政府、海口市人民政府房屋征收决定二审案"中,②法院经审查认为,2015 年 12 月 10 日被上诉人

① 参见最高人民法院(2017)最高法行申 8518 号行政裁定书。

② 参见最高人民法院(2017)最高法行申 6972－6976、6978－6979、6981－6984 号行政裁定书。

美兰区人民政府作出 30 号征收决定，实施房屋征收，目的是进行城中村及棚户区改造。该房屋征收系基于公共利益需要作出，并严格履行相关法定程序，符合相关法律的规定。关于被征收区域是否属于危房集中、基础设施落后的旧城区，征收是否符合公共利益需要的问题，根据《国有土地上房屋征收与补偿条例》第八条第五项的规定，依据城乡规划法有关规定组织实施的对危房集中、基础设施落后等地段进行旧城区改建的，符合公共利益的目的。美兰区人民政府作出的房屋征收决定中涉及的"下洋瓦灶片区"，系海口市人民政府制定美兰区政府负责开展的棚户区（城中村）改造项目之一，根据美兰区第六届人民代表大会第七次会议批准的国民经济和社会发展计划实施。该项目是为了进一步改善群众居住条件，增强防灾减灾能力改善人民群众的居住条件，提升城市品位。在旧城区改造的过程中，政府通过商业开发的形式来补充旧城改造资金的不足，其目的仍是改善被征收人的居住环境、提高生活品质。商业开发仅是房屋被征收后土地利用的一种手段，只要房屋征收补偿安置确保了被征收人获得安置补偿的选择权，就不能据此否定征收的公共利益目的。

2. 符合规划计划

《国有土地上房屋征收与补偿条例》第九条规定："依照本条例第八条规定，确需征收房屋的各项建设活动，应当符合国民经济和社会发展规划、土地利用总体规划、城乡规划和专项规划。保障性安居工程建设、旧城区改建，应当纳入市、县级国民经济和社会发展年度计划。制定国民经济和社会发展规划、土地利用总体规划、城乡规划和专项规划，应当广泛征求社会公众意见，经过科学论证。"

《深圳市房屋征收与补偿实施办法（试行）》第八条第二款规定："因政府土地整备确需征收房屋的，应当符合《条例》、本办法的规定，并纳入全市土地整备年度计划。全市土地整备年度计划对土地整备涉及房屋征收的计划安排，与全市年度房屋征收计划具有同等法律效力。"

如第一章讨论"规划权"时所述，上述规定的目的在于确保规划先行，保证需要征收房屋的各项建设活动被纳入各规划并符合各规划的要求，而各规划的制定必须广泛征求社会公共意见并经过科学论证，即各规划本身也具有满足公共利益的要求，因此，这也在一定程度上进一步保障了政府所作房屋征收决定符合公共利益。并且,按照规定,保障性安居工程建设、旧城区改建的项目还应当纳入市、县级国民经济和社会发展年度计划。根据《地方各级人民代表大会和地方各级人民政府组织法》第八条规定:“县级以上的地方各级人民代表大会行使下列职权:……(二)审查和批准本行政区域内的国民经济和社会发展计划、预算以及它们执行情况的报告……”即保障性安居工程建设、旧城区改建的项目在实施征收前应经过县级以上的地方各级人民代表大会审议批准。保障性安居工程建设、旧城区的改建与广大人民群众日常生活息息相关,由作为民意代表机关的人民代表大会负责该建设项目的审议批准,有利于更好地保障被征收人的合法权益。

在司法实践中,被征收人可就房屋征收决定是否符合“四规划一计划”的问题向法院提起诉讼。

以“宰某友诉齐河县人民政府行政补偿案”①为例,原告宰某友认为,被告齐河县人民政府未就其征收决定是否符合“四规划一计划”进行载明,不符合《国有土地上房屋征收与补偿条例》第九条第一款的规定。法院审理后认为,齐河县人民政府提交的证据无法证明涉案旧城改造项目符合专项规划,也无法证明涉案旧城改造项目纳入了齐河县国民经济和社会发展年度计划,因此其所作出的房屋征收决定主要证据不足,违反法定程序,依法应予撤销。但因涉案征收项目系为了公共利益而实施的旧城区改造项目,撤销该征收决定会给社会公共利益造成重大损害,故法院最终仅判决确认齐河县人民政府作出的该项房屋征收决定违法。

与上述案例中法院认定政府作出的房屋征收决定不符合“四规划一计划”不同,司法实践中也存在不少案例以法院驳回被征收人诉讼请求为结果。例如,“李某诉潍坊市奎文区人民政府、潍坊市人民政府行政补偿案”②,原告李某的房屋及其附属设施位于征收范围内,其认为被告奎文区人民政府所作征收决定违反法定公共利益原则,程序违法,侵犯了其合法权利。法院通过审理查明后,对于征收决定是否符合“四规划一计划”的问题作出如下认定:奎文区人民政府提交的规划图能相互印证,可以认定此次征收活动符合相关

① 参见德州市中级人民法院(2017)鲁14行初192号行政判决书。

② 参见潍坊市中级人民法院(2018)鲁07行初57号行政判决书。

规划，并且其提供的相关证据证明涉案征收项目已纳入奎文区 2017 年国民经济和社会发展计划。因而，在被诉征收决定符合"四规划一计划"情况下，李某主张奎文区人民政府在本案中还应提交证据证明相关规划在制定过程中广泛征求社会公众意见并经过科学论证的诉讼理由没有法律依据，法院不予采纳。与此类似，在"刘某彧诉济南市天桥区人民政府行政复议案"[①]"吕某超诉新昌县人民政府行政征收案"[②]等案件中，法院也作出了相同的判决，认为政府所作征收决定符合"四规划一计划"并驳回了被征收人的诉讼请求。

此外，值得注意的是，司法实践中法院是对房屋征收各项建设活动是否符合"四规划一计划"进行审查，而非对"四规划一计划"本身进行审查。例如，在"郑某茂诉江西省弋阳县人民政府行政征收案"[③]中，原告郑某茂的房屋坐落在被告弋阳县人民政府决定实施棚户区改造的区域范围内，郑某茂以征收决定所依据的"四规划一计划"制定程序违法等为由向法院提起诉讼。最高人民法院再审认为，根据《国有土地上房屋征收与补偿条例》第九条规定，确需征收房屋的各项建设活动应当符合"四规划一计划"，但是法院审查的关键点不是"四规划一计划"本身，而是该征收房屋的各项建设活动是否符合"四规划一计划"。在通常情况下，"四规划一计划"仅作为涉案证据以证据的合法性、客观性、关联性角度予以审查。因此，在本案中，郑某茂以"四规划一计划"制定程序违法否定被诉城北片区征收决定的合法性的主张并没有得到支持。另外，需进一步补充的是，关于规划的编制、审批以及修改是否具有可诉性的问题，司法实践中法院认为，规划的编制、审批以及修改因其属于针对不特定对象作出的面向未来的一般性调整，因此具有抽象行政行为的特征，不能直接对其提起诉讼或申请复议。如在"广德县骨外科医院与安徽省人民政府规划行政复议再审案"中，[④]申请人广德县骨外科医院因认为广德县人民政府编制的《广德县县城总体规划（2014—2030）》修改了广德县骨外科医院迁建项目用地规划，向安徽省人民政府申请行政复议，请求确认广德县人民政府修改涉案地块用地规划的行政行为违法并予以撤销，安徽省人民政

① 参见济南市中级人民法院（2016）鲁 01 行初 161 号行政判决书。
② 参见浙江省高级人民法院（2019）浙行终 1005 号行政判决书。
③ 参见江西省高级人民法院（2018）赣行终 911 号行政判决书。
④ 参见最高人民法院（2017）最高法行申 1314 号行政裁定书。

府以该申请不属于行政复议范围为由作出了驳回其复议申请的决定。对此，最高人民法院认为，行政规划是指行政主体为实现特定的行政目标而对未来一定时期内拟采取的方法、步骤和措施依法做出的具有约束力的设计与规划。行政规划种类繁多，效力各有不同。某一规划和规划行为是否可诉或可复议，依赖于该规划和规划行为是否针对特定人，并对该特定人的权利义务直接产生影响。以城乡规划为例，根据《城乡规划法》的规定，城乡规划包括编制、审批、实施、修改等不同环节，依据《城乡规划法》作出的行政处罚、行政许可等具体实施行为，属于可诉或可复议的具体行政行为；给当事人造成损失的，应当依法给予补偿或者赔偿。城乡规划的修改行为，如果给被许可人或者利害关系人合法权益造成损失，亦可请求补偿。但就规划的编制、审批以及修改而言，因其属于针对不特定对象作出的面向未来的一般性调整，因此具有抽象行政行为的特征，不能直接对其提起诉讼或申请复议。本案中，广德县人民政府编制的广德县县城总体规划就属此类情形。该总体规划的内容可能涉及有关区域用地规划的变化，但该行为并非针对广德县骨外科医院作出的具体行政行为，不属于行政复议范围。

总的来说，被征收人可就征收决定是否符合“四规划一计划”向法院提起诉讼，法院经过审理后，如果认定征收决定符合“四规划一计划”，会对被征收人的主张不予采纳；如果认定征收决定不符合或未纳入“四规划一计划”，则该征收决定属于违法征收，除非撤销该征收决定会对公共利益造成损害，一般都会判决撤销该征收决定。

3. 职责分工

《国有土地上房屋征收与补偿条例》第四条规定：“市、县级人民政府负责本行政区域的房屋征收与补偿工作。市、县级人民政府确定的房屋征收部门（以下简称房屋征收部门）组织实施本行政区域的房屋征收与补偿工作。市、县级人民政府有关部门应当依照本条例的规定和本级人民政府规定的职责分工，互相配合，保障房屋征收与补偿工作的顺利进行。”

《深圳市房屋征收与补偿实施办法（试行）》第三条规定：“区人民政府（以下简称区政府）负责本辖区内房屋征收与补偿工作。跨区的项目由所涉区政府分别负责房屋征收与补偿工作，确有必要由市人民政府（以下简称市政府）统筹的，须经市政府批准后，由市政府责成有关区政府或者相关部门具体负责房屋征收与补偿工作。市规划国土部门负责对本市房屋征收与补偿工作的实施进行指导、监督与管理，履行下列职责：（一）依法制定和完善本市房屋征收补偿政策体系、规范准则、运行规则与保障机制；（二）依法制定和完善产权调换房屋的规划、建设、调配、产权制度等配套政策措施；（三）在房屋征收决定作出前，组织对未经登记建筑的调查、认定和处理；（四）建立房屋征收的评估、测绘机构预选库，并对从事房屋征收价格评估、面积测绘的评估、测绘机构进行监督管理；（五）负责受理对征收工作的举报并及时依职权处理；（六）其他房屋征收指导、监督、管理职责。”第四条规定：“深圳市土地整备机构（以下简称市房屋征收部门）负责组织实施由市政府确定的房屋征收与补偿工作。区政府依法确定的房屋征收部门（以下称区房屋征收部门）负责组织实施本辖区内的房屋征收与补偿工作，其中本辖区内设置有新区管理机构的，区政府应当另行确定新区房屋征收部门。市、区房屋征收部门（以下简称房屋征收部门）履行如下职责：（一）拟定房屋征收补偿方案；（二）组织对房屋征收范围内房屋的权属、区位、用途、建筑面积等情况进行前期调查；（三）确定房屋征收范围后发布征收提示，在房屋征收决定公告后书面通知有关部门暂停办理房屋征收范围内的征收行为限制事项的受理、审批、登记等相关手续；（四）专户存储、拨付与监管房屋征收补偿费用，提供周转用房或者安置房，对签约期限内达不成补偿协议的，负责报请政府作出补偿决定并予以公告；（五）自行或者委托房屋征收实施单位实施签订补偿协议、组织选定房屋征收评估、测绘机构等征收与补偿的相关具体工作；（六）负责房屋征收补偿档案的管理，公布分户补偿情况；（七）负责对房屋征收工作人员进行培训和管理，做好房屋征收及补偿的宣传、解释工作，保障被征收人的合法权益；（八）市、区政府交办的其他房屋征收与补偿工作。”第六条规定：“新区管理机构、街道办事处以及各级发展改革、财政、住房建设、人居环境、市场监管、公安、税务、侨务、劳动和社会保障、经贸信息、审计、城管、教育等部门，应当根据《条例》、本办法及政府规定的职责分工，充分履职，相互配合，联动协调，为房屋征收与补偿工作提供协助。”

从上述规定中可以看出，深圳在国家规定的基础上对于房屋征收的各部门分工进行了进一步细化，区政府负责本辖区内房屋征收与补偿工作，跨区项目确有必要的由市政府统筹；市规划国土部门负责对本市房屋征收与补偿工作的实施进行指导、监督与管理;市土地整备机构作为房屋征收部门,负责组织实施由市政府确定的房屋征收与补偿工作,区政府依法确定的房屋征收部门负责组织实施本辖区内的房屋征收与补偿工作,通常而言该部门为区土地整备局。其他如街道办事处、发展改革、财政、住房建设、人居环境、市场监管等各部门配合上述主要责任部门开展房屋补偿工作。

实践中,以坪山新区为例,区城市更新和土地整备局为该区的房屋征收部门,负责组织协调辖区范围内的房屋征收工作,并设立区土地整备工作领导小组,由区房屋征收工作分管领导担任小组组长,区土地整备局、市规划和国土资源委员会坪山管理局主要负责人担任副组长,组员包括区监察局、区审计局、区发展和改革局、区财政局、区规划土地监察大队、区政府投资项目前期工作管理办公室、区城市管理局、区城市建设投资有限公司以及各街道办事处负责人。

区土地整备领导小组主要负责辖区房屋征收工作的指挥、监督与重大事项决策,领导小组下设办公室负责区整备领导小组日常事务。其他主要部门职能分工具体见表1。

表1 其他主要部门职能分工

部门名称	职责分工
街道办事处	辖区房屋征收实施单位,负责具体补偿实施等工作
市规划和国土资源委员会坪山管理局	指导、协调辖区房屋补偿工作涉及的规划、安置、权属核查等工作
区发展和改革局	房屋征收资金的计划管理部门,负责将区年度房屋征收计划草案资金需求纳入区政府年度投资项目计划、项目的立项工作及下达区级年度房屋征收资金计划
区财政局	房屋征收资金的支付管理部门,负责项目补偿资金安排和拨付工作
区纪律检查委(区监察局)	房屋补偿工作的监督部门,对参与房屋补偿工作的有关部门或者单位及其工作人员进行监督检查,并对违法违规行为进行查处
区审计局	房屋补偿工作的审计部门,对区房屋补偿工作及补偿资金的使用情况进行审计监督
区规划土地监察大队	协助建筑物权属核查工作,负责农村城市化历史遗留违法建筑的申报信息查询及处理确认工作,对符合立案条件的违法用地和违法建设行为进行立案查处

续表

部门名称	职责分工
区政府投资项目前期工作管理办公室	组织开展房屋补偿预案工作,优化道路线位方案、房屋补偿范围
区城市管理局	负责对房屋补偿工作中买断补偿后需移种的苗木进行迁移
区城市建设投资有限公司	负责对房屋补偿工作中补偿后予以保留的房屋进行管理
市土地储备中心坪山区土地储备办	负责按照相关规定及程序办理地块移交入库手续,并对已收回作为储备用地的土地进行管理
市不动产登记中心	负责核查房屋补偿权利人及户内家庭成员的个人产权信息的登记情况,并出具证明及盖章;办理被补偿房屋产权注销等工作

(二)房屋征收前期准备

1. 计划立项

《国有土地上房屋征收与补偿条例》第九条规定:"依照本条例第八条规定,确需征收房屋的各项建设活动,应当符合国民经济和社会发展规划、土地利用总体规划、城乡规划和专项规划。保障性安居工程建设、旧城区改建,应当纳入市、县级国民经济和社会发展年度计划。制定国民经济和社会发展规划、土地利用总体规划、城乡规划和专项规划,应当广泛征求社会公众意见,经过科学论证。"

《深圳市房屋征收与补偿实施办法(试行)》第九条规定:"区(含新区)房屋征收部门应当按照国民经济和社会发展规划、近期建设和土地利用规划年度实施计划以及本办法第八条的规定,编制本区年度房屋征收计划草案,并于每年11月1日前将本区下年度的房屋征收计划草案送市房屋征收部门。市房屋征收部门汇总各区下年度房屋征收计划草案形成全市年度房屋征收计划草案后,应当在每年12月1日前报市规划国土部门。市规划国土部门应当征求市发展改革部门意见进行审核,在每年12月31日前报市政府批准。全市房屋征收计划经批准后,确有必要调整的,应当报市政府批准。未列入全市年度房屋征收计划或者全市土地整备年度计划的,不得实施房屋征收。"第十条第一款规定:"项目建设单位应当根据年度房屋征收计划,开展项目立项、选址等工作,取得规划选址与土地预审相关文件,并在取得规划选址与土地预审相关文件后3个工作日内提交房屋征收部门。”

实践中,以深圳市规划和自然资源局于2020年8月28日发布的《深圳市2020年度城市更新和土地整备计划》(深规划资源〔2020〕489号)[①]为例,在土地整备项目安排方面:(1)计划安排新建土地整备项目73个,续建土地整备项目188个,共261个:福田区5个、罗湖区7个、南山区28个、盐田区7个、宝安区57个、龙岗区53个、龙华区35个、坪山区14个、光明区40个、大鹏新区10个、前海合作区5个。(2)计划安排新建土地整备安置房建设项目4个,续建土地整备安置房建设项目6个,共10个:南山区2个,宝安区4个,龙岗区1个,大鹏新区3个。(3)计划安排新建土地整备利益统筹项目21个,续建土地整备利益统筹项目111个,共132个:罗湖区1个、南山区5个、宝安区28个、龙岗区33个、龙华区44个、坪山区6个、光明区11个、大鹏新区4个。(4)单列深汕生态环境科技产业园及配套道路(通港大道)项目。在房屋征收专项计划方面:2020年度安排市本级房屋征收项目资金51.7033亿元。(1)市本级财政承担的房屋征收常规项目:计划推进南山区阜外深圳医院三期房屋征收项目、深圳市第十三高级中学征收项目等新建项目51个;广深沿江高速二期工程、梅观高速公路清湖南段市政道路工程等续建项目74个,其他项目6个,合计131个。上述项目的费用原则上由市本级财政安排支出。深汕西高速公路改扩建工程项目、惠盐高速公路深圳段改扩建工程和东部过境快速路房屋征收补偿项目征收拆迁补偿费用由企业支出。(2)市本级财政承担的房屋征收轨道交通项目:轨道交通项目的房屋征收工作由市轨道交通建设办公室负责统筹,各区政府负责具体实施。(3)区级财政承担的房屋征收项目:计划安排区级财政承担的房屋征收项目883个。上述项目的费用原则上由区级财政安排支出。考虑到各区交通综合治理等公共利益项目的急需,各区区级房屋征收计划可安排零星急需项目1项,授权各区政府审批并实施。

从上述规定及实践做法可知,深圳各区实施房屋征收前应根据国民经济和社会发展规划、近期建设和土地利用规划年度实施计划等规划编制本区的

---

① 参见《深圳市规划和自然资源局关于印发〈深圳市2020年度城市更新和土地整备计划〉的通知》,载深圳政府在线网,http://www.sz.gov.cn/zfgb/2020/gb1167/content/post_8123932.html。

年度房屋征收计划草案并将拟进行房屋征收的项目纳入其中,由市房屋征收部门汇总形成全市年度房屋征收计划草案并报请审核或批准。房屋征收项目未列入全市年度房屋征收计划或者全市土地整备年度计划的,不得予以实施。司法实践中,也有关于未纳入年度房屋征收计划而引发的争议。在“张某兰诉深圳市罗湖区人民政府房屋征收决定及行政赔偿纠纷二审案”[①]中,上诉人张某兰主张涉案房屋征收项目未列入2014年深圳市房屋征收计划和全市土地整备年度计划违法。广东省高级人民法院认为,首先,涉案房屋征收项目属于地铁9号线建设项目的组成部分,已经纳入了深圳市2013年度土地整备计划,符合《深圳市房屋征收与补偿实施办法(试行)》第九条第二款的要求;其次,根据《深圳市房屋征收与补偿实施办法(试行)》第十一条第二款的规定,征收提示公告后1年内尚未作出房屋征收决定,次年度房屋征收计划仍对房屋征收作出计划安排的,房屋征收部门应当在计划批准后3个工作日内再次发布征收提示。本案中,被上诉人罗湖区人民政府于2013年11月6日作出征收提示公告,并于2014年7月6日作出被诉房屋征收决定,即罗湖区人民政府已在征收提示公告后1年内作出被诉房屋征收决定,不属于应依照次年度房屋征收计划再次启动征收程序的情形。因此,张某兰该项主张没有事实和法律依据。

但需说明的是,《深圳经济特区城市更新条例》第三十七条第一款规定:“依照本条例规定对未签约房屋实施征收的,可以不纳入全市年度房屋征收计划,由区人民政府参照国家和本市国有土地上房屋征收与补偿的有关规定,依法分别作出征收决定。”即基于城市更新的特殊性,对是否纳入全市年度房屋征收计划未做严格限定,这与《国有土地上房屋征收与补偿条例》及《深圳市房屋征收与补偿实施办法(试行)》要求纳入年度计划的规定不同,系立法上的突破。

2. 房屋征收范围初步确定

《国有土地上房屋征收与补偿条例》中对于房屋征收范围并未作出具体的规定,因此在实践中,不少省市根据实际情况对房屋征收具体范围作了细化。

---

① 参见广东省高级人民法院(2016)粤行终276号行政判决书。

《深圳市房屋征收与补偿实施办法(试行)》第十条第二款规定:"房屋征收部门根据规划选址与土地预审相关文件规定的用地范围,结合房屋产权等实际情况,确定拟征收房屋的具体范围;城市更新项目确需征收房屋的,房屋征收部门应当按照经批准生效的城市更新单元规划确定房屋征收范围;土地整备确需征收房屋的,房屋征收部门应当按照经批准的土地整备项目实施方案确定房屋征收范围。"

综观其他省市的立法或规范性文件,对此也有不同的规定,例如:《山东省国有土地上房屋征收与补偿条例》第十条规定:"依照本条例第九条规定征收房屋的,由政府确定的建设项目组织实施单位向房屋征收部门提出启动房屋征收程序,说明房屋征收范围和符合公共利益的具体情形,并提交发展改革、国土资源、城乡规划等部门出具的建设项目符合国民经济和社会发展规划、土地利用总体规划、城乡规划和专项规划的证明文件。因保障性安居工程建设、旧城区改建需要征收房屋的,建设项目组织实施单位除提交前款规定的证明文件外,还应当提交发展改革部门出具的建设项目纳入国民经济和社会发展年度计划的证明文件。房屋征收部门经审查,对房屋征收事项符合法定条件的,应当提出审查意见,报市、县级人民政府。市、县级人民政府决定启动房屋征收程序的,应当合理确定房屋征收范围。"《山西省国有土地上房屋征收与补偿条例》第九条规定:"设区的市、县(市、区)人民政府对符合公共利益、确需征收房屋的,应当根据规划用地范围和房屋实际状况确定房屋征收范围,并予以公布。"《上海市国有土地上房屋征收与补偿实施细则》第十条规定:"符合本细则第八条第(一)项至第(四)项规定的建设项目需要征收房屋的,房屋征收范围根据建设用地规划许可证确定。符合本细则第八条第(五)项规定因旧城区改建需要征收房屋的,房屋征收范围由市建设行政管理部门会同市房屋管理、发展改革、规划土地、财政等行政管理部门以及相关区(县)人民政府确定。符合本细则第八条规定的其他情形需要征收房屋的,房屋征收范围由市房屋行政管理部门会同相关行政管理部门和区(县)人民政府确定。"《四川省国有土地上房屋征收与补偿条例》第九条规定:"确需征收房屋的,由房屋征收部门提出拟征收房屋范围,说明所根据的公共利益的具体情形,报市、县级人民政府。市、县级人民政府经审定认为确属公共利益需要征收房屋的,根据规划用地范围和房屋实际状况确定房屋征收范围,并予以公布。”

上述各省市在房屋征收与补偿的相关规定中均对房屋征收范围予以细化，尤其是对于房屋征收范围确定的依据或作出决定的主体进行了规定。大部分省市直接规定由市、县人民政府确定房屋征收的具体范围。上海和深圳规定的较为具体，其中，上海的房屋征收范围根据具体建设项目的不同，由市建设行政管理部门会同市房屋管理、发展改革、规划土地、财政等行政管理部门以及相关区（县）人民政府确定或根据建设用地规划许可证予以确定。而深圳拟征收房屋的具体范围是由房屋征收部门确定的，并且基于城市更新的特殊性及土地整备的需求，因城市更新或土地整备需求征收房屋的，房屋征收部门应当按照经批准生效的城市更新单元规划或土地整备项目实施方案确定具体的房屋征收范围。

3. 发布征收提示

《国有土地上房屋征收与补偿条例》第十六条第一款规定：“房屋征收范围确定后，不得在房屋征收范围内实施新建、扩建、改建房屋和改变房屋用途等不当增加补偿费用的行为；违反规定实施的，不予补偿。”

《深圳市房屋征收与补偿实施办法（试行）》第十一条规定：“房屋征收范围确定后3个工作日内，房屋征收部门应当在房屋征收范围、政府网站以公告形式发布征收提示，告知自公告之日起至房屋征收决定公告之日止，因下列行为导致增加房屋征收补偿费用的，对增加部分将不予补偿：（一）新建、改建、扩建、装修房屋；（二）改变房屋和土地用途；（三）已依法取得建房批准文件但尚未建造完毕的房屋的续建；（四）新签订租赁期限截止日在征收提示发布之日起1年以后的房屋租赁合同；（五）除婚姻、出生、回国、军人退伍转业、刑满释放和解除劳动教养等必须办理户口迁入、分户之外的其他户口迁入和分户；（六）以被征收房屋为注册地址办理工商注册登记、变更手续；（七）其他不当增加补偿费用的行为。征收提示公告后1年内尚未作出房屋征收决定，次年度房屋征收计划仍对房屋征收作出计划安排的，房屋征收部门应当在计划批准后3个工作日内再次发布征收提示。房屋征收决定作出后，对违反本条第一款与第二款规定的征收提示、不当增加征收补偿费用的，对不当增加部分不得给予征收补偿。房屋征收补偿评估时，应当以征收提示发布之日作为评估的依据之一。”

从上述规定可以看出,《深圳市房屋征收与补偿实施办法(试行)》对《国有土地上房屋征收与补偿条例》进行了细化。一是《国有土地上房屋征收与补偿条例》中仅规定了房屋范围确定后不能实施新建、扩建、改建房屋和改变房屋用途等不当增加补偿费用的行为,而《深圳市房屋征收与补偿实施办法(试行)》进一步明确了在房屋范围确定后不予补偿的情形,包括装修房屋、改变土地用途、已依法取得建房批准文件但尚未建造完毕的房屋的续建、新签订租赁期限截止日期在征收提示发布之日起 1 年以后的房屋租赁合同、除婚姻、出生、回国、军人退伍转业、刑满释放和解除劳动教养等必须办理户口迁入、分户之外的其他户口迁入和分户及以被征收房屋为注册地址办理工商注册登记、变更手续。二是《国有土地上房屋征收与补偿条例》中并未有关于征收提示的规定,而《深圳市房屋征收与补偿实施办法(试行)》中明确规定房屋征收部门应当于房屋征收范围确定后 3 个工作日内,在房屋征收范围、政府网站以公告形式发布征收提示,并且在后续房屋征收补偿评估时,征收提示发布之日将会作为评估的依据之一。

在实践中,政府发布的征收提示一般包括征收范围、征收部门及《深圳市房屋征收与补偿实施办法(试行)》第十一条规定等内容。以罗湖区于 2019 年 12 月 20 日发布的《深圳市罗湖区莲塘街道景福花园片区棚户区改造项目房屋征收提示》[①]为例,该征收提示中写明房屋征收部门为深圳市罗湖区城市更新和土地整备局,房屋征收实施单位为深圳市罗湖区莲塘街道办事处,明确自征收提示发布之日起,任何单位和个人在房屋征收范围内因《深圳市房屋征收与补偿实施办法(试行)》第十一条规定的行为导致增加房屋征收补偿费用的,对增加部分将不予补偿,并在征收提示最后附上景福花园片区棚户区改造项目房屋征收范围图。与此类似,宝安区的《永和路(福洲大道—宝安大道)新建工程(福永段)房屋征收项目房屋征收提示》、大鹏新区的《杨梅坑河综合整治工程建设项目房屋征收提示》、龙华区的《观澜中学改扩建工程项目房屋征收提示》等都在区城市更新和土地整备局政府信息公开平台上予以

① 参见《深圳市罗湖区莲塘街道景福花园片区棚户区改造项目房屋征收提示》,载深圳市罗湖区城市更新和土地整备局政府信息公开平台,http://www.szlh.gov.cn/lhcsgxj/gkmlpt/content/7/7124/post_7124000.html#13197。

公示,其内容与上述罗湖区征收提示的内容大致相同。

4. 房屋征收前期调查

在确定房屋征收具体范围后,房屋征收部门即可对征收范围内房屋的具体情况进行调查,对被征收人的调查登记是房屋征收与补偿活动中的具体内容之一。[①] 房屋的调查登记情况对于房屋征收补偿数额的确定具有重要意义,对拟征收房屋的前期调查是后续进行房屋评估并确定补偿金额的基础,如果前期调查存在缺漏或错误,可能会导致后期房屋评估或征收方案的实施难以施行。

《国有土地上房屋征收与补偿条例》第十五条规定:"房屋征收部门应当对房屋征收范围内房屋的权属、区位、用途、建筑面积等情况组织调查登记,被征收人应当予以配合。调查结果应当在房屋征收范围内向被征收人公布。"

《深圳市房屋征收与补偿实施办法(试行)》第十二条规定:"房屋征收范围确定后,房屋征收部门应当组织对房屋征收范围内房屋权属、用途、面积等进行前期调查,并委托市政府确定的承担评估职能的非营利性机构编制房屋征收预算方案,对房屋征收项目费用进行概算。房屋征收预算方案的编制费用列入房屋征收补偿费用,按照国家关于房地产中介服务收费有关咨询服务的收费标准执行。前期调查和编制房屋征收预算方案,应当自房屋征收范围确定后 30 日内完成。"

根据上述规定,房屋征收的前期调查主要包括房屋权属、用途、面积等方面,并且房屋征收部门在进行调查后应当将调查结果在征收范围内向被征收人公布。对调查结果进行公布一方面有利于减少暗箱操作的可能性,增强房屋征收的公信力与透明度;另一方面有利于保障被征收人的知情权。以《南山区人民医院改扩建工程项目房屋征收调查登记结果公示》[②]为例,2016 年 10 月 17 日,深圳市南山区城市更新和土地整备局发布了该公示,载明:公示地点为房屋征收现场公示栏及南山区人民政府在线网站;公示时间为 2016 年 10

---

① 王才亮、程国顺等:《国有土地上房屋征收与补偿条例条文释义与案例指导》,法律出版社 2011 年版,第 121 页。

② 参见《南山区人民医院改扩建工程项目房屋征收调查登记结果公示》,载深圳市南山区城市更新和土地整备局政府信息公开平台,http://www.szns.gov.cn/nsqcsgxj/gkmlpt/content/6/6421/post_6421465.html#15473。

月17日至10月23日;被征收当事人对公示内容有异议的,可以在公示期内携带身份证、户口簿以及相关证明材料前往房屋征收工作领导小组办公室现场提出书面复核申请。并且,公示的最后附有《被征收房屋调查登记情况公示表》,该表列明了权利人、房屋地址、建筑面积(平方米)、房屋用途以及产权证明文件。

在司法实践中,如果房屋征收部门未依法进行前期调查、进行的前期调查不准确或未将调查结果予以公布,将会面临败诉风险。以"北京市东城区人民政府与孟某华行政补偿二审案"①为例,上诉人北京市东城区人民政府主张其已对涉案房屋的权属、区位、用途等进行了调查登记,并在征收范围内公布了调查结果。法院审理后认为,涉案房屋出具的声明中仅就承租人徐某庆及建筑面积进行了确认,因被上诉人孟某华在2003年已与徐某庆离婚,双方对房屋进行了分配,东城征收办和东城区征收事务中心对该地址房屋仅在第一次及第二次入户调查结果公示中以徐某庆为承租人进行了公示,且房屋面积及间数均为待查状态,未登记房屋间数等亦与实际不符,不能认定东城区政府已对孟某华居住使用的未登记房屋履行了调查登记及公示的职责。故二审法院最终判决驳回上诉,维持一审判决。与此类似,在"林某华诉文成县人民政府行政案"②中,法院认为,原告林某华提供的土改时的土地房产所有证虽记载涉案建筑属灰铺,但被告文成县人民政府对该灰铺之后有无改建以及层高、功能等情况未调查清楚便将涉案建筑的建筑性质认定为附属用房,缺乏事实与法律依据,并据此作出撤销文成县人民政府所作房屋认定书的判决。

另外,在调查结果公布以及适用法律方面,以"任某年诉陕西省西安市灞桥区人民政府行政补偿再审案"为例③,最高人民法院经审理认为,《政府信息公开条例》第十一条④规定:"设区的市级人民政府、县级人民政府及其部门重点公开的政府信息还应当包括下列内容:……(三)征收或者征用土地、房屋拆迁及其补偿、补助费用的发放、使用情况……"第十四条第四款规定:"行政机关不得公开涉及国家秘密、商业秘密、个人隐私的政府信息。但是,经权利人同意公开或者行政机关认为不公开可能对公共利益造成重大影响的涉及

① 参见北京市高级人民法院(2019)京行终3796号行政判决书。
② 参见温州市中级人民法院(2016)浙03行初99号行政判决书。
③ 参见最高人民法院(2018)最高法行再76号行政判决书。
④ 审理时适用2008年《政府信息公开条例》相关规定。

商业秘密、个人隐私的政府信息，可以予以公开。”为了防止房屋征收部门滥用权力、暗箱操作，为某些被征收人谋取不正当利益，让被征收人互相监督，实现所有被征收人公平补偿，《国有土地上房屋征收与补偿条例》第十五条规定：“房屋征收部门对房屋征收范围内房屋权属、区位、用途、建筑面积等情况组织调查登记……调查结果应当在房屋征收范围内向被征收人公布。”第二十九条第一款规定：“房屋征收部门应当依法建立房屋征收补偿档案，并将分户补偿情况在房屋征收范围内向被征收人公布。”上述规定对国有土地上房屋调查结果和分户补偿情况的公布并未附加不予公开的例外情况，即使涉及个人隐私，也要予以公开。因《政府信息公开条例》第十四条[①]第四款是对政府信息公开问题的一般规定，而《国有土地上房屋征收与补偿条例》第十五条和第二十九条是对有关房屋征收政府信息公开的特别规定，故对房屋调查情况和分户补偿情况的公开问题，应当适用《国有土地上房屋征收与补偿条例》，而非《政府信息公开条例》。本案中，申请人任某年申请公开柴马村房屋征收面积分户调查结果和房屋征收分户初步评估结果，被申请人灞桥区人民政府以涉及个人隐私，柴马村委会不同意公开为由，作出5号告知书，只向任某年公开了涉及其本人的拆迁补偿费用和分户房屋评估报告，适用法律错误，应予撤销。此外，在“彭某学诉自贡市沿滩区人民政府行政征收案”[②]中，法院审理认为，《国有土地上房屋征收补偿条例》第十五条、四川省征收补偿条例第十二条规定，房屋征收部门应当对房屋征收范围内房屋的权属、区位、用途、建筑面积等情况组织调查，调查结果应当在房屋征收范围公布。被告自贡市沿滩区人民政府未提交证据证明其在征收范围内对调查登记进行了公布，故其作出的房屋征收决定程序违法。

除上述案例外，司法实践中还存在以房屋征收前期调查权属、用途、面积等具体方面为争议点的案例。

首先，在房屋调查的权属确定方面，以“杨某均诉天津市红桥区人民政府行政补偿案”[③]为例，法院审理认为，被告天津市红桥区人民政府提供的证据

---

① 该条内容现已修改。

② 参见四川省自贡市中级人民法院(2018)川03行初13号行政判决书。

③ 参见天津市第一中级人民法院(2019)津01行初139号行政判决书。

能够证实其在作出被诉征收补偿决定前，对被征收房屋的产权情况进行了调查核实，并证实被征收房屋系企业产住宅房屋，房地产权利人登记为天津市金桥餐饮商贸总公司；原告杨某均主张其在被征收房屋安置暂住即享有被征收房屋的所有权不能成立，并判决驳回杨某均全部诉讼请求。

其次，在房屋调查的用途确定方面，以"李某伟诉长春市二道区人民政府行政补偿案"[①]为例，在该案中，原告李某伟主张被告二道区人民政府的土地及地上物的评估完全不依据实际情况，将其本应作为经营的场所按照普通住宅予以评估，严重侵害其合法权益。法院审理后认定，李某伟主张在房屋被征收前，该房屋被用于生产经营，并提供了营业执照、社会团体法人登记证书及现场照片等证据证明其主张。被告二道区人民政府在未对李某伟的房屋是否用于生产经营、经营期限、纳税情况及屋内是否安装生产设备等问题调查清楚的基础上就认定该房屋在被征收前未用于生产经营并据此作出房屋征收决定，属认定事实不清，主要证据不足。二道区人民政府应将被征收房屋是否用于生产经营等情况调查清楚后重新作出房屋征收补偿决定。

最后，在房屋调查的面积确定方面，以"佟某祥诉天津市河北区人民政府行政补偿案"[②]为例，原告佟某祥主张房屋实际测量面积与房屋实际情况不符，实际面积应比租赁合同记载的承租面积多出 2 平方米，房屋测量只是走形式仅以租赁合同记载的承租面积计算。但一审法院认为，因征收补偿安置方案规定，被征收房屋无论何种产别，一律以合法有效的房屋权属证明房屋所有权证或《天津市公有住房租赁合同》为依据，不违反法律规定。被告天津市河北区人民政府以佟某祥的《天津市公有住房租赁合同》确定被征收房屋面积，且对房屋情况调查结果进行了公示，故佟某祥的该主张不成立。佟某祥不服一审法院判决提起上诉，但二审法院仍判决驳回上诉，维持原判。

从上述各案例中可以看出，在司法实践中，法院会根据当事人的请求，对房屋征收前期调查的权属确认、面积、用途等方面及调查结果的公布情况进行审查，以确认政府部门是否按照法律规定履行了职责。如未按规定进行详细的前期调查，在诉讼中其主张往往不会得到法院的支持。

---

① 参见长春市中级人民法院(2017)吉01行初84号行政判决书。

② 参见天津市高级人民法院(2018)津行终127号行政判决书。

而关于房屋征收预算方案是否具有可诉性的问题，以“舒某虎诉深圳市房地产评估和发展研究中心、深圳市罗湖区土地整备中心行政补偿案”①为例。深圳市盐田区人民法院认为，首先，原告舒某虎诉请求确认无效的深房估字（2017）056号《房屋征收预算方案》虽系被告深圳市房地产评估和发展研究中心编制，但该中心并非行政机关，其编制行为亦非履行行政管理职责，故深圳市房地产评估和发展研究中心不是本案的适格被告；其次，根据《最高人民法院关于适用〈中华人民共和国行政诉讼法〉的解释》第一条第二款第六项的规定，行政机关为作出行政行为而实施的准备、论证、研究、层报、咨询等过程性行为不属于人民法院行政诉讼的受案范围。《深圳市房屋征收与补偿实施办法（试行）》第十二条规定：“房屋征收范围确定后，房屋征收部门应当组织对房屋征收范围内房屋权属、用途、面积等进行前期调查，并委托市政府确定的承担评估职能的非营利性机构编制房屋征收预算方案，对房屋征收项目费用进行概算。房屋征收预算方案的编制费用列入房屋征收补偿费用，按照国家关于房地产中介服务收费有关咨询服务的收费标准执行。前期调查和编制房屋征收预算方案，应当自房屋征收范围确定后30日内完成。”第十三条规定：“房屋征收部门应当在房屋征收范围确定后30日内，结合前期调查和项目费用概算，拟定房屋征收补偿方案报辖区政府。”据此，房屋征收部门委托机构编制房屋征收预算方案，是为此后行政机关作出房屋征收补偿方案和决定提供决策参考，属于行政机关作出房屋征收行为前的准备、论证行为，因此，该预算方案对舒某虎的权利义务不产生实际影响，不具有可诉性。故舒某虎的起诉不符合法定起诉条件，并依法裁定驳回其起诉。

另外，在房屋征收部门对被征收房屋所作出的面积、产权等核实认定与公示行为是否具有单独的可诉性方面，以“浙江省绍兴市越城区人民政府诉金某行政复议再审案”②为例，一审法院审理认为，公示表系安置补偿的过程性行为，不属行政复议受案范围，故判决驳回金某的诉讼请求。二审法院则认为，在越城区城南街道办事处作出公示表后未与金某户签订安置补偿协议的情况下，越城区政府认为上述公示表属安置补偿的过程性行为，不予行政

① 参见深圳市盐田区人民法院（2019）粤0308行初901号行政裁定书。

② 参见最高人民法院（2020）最高法行申1000号行政裁定书。

复议,存在不当,据此撤销一审判决。现申请人越城区人民政府提出再审申请,认为在一审判决作出前,被申请人金某户已于2018年8月14日签订了拆迁安置补偿协议,公示表的效力因此被吸收,公示表作为前置行为不再对金某的权利义务产生实质影响,并请求撤销二审判决,驳回金某的诉讼请求。最高人民法院审理后认为,关于房屋征收过程中征收单位实施的对被征收房屋的面积、产权等核实认定与公示行为,是否属于独立可复议、可诉讼的行政行为,法律中没有明确的规定,司法实践中存在不同认识。一方面,由于该核实认定与公示行为系之后房屋补偿安置的主要依据,对当事人权益具有直接且重大的影响,故作为独立的行政行为看待更具有合理性;另一方面,由于在有关补偿协议或补偿决定的行政复议或行政诉讼中,必然会对被征收房屋的面积、产权等基本事实进行审查,该审查可涵盖对房屋的面积、产权核实认定与公示行为的审查,只是在审查强度上可能会弱于专门针对核实认定与公示行为之诉中的审查。综合两方面而言,对房屋面积核实认定与公示行为是否作为独立的行政行为申请行政复议、提起行政诉讼,并不从根本上影响当事人就此事项要求上级行政机关或司法机关审查的权利,主要是审查强度上存在一定差别。行政诉讼再审审查程序的根本目的在于实现监督和支持行政机关依法行政,保障行政相对人合法权益,促进社会公正;同时,再审审查程序作为对已生效裁判的审查,亦须注重生效裁判的稳定性与既判力。因此,再审审查程序着重于纠正确有错误且对当事人权益确有明显影响的生效裁判。对于征收房屋过程中对房屋的面积、产权核实与公示行为,再审审查程序中,总体上认可行政复议机关和人民法院将其作为可复议、可诉讼的独立行政行为对待;同时,鉴于对此问题法律尚无明文规定,故对于能够在此后的补偿协议或补偿决定之程序中对核实认定与公示行为进行审查,而生效裁判已确定不予单独审查的,再审审查程序中一般亦不认为该生效裁判确有错误需启动再审,并据此驳回了越城区人民政府的再审申请。

(三)房屋征收补偿方案制定

1. 房屋征收补偿方案内容

《国有土地上房屋征收与补偿条例》并未对房屋征收补偿方案的具体内容予以规定,仅在第十条第一款规定:“房屋征收部门应拟定征收补偿方案,报市、县级人民政府。”因此，各地基本上都对房屋征收补偿方案的内容进行了细化。

《深圳市房屋征收与补偿实施办法（试行）》第十三条规定：“房屋征收部门应当在房屋征收范围确定后30日内，结合前期调查和项目费用概算，拟定房屋征收补偿方案报辖区政府。对新区房屋征收部门拟定的房屋征收补偿方案，区政府可以委托新区管理机构组织本办法规定的论证、征求意见、听证等活动。”第十四条规定：“房屋征收补偿方案应当包括以下内容：（一）房屋征收范围、补偿内容、补偿方式、补偿标准、项目补偿费用概算；（二）作为产权调换的安置房的区位、数量、安置房调换标准、套型面积和结算基本价格、过渡方式、临时安置用房标准等；（三）拟定的签约期限和提前搬迁奖励期限；（四）奖励与补助标准；（五）房屋征收补偿费用账户；（六）其他应当纳入补偿方案的内容。”

从上述规定可以看出，《深圳市房屋征收与补偿实施办法（试行）》进一步规定了房屋征收部门拟定的房屋征收补偿方案要结合前期调查和项目费用概算，在房屋征收范围确定后的30日内作出，并且对于补偿方案的具体内容进行了规定。其他各地亦对补偿方案具体内容有类似规定，例如，《福建省实施〈国有土地上房屋征收与补偿条例〉办法》第十条规定：“房屋征收部门负责拟定征收补偿方案，征收补偿方案应当包括下列内容：（一）征收补偿对象及补偿方式；（二）被征收房屋货币补偿参考价；（三）签约期限；（四）用于产权调换房屋的地点、被征收房屋价值与产权调换房屋价值差价计算方法；（五）搬迁费、临时安置费标准及周转用房数量、地点；（六）停产停业损失补偿标准；（七）符合住房保障条件的被征收人住房保障办法；（八）未经产权登记房屋的认定和处理办法；（九）其他需要明确的内容。”再如，《上海市国有土地上房屋征收与补偿实施细则》第十五条规定：“房屋征收部门拟订征收补偿方案，报区（县）人民政府。征收补偿方案应当包括以下内容：（一）房屋征收与补偿的法律依据；（二）房屋征收的目的；（三）房屋征收的范围；（四）被征收房屋类型和建筑面积的认定办法；（五）房屋征收补偿方式、标准和计算方法；（六）补贴和奖励标准；（七）用于产权调换房屋的基本情况和选购方法；（八）房屋征收评估机构选定办法；（九）房屋征收补偿的签约期限；（十）搬迁期限和搬迁过渡方式、过渡期限；（十一）受委托的房屋征收事务所名称；

(十二)其他事项。"

2. 房屋征收补偿方案论证

科学的论证应当具有公开性,即论证的范围不应仅局限于行政机关内部,还应将广大民众纳入其中,民众的意见应当在论证报告中有所反映。[①] 就房屋征收而言,对房屋征收补偿方案的论证一方面能够提高补偿方案的合理性,另一方面能够确保其符合公共利益的需求。基于此,在房屋征收补偿方案的制定中,论证是不可缺少的一环。

《国有土地上房屋征收与补偿条例》第十条第二款规定:"市、县级人民政府应当组织有关部门对征收补偿方案进行论证并予以公布,征求公众意见。征求意见期限不得少于30日。"

《深圳市房屋征收与补偿实施办法(试行)》第十五条第一款规定:"辖区政府应当组织财政、发展改革、监察、审计等部门对房屋征收补偿方案进行论证。"第十六条规定:"因本办法第八条第(五)项[②]的需要征收房屋的,房屋征收范围内占房屋总建筑面积1/2以上、且占房屋总所有权人数1/2以上的房屋所有权人认为征收补偿方案不符合《条例》、本办法规定的,辖区政府应当组织房屋所有权人和公众代表,按照本市行政听证有关规定组织召开听证会,并根据听证会情况修改方案。"

从上述规定中可以看出,《深圳市房屋征收与补偿实施办法(试行)》进一步规定了参加房屋征收补偿方案论证的部门包括财政、发展改革、监察、审计等,并且规定因旧城区改建和城市更新而进行房屋征收的,如房屋征收范围内占房屋总建筑面积1/2以上且占房屋总所有权人数1/2以上的房屋所有权人认为补偿方案不符合规定的,应当由辖区政府召开听证会,并根据听证会情况修改征收补偿方案。该条规定的设置是由于实践中因旧城区改建或城市更新而进行房屋征收的情况大量存在,旧城区改建及城市更新不仅涉及城市的规划发展,亦与城区居民的生活息息相关,因而对该类房屋征收予以特

---

① 曹天:《我国城市房屋征收中公共利益的界定》,载《法制博览》2019年第28期,第12~14页。

② 《深圳市房屋征收与补偿实施办法(试行)》第八条规定:"为了保障国家安全、促进国民经济和社会发展等公共利益的需要,有下列情形之一,确需征收房屋的,按照本办法规定纳入全市年度房屋征收计划后,由辖区政府实施房屋征收:……(五)由政府依照城乡规划法有关规定组织实施的对危房集中、基础设施落后等地段进行旧城区改建和城市更新的需要。"

别程序规定确有必要。该规定一方面保证了被征收人的知情权及参与权，另一方面，吸纳公众代表参与听证会亦能更大程度上平衡个人利益与公共利益。

司法实践中，被征收人会因未对征收补偿方案组织论证而认为政府所作房屋征收决定程序违法并提起诉讼。以“雷某祥诉自贡市贡井区人民政府行政补偿案”①为例，法院经审理认为，根据《国有土地上房屋征收与补偿条例》第十条的规定，被告贡井区人民政府收到房屋征收部门上报的征收补偿方案后，应当以书面征求意见或论证会的方式，组织发展改革、城乡规划、国土资源、环境资源保护、文物保护、财政、建设等有关部门对征收补偿方案是否符合《国有土地上房屋征收与补偿条例》和其他相关的法律、法规的规定进行论证，但贡井区人民政府在法定期限内未能提供其作出的征收决定中所涉项目依法进行论证的有效证据，属程序违法。

从上述案例中可以看出，政府如未按照规定对房屋征收补偿方案进行论证，将会被法院判决撤销征收决定或确认征收决定违法。此外，应当注意证据提交的时限，如逾期提交证据的，即使在事实上对房屋征收补偿方案进行了论证，也会因逾期提交证据而被法院否决。

3. 房屋征收补偿方案公布

房屋征收补偿方案在经过论证之后，应当予以公布。《国有土地上房屋征收与补偿条例》第十条规定房屋征收补偿方案论证后应予以公布，征求公众意见，征求意见期限不得少于 30 日。第十一条规定：“市、县级人民政府应当将征求意见情况和根据公众意见修改的情况及时公布。因旧城区改建需要征收房屋，多数被征收人认为征收补偿方案不符合本条例规定的，市、县级人民政府应当组织由被征收人和公众代表参加的听证会，并根据听证会情况修改方案。”

《深圳市房屋征收与补偿实施办法（试行）》第十五条第二、三、四款规定：“辖区政府应当在房屋征收范围、政府网站将房屋征收补偿方案予以公布，并征求公众意见，征求意见期限不少于 30 日。房屋所有权人有异议的，应当持本人身份证明、委托代理证明和房屋权属证明等文件，在征求意见期限内向

① 参见四川省自贡市中级人民法院（2017）川 03 行初 28 号行政判决书。

房屋征收部门提交书面意见。辖区政府应当在征求意见期满后 30 日内,将征求意见情况和根据公众意见对房屋征收补偿方案进行修改的情况,在房屋征收范围、政府网站及时公布。"

根据上述规定,房屋征收补偿方案经过论证后应当公布以征求公众意见,该征求意见的期限不得少于 30 日,并且,在征求意见后,政府还应当将征求意见的情况及根据公众意见修改的情况予以公布。《国有土地上房屋征收与补偿条例》对该点未规定具体时限,《深圳市房屋征收与补偿实施办法(试行)》进一步明确其公布期限亦为 30 日内,以征求意见期满起算。

关于公布的具体内容,以深圳市福田区华富村东、西区房屋征收项目为例。一是在房屋征收补偿方案第一次公布方面,即公布以征求公众意见阶段,2019 年 1 月 30 日,福田区政府发布了《福田区人民政府关于公开征求〈深圳市福田区华富村东、西区房屋征收项目征收补偿方案(征求意见稿)〉意见的公告》,[①]公告中载明了补偿方案公示地点为深圳市福田区华富村东、西区,房屋征收项目范围及"福田政府在线"(http://www. szft. gov. cn),征求意见期为 2019 年 1 月 30 日至 2 月 28 日,被征收房屋所有权人可通过书面递交、邮寄或电子邮件的方式对补偿方案提出意见和建议,并规定了提供意见需要提供的相关材料。二是在房屋征收补偿方案第二次公布方面,即公布征求意见的情况及根据公众意见修改情况的阶段,2019 年 6 月 25 日,福田区政府发布了《深圳市福田区人民政府关于〈深圳市福田区华富村东、西区房屋征收项目征收补偿方案(征求意见稿)〉征求公众意见及修改情况的通告》,[②]该通告中载明了被征收房屋所有权人提出的包括住宅类房屋的产权调换比例不合理、过渡期临时安置费标准过低和回迁安置房是否可以选房等具体意见和建议,并就政府采纳反馈意见的情况及补偿方案的修改情况进行了说明。

---

① 参见《福田区人民政府关于公开征求〈深圳市福田区华富村东、西区房屋征收项目征收补偿方案(征求意见稿)〉意见的公告》,载福田区城市更新和土地整备局官网,http://www. szft. gov. cn/bmxx/qcsgxj/fwzs/fwzsxm/content/post_3456199. html。

② 《深圳市福田区人民政府关于〈深圳市福田区华富村东、西区房屋征收项目征收补偿方案(征求意见稿)〉征求公众意见及修改情况的通告》,载福田区城市更新和土地整备局官网,http://www. szft. gov. cn/bmxx/qcsgxj/fwzs/fwzsxm/content/post_3456186. html。

在司法实践中,亦有被征收人因以房屋征收补偿方案公示方面的问题而提起诉讼的案例。例如,在"杭州鸿图商贸有限公司诉杭州市余杭区人民政府、杭州市人民政府等行政补偿案"①中,关于征求意见期限问题,法院认为,根据《国有土地上房屋征收与补偿条例》第十条第二款规定,市、县级人民政府应当组织有关部门对征收补偿方案进行论证并予以公布,征求公众意见,征求意见期限不得少于30日。但被告余杭区人民政府对征收补偿方案征求意见的期限为2017年12月25日至2018年1月23日,不足30日,违反了法定程序,该行政行为违法。

此外,针对征求意见的情况及根据公众意见修改的情况的公示方面,以"高某海诉内江市人民政府行政复议案"②为例,在该案中,法院认为,被告内江市人民政府作出的房屋补偿方案征求意见公告期限为30日,但未将公告后征求意见情况进行公示。即使庭审中,内江市人民政府称其公示期间并无公众对本次征收的安置补偿方案的征求意见稿提出异议,且模拟征收的签约率达到96.8%,也证明了绝大部分的公众对征收补偿方案并无异议,但该情形并不影响内江市人民政府未将公告后征求意见的情况进行公示,故法院认定其行政程序违法。

从上述案例中可以看出,法院对政府是否公示进行审查时,会对公示的期限进行审查,如果期限不符合条例及相关规定,通常会被认定程序违法。尤其是在《深圳市房屋征收与补偿实施办法(试行)》具体规定了"双30日"的情况下,更应当注意对期限的把握,如政府未及时公示且对房屋征收补偿活动造成较大影响的,可能会被法院认定程序违法。此外,政府对征求意见的情况及根据公众意见修改的情况进行公示不以公示期间被征收人有异议为前提,即对征求意见的情况及根据公众意见修改的情况进行公示是房屋征收活动的必经程序,即使未有被征收人在房屋补偿方案公示期间提出异议,政府仍需要对公告后征求意见的情况进行公示。

4.房屋征收补偿方案合法性的审查

在国有土地上房屋征收与补偿过程中,房屋征收补偿方案是市、县级人

① 参见杭州市中级人民法院(2018)浙01行初393号行政判决书。

② 参见内江市中级人民法院(2019)川10行初17号行政判决书。

民政府作出房屋补偿决定的重要依据。关于房屋征收补偿方案的合法性是否属于法院受案范围即可诉性方面的问题,以“郭某时诉河北省邯郸市丛台区人民政府、河北省邯郸市人民政府房屋征收补偿及行政复议决定再审案”[①]为例,最高人民法院经审理认为,本案被诉行政行为系丛台区政府作出的《邯郸市串城文化旅游步行街项目房屋征收补偿方案》及邯郸市政府作出的邯政复决[2013]25号行政复议决定。《国有土地上房屋征收与补偿条例》第十四条规定:“被征收人对市、县人民政府作出的房屋征收决定不服的,可以依法申请行政复议,也可以依法提起行政诉讼。”第二十六条规定:“房屋征收部门与被征收人在征收补偿方案确定的签约期限内达不成补偿协议,或者被征收房屋所有权人不明确的,由房屋征收部门报请作出房屋征收决定的市、县级人民政府依照本条例的规定,按照征收补偿方案作出补偿决定,并在房屋征收范围内予以公告。补偿决定应当公平,包括本条例第二十五条第一款规定的有关补偿协议的事项。被征收人对补偿决定不服的,可以依法申请行政复议,也可以依法提起行政诉讼。”可见,在国有土地上房屋征收与补偿过程中,房屋征收补偿方案是市、县级人民政府作出房屋补偿决定的重要依据。但房屋征收补偿方案并非针对单个权利主体,而是针对所有被征收人作出的征收补偿标准和方式。对单个权利主体的权益产生实质影响的是其后作出的房屋征收补偿决定,并且在被征收人对房屋征收补偿决定依法提起行政诉讼,人民法院对房屋征收补偿决定审查时,也将一并对征收补偿方案的合法性进行审查。换言之,房屋征收补偿方案的效力已被房屋征收补偿决定所吸收,被征收人完全可以通过起诉房屋征收补偿决定维护自己的合法权益。本案中,申请人郭某时起诉要求撤销被申请人丛台区人民政府作出的《邯郸市串城文化旅游步行街项目房屋征收补偿方案》及邯郸市人民政府作出的邯政复决[2013]25号行政复议决定,但房屋征收补偿方案是房屋征收补偿决定的前置阶段性行为,属行政程序尚未终结的不成熟的行政行为,并不单独对外产生效力。法院单独对补偿方案进行审查,不符合诉讼经济、便利的原则。因此,一审、二审法院裁定驳回郭某时的起诉及上诉,并无不当。

① 参见最高人民法院(2018)最高法行申1255号行政裁定书。

（四）房屋征收社会稳定风险评估

房屋征收中的社会稳定风险，即是指政府在实施房屋征收的过程中可能对人民群众的生产、生活、财产等与其自身利益有关的各方面造成的负面影响。[①] 基于此，通过社会稳定风险评估能够在更大程度上预防和减少房屋征收矛盾纠纷的产生，促使房屋征收相关活动顺利完成。

《国有土地上房屋征收与补偿条例》第十二条第一款规定："市、县级人民政府作出房屋征收决定前，应当按照有关规定进行社会稳定风险评估；房屋征收决定涉及被征收人数量较多的，应当经政府常务会议讨论决定。"

《深圳市房屋征收与补偿实施办法（试行）》第十七条规定："房屋征收决定作出前，房屋征收部门应当依据广东省、本市有关社会稳定风险评估、重大决策专家咨询的有关规定，制定社会稳定风险评估方案和论证规程，在本办法第十五条第二款规定的征求意见期内同步组织有关部门和专家、学者对房屋征收范围内房屋征收的社会稳定风险进行评估论证。经评估论证后，房屋征收部门应当出具风险评估报告，风险评估报告应当作出房屋征收风险等级评价，并提出可实施、暂缓实施或者不可实施的建议。"

根据上述规定，社会稳定风险评估是房屋征收决定作出前的必经程序，且该评估作出的主体应为市、县级人民政府。在司法实践中，如果作出主体并非市、县级人民政府，可能会被法院认定为主体不适格。以"温州澳珀化工有限公司、温州嘉禾木业有限公司等诉温州市龙湾区人民政府行政征收二审案"[②]为例，针对评估主体问题，法院审理后认为，虽然根据中共温州市委办公室温委办发〔2012〕129 号《温州高新技术产业开发区建设管理体制实施意见》的规定，温州高新技术产业开发区管理委员会与温州市龙湾区人民政府合署，但温州高新技术产业开发区管理委员会仍不符合《国有土地上房屋征收与补偿条例》第十二条第一款规定的"市、县级人民政府作出房屋征收决定前，应当按照有关规定进行社会稳定风险评估"的主体资格，故支持上诉人温州澳珀化工有限公司等关于重大决策社会风险评估方案存在评估主体存在

---

① 王波：《国有土地上房屋征收与补偿社会稳定风险评估研究》，南京师范大学 2011 年硕士学位论文，第 10 页。

② 参见浙江省高级人民法院（2017）浙行终 227 号行政判决书。

错误的主张。

（五）房屋征收补偿费用

房屋征收决定作出的必备条件之一即是房屋征收补偿费用足额到位、专户存储、专款专用。具体而言，足额到位中的“足额”应以合法测算作为确定依据；专户存储即补偿费用应当存储于专门的银行账户之中；专款专用则意味着该费用仅能用于房屋征收相关活动，不能用于除此之外的地方。[①]

《国有土地上房屋征收与补偿条例》第十二条第二款规定：“作出房屋征收决定前，征收补偿费用应当足额到位、专户存储、专款专用。”

《深圳市房屋征收与补偿实施办法（试行）》第十八条规定：“房屋征收补偿费用实行专户存储、专款专用、专人管理、及时拨付原则。房屋征收决定作出前，房屋征收部门应当会同有关部门落实房屋征收补偿费用，确保房屋征收补偿费用足额到位。财政、审计部门应当依法对征收补偿费用使用情况进行监督和审计。”

在实践中，不同法院对于政府是否履行了对房屋征收补偿费用足额到位、专户存储、专款专用的职责具有不同的认定标准。

以“周某强诉夏津县人民政府行政征收二审案”[②]为例，本案中，法院认为，被上诉人夏津县人民政府实施的改造项目主要程序符合法律规定，但其未能提供证据证明确需征收房屋的建设活动符合专项规划以及征收补偿费用专户存储、专款专用的情况，故被诉行政征收行为主要证据不足，确认违法。

但在“钟某文诉广东省深圳市罗湖区人民政府房屋拆迁安置补偿合同纠纷再审案”[③]中，最高人民法院则认为，虽然被申请人罗湖区人民政府作出征收决定时征收补偿资金未储存到指定专户，违反了《国有土地上房屋征收与补偿条例》第十二条第二款规定，但鉴于征收补偿资金确已足额准备，只是由于征收补偿资金的具体数额未能确定而未存入指定专户，且没有证据证明因

---

① 王才亮、程国顺等：《国有土地上房屋征收与补偿条例条文释义与案例指导》，法律出版社2011年版，第87页。

② 参见山东省高级人民法院（2018）鲁行终22号行政判决书。

③ 参见最高人民法院（2018）最高法行申3189、3192、3193、3195－3207号行政裁定书。

该项轻微程序违法对当事人的合法权益产生实际影响，再审撤销一审、二审判决，改判确认该征收决定违法、不撤销保留其效力，徒增诉累，不利于行政争议的实质化解，故对此不予再审。与此类似，在“郑某云、王某云、林某英等诉温州市人民政府、浙江省人民政府行政复议案”①中，法院认为，法律、法规对于集体土地上房屋征收补偿中补偿费用是否需要专户存储尚无明确要求，且本案中，尚无证据显示存在因政府补偿资金不足损害被征收人合法权益的情况，故对上诉人郑某云等人对此所提异议不予采信。此外，在“陈某、许某荣、夏某诉合肥市庐阳区人民政府行政补偿案”②中，法院亦持有相似观点，认为被上诉人合肥市庐阳区人民政府已证明征收补偿费用已专户存储，虽该专户存储的费用不足以支付涉案征收区域内所有被征收房屋的补偿款，但涉案征收项目涉及的大部分被征收房屋已补偿到位，上诉人陈某等人亦称未出现因征收补偿款不到位影响被征收人及时获得补偿权利的情况，故法院对于合肥市庐阳区人民政府“征收补偿费是根据征收进度逐步、足额到位”的答辩理由予以支持。

从上述案例中可以看出，不同法院对于政府是否做到房屋征收补偿费用足额到位、专户存储等情况的认定存在差别，有的法院认定尺度较为严格，认为其必须提供证据证明补偿费用足额到位、专款专用，否则认定其行政行为违法；而有的法院则较为宽松，认为只要其履行了大部分的补偿义务且未有影响被征收人获得补偿的权利等情形，即可认定其履行了应尽职责。但总的来说，政府在房屋征收补偿费用方面应尽量做到足额到位、专户存储、专款专用，以最大程度上降低败诉风险。

（六）房屋征收决定批准和公告

1. 房屋征收决定的作出及公告

市、县级人民政府在经过上述房屋征收提示、房屋补偿方案确定、社会风险评估等前置环节后，即可作出房屋征收决定。

《国有土地上房屋征收与补偿条例》第十二条规定，房屋征收决定由市、县级人民政府作出，第十三条规定：“市、县级人民政府作出房屋征收决定后

---

① 参见浙江省高级人民法院（2019）浙行终1519号行政判决书。

② 参见安徽省高级人民法院（2018）皖行终611号行政判决书。

应当及时公告。公告应当载明征收补偿方案和行政复议、行政诉讼权利等事项。市、县级人民政府及房屋征收部门应当做好房屋征收与补偿的宣传、解释工作。房屋被依法征收的,国有土地使用权同时收回。"第十四条规定:"被征收人对市、县级人民政府作出的房屋征收决定不服的,可以依法申请行政复议,也可以依法提起行政诉讼。"

《深圳市房屋征收与补偿实施办法(试行)》第二十条规定:"房屋征收部门应当自本办法第十九条规定条件具备之日起3个工作日内,提请辖区政府或者报经新区管理机构核准后作出房屋征收决定。辖区政府决定实施房屋征收的,应当在决定作出之日起5个工作日内在房屋征收范围、政府网站或者深圳特区报、深圳商报,将房屋征收决定公告3日,公告日不得为节假日。房屋征收决定自公告之日起生效,规划国土部门不再另行作出收回被征收房屋对应的国有土地使用权的决定;根据房屋征收决定对被征收房屋进行的补偿,包括收回被征收房屋对应的国有土地使用权的补偿。"第二十一条规定:"房屋征收决定公告应当载明项目名称、征收范围、征收补偿方案、征收实施单位、征收实施期限及征收行为限制、现场接待地点和联系方式、监督举报方式和行政复议、行政诉讼权利等事项。前款所称征收行为限制,是指征收实施期限内,任何单位和个人不得在房屋征收范围内实施房屋转让和本办法第十一条第一款所列行为。被征收人违反规定的,对不当增加部分不予补偿。"

从上述规定中可以看出,房屋征收决定是由市、县级人民政府作出的,并且《深圳市房屋征收与补偿实施办法(试行)》对《国有土地上房屋征收与补偿条例》的规定进行了细化,不仅规定了房屋征收部门报辖区政府作出房屋征收决定的具体时间及起算点,还规定了辖区政府决定实施房屋征收时进行公告的时间、场所、公告保持的时间及公告应当载明的具体内容。

就公告载明的具体内容而言,以深圳市罗湖区木头龙项目的房屋征收公告为例,深圳市罗湖区人民政府于2019年10月15日发布《深圳市罗湖区人民政府房屋征收决定书》(罗府函〔2019〕295号),该征收决定书中写明的内容包括项目名称、征收范围、房屋征收部门、房屋征收实施单位、征收补偿协议签约期、征收补偿方案内容、征收行为限制、现场接待地点和联系方式、监督举报方式及被征收人救济方式。另外,2016年10月18日深圳市南山区人民政府发布的《深圳市南山区人民政府房屋征收决定书》(深南府征字

[2016]1号)、2018年6月22日深圳市龙岗区人民政府发布的《深圳市龙岗区人民政府房屋征收决定书》(深龙房征2字[2018]1号)等征收决定书中的内容均与此类似。

司法实践中,征收主体应履行征收公告这一法定职责,否则可能导致行政行为违法。以“潮州市潮安区龙湖镇鑫信服装厂诉广东省潮州市潮安区人民政府不履行征收公告法定职责再审案”①为例,最高人民法院经审查认为,《国有土地上房屋征收与补偿条例》第十三条第一款规定,市、县级人民政府作出房屋征收决定后应当及时公告,公告应当载明征收补偿方案和行政复议、行政诉讼等事项。《行政诉讼法》第三十八条第一款第一项规定,在起诉被告不履行法定职责的案件中,原告应当提供其向被告提出申请的证据,但被告应当依职权主动履行法定职责的除外。根据上述规定,市、县级人民政府在国有土地上房屋征收过程中,具有依法主动公告征收决定及补偿方案的法定职责。被征收人就市、县级人民政府不履行征收公告法定职责提起诉讼,无须承担其已向市、县级人民政府提出履行法定职责申请的证明责任。本案中,因交通建设公共利益需要,潮安区政府在厦深铁路联络线工程潮安段范围内实施征收工作,本应依法作出征收决定、征收补偿方案并进行公告,但其在未主动将征收决定及征收补偿方案进行公告的情况下,即组织实施了对涉案国有的土地征收、拆除等行为,故其作出的上述行为缺乏法律依据。

另外,被征收人在对征收决定不服提起诉讼时,应当注意两点:第一,被诉的行政行为应是政府所作征收决定,而不是政府在作出征收决定时向其他相关部门出具的材料。以“何某清诉深圳市罗湖区土地整备中心案”②为例,该案中,原告何某清请求法院确认被告罗湖区土地整备中心就涉案房屋向不动产登记中心作出《深圳市罗湖“二线插花地"范围内房屋征收决定书》的行为违法,法院审理后认为,罗湖区土地整备中心向深圳市不动产登记中心作出的《深圳市罗湖“二线插花地"范围内房屋征收决定书》,是其作为房屋征收部门依据罗湖区人民政府征收决定向该中心申请注销涉案房屋房地产证书所提交的资料,系对征收决定产生的效力的具体执行,该内容也仅为对征

---

① 参见最高人民法院(2019)最高法行申3804号行政裁定书。

② 参见深圳市盐田区人民法院(2019)粤0308行初36号行政裁定书。

收决定的重申,并不直接对何某清的权利义务产生影响;对何某清的权利义务产生直接、实际影响的应为罗湖区人民政府征收决定。因此,何某清提起的本案诉讼依法不属于行政诉讼的受案范围,其起诉依法被予以驳回。第二,只有与征收决定具有利害关系的被征收人才有资格对征收决定提起诉讼,如"潘某来诉深圳市人民政府行政复议二审案"[①]中,上诉人潘某来因不服罗湖区人民政府作出罗府函[2017]112号《深圳市罗湖区人民政府房屋征收决定书》的行为而提出行政复议申请,在深圳市人民政府作出不予受理决定后,其向法院提起诉讼。法院审查后认为,上述决定书所针对的征收对象是《罗湖"二线插花地"棚户区改造专项规划》深圳市罗湖辖区内的已办理房地产权利证书的房屋,不包含未办理房地产权利证书的房屋,而潘某来涉案房屋是未办理房地产权利证书的房屋,不属于涉案征收决定规定的征收对象。因此,潘某来与罗湖区人民政府作出决定书没有利害关系,深圳市人民政府据此认定潘某来提出的行政复议申请不符合受理条件,并无不当。

2. 房屋征收决定作出后的冻结期

《国有土地上房屋征收与补偿条例》第十六条规定:"房屋征收范围确定后,不得在房屋征收范围内实施新建、扩建、改建房屋和改变房屋用途等不当增加补偿费用的行为;违反规定实施的,不予补偿。房屋征收部门应当将前款所列事项书面通知有关部门暂停办理相关手续。暂停办理相关手续的书面通知应当载明暂停期限。暂停期限最长不得超过1年。"

《深圳市房屋征收与补偿实施办法(试行)》第二十二条规定:"房屋征收决定公告后,作出房屋征收决定的辖区政府及其房屋征收部门应当做好房屋征收与补偿的宣传、解释工作。房屋征收部门应当在房屋征收决定公告当日,书面通知规划国土、建设、户籍、产权登记、房屋租赁管理、抵押担保、市场监管等部门和单位暂停办理征收行为限制所列事项的受理、审批、登记等相关手续。暂停办理相关手续的书面通知应当载明暂停期限。暂停期限最长不得超过1年。"

根据上述规定,房屋征收部门在房屋征收范围确定后应当通知有关部门暂停办理相关手续,暂停期限最长不超过1年;而《深圳市房屋征收与补偿实

---

① 参见广东省高级人民法院(2019)粤行终1135号行政判决书。

施办法(试行)》进一步明确,房屋征收部门通知有关部门的时间节点为房屋征收决定公告当日,并且通知的部门包括规划国土、建设、户籍、产权登记、房屋租赁管理、抵押担保、市场监管等。规定1年的暂停期限,在约束政府行为的同时,也保护了被征收人的利益,防止因暂停期限过长而对被征收人的生活及生产经营造成过多的影响。但需要注意的是,司法实践中,暂停期限并不属于法院审查范围内,以"徐某诉济南市历下区人民政府、济南市人民政府行政复议案"[①]为例,原告徐某认为被告历下区人民政府对征收房屋冻结时间超出法律规定,按照规定,房屋冻结时间最长不应超过1年,而历下区人民政府两次冻结均超出法定冻结最长期限,属于严重程序违法。但法院认为,根据《国有土地上房屋征收与补偿条例》第十六条规定,冻结通告(暂停办理相关手续的通知)系征收决定形成过程中的程序性行为,不属于征收决定合法性的审查范围,故对此不予审查。

3.撤销征收决定的考虑因素

《行政诉讼法》第七十条规定:"行政行为有下列情形之一的,人民法院判决撤销或者部分撤销,并可以判决被告重新作出行政行为:(一)主要证据不足的;(二)适用法律、法规错误的;(三)违反法定程序的;(四)超越职权的;(五)滥用职权的;(六)明显不当的。"第七十四条第一款规定:"行政行为有下列情形之一的,人民法院判决确认违法,但不撤销行政行为:(一)行政行为依法应当撤销,但撤销会给国家利益、社会公共利益造成重大损害的;(二)行政行为程序轻微违法,但对原告权利不产生实际影响的。"

根据前述规定,法院在对处理案件时,除了要判断行政行为的合法性,还要对依法行政原则、行政相对人信赖利益以及国家利益、社会公共利益的保护予以考虑,并在上述原则和利益之间寻找平衡点。公共利益并不是一种明确的法律概念,其往往会以不同目的和表现形式呈现在行政征收领域的个案之中。基于行政行为的公定力,法院在对征收决定进行审查之时,行政机关的征收工作通常已开展,且这种征收涉及公共利益的理由多为推进征收工作进度、服务地方发展大局、涉及面较广等。但法院在审查时应当对"撤销征收决定是否将真正损害公共利益"以及"是否具备撤销征收决定的现实基础"进

---

① 参见济南市中级人民法院(2017)鲁01行初947号行政判决书。

行考虑,而不宜直接认定该类事由属于公共利益并据此作出不予撤销、仅确认违法的判决。通常而言,在征收范围内多数当事人已达成补偿协议或多数当事人已实际履行协议的情况下,法院可以判决确认征收决定违法,但不撤销征收决定,以这种方式来维护征收法律关系的稳定并保护被征收人合法权益,对公共利益与私人利益之间的冲突进行平衡,从而实现法律效果和社会效果的统一。但与此相反,在征收决定具体实施前,或者虽已实施但因各种原因而停滞后,法院则可以作出撤销征收决定的判决。

司法实践中,以“王某武诉西秀区政府房屋征收决定再审案”①为例,最高人民法院认为,结合被申请人西秀区政府提交的相关证据材料,本案具有如下特点:第一,涉案征收项目推进困难。涉案征收决定红线范围内,大多数被征收人并没有签订征收补偿协议,签约率低,因资金缺口大,导致项目无法继续推进,已经停滞较长时间。第二,涉案征收项目范围内实际拆除房屋较少。第三,涉案征收项目无明确推进计划。第四,就社会效果来看,判决撤销西秀区政府作出的19号征收决定,既有利于保护当事人的合法权益,又有利于化解项目久拖不决的困境。因此,本案被诉19号征收决定具备撤销的现实基础。关于西秀区政府辩称撤销19号征收决定会导致公共利益严重受损的意见。经查,西秀区政府所称公共利益严重受损,主要体现在制约城市交通发展、前期项目建设投入的资金得不到有效收回、存在重大公共安全隐患等方面。最高人民法院认为,尽管当地客观存在改善城市交通、改善人居环境和新型城镇化建设发展的需要,但不足以证实其不经过法定的省级人民政府审批即进行集体土地征收的正当性和紧迫性,且涉案征收项目因资金缺口导致停滞后,西秀区政府至今未提供项目继续推进的有效方案和计划。而西秀区政府根据最高人民法院责令其庭后提交的前期项目建设投入的资金情况,也主要是针对2014年启动并实际完成的一期征收项目,其涉及的三角花园、麒麟广场、头铺卡口建设均已建成,与本案被诉征收决定涉及事项并无直接的关联性。而涉案征收决定涉及已签订补偿协议和实际拆除房屋较少,撤销征收决定对其影响也较小。此外,征收决定是否被撤销与涉案被征收房屋是否存在公共安全隐患并无直接联系。故西秀区政府现有证据并不足以证明撤

---

① 参见最高人民法院(2020)最高法行再276号行政裁定书。

销19号征收决定会给国家利益、社会公共利益造成重大损害,西秀区政府的该辩称理由不能成立。

二、房屋征收的补偿与安置的前期准备工作

(一)房屋征收补偿范围及方式

1. 被征收房屋的补偿范围

《国有土地上房屋征收与补偿条例》第十七条规定:"作出房屋征收决定的市、县级人民政府对被征收人给予的补偿包括:(一)被征收房屋价值的补偿;(二)因征收房屋造成的搬迁、临时安置的补偿;(三)因征收房屋造成的停产停业损失的补偿。市、县级人民政府应当制定补助和奖励办法,对被征收人给予补助和奖励。"

《深圳市房屋征收与补偿实施办法(试行)》第二十三条规定:"作出房屋征收决定的辖区政府对被征收人以及符合规定的合法使用人给予的补偿包括:(一)被征收房屋价值(含已经取得的合法国有土地使用权的价值)的补偿;(二)因征收房屋造成的搬迁、临时安置的补偿;(三)因征收房屋造成的停产停业损失的补偿。搬迁费、临时安置费、停产停业损失补偿等标准根据本办法附件《深圳市房屋征收补偿规则》确定。"

从上述规定可以看出,《国有土地上房屋征收与补偿条例》及《深圳市房屋征收与补偿实施办法(试行)》对于补偿范围的规定基本相同,对被征收人的补偿基本包含房屋价值、搬迁及临时安置费、停产停业损失这三大类,但《深圳市房屋征收与补偿实施办法(试行)》在被征收房屋价值中特别标明了该价值包括已经取得的合法国有土地使用权的价值。这一明确无疑是必要的,因为房屋征收的根本目的在于取得房屋所附着之土地的权利,[①]政府以该目的对房屋进行征收,理应为此支付相应的对价。

具体而言,在被征收房屋价值方面,《国有土地上房屋征收与补偿条例》第十九条第一款规定:"对被征收房屋价值的补偿,不得低于房屋征收决定公告之日被征收房屋类似房地产的市场价格。被征收房屋的价值,由具有相应资质的房地产价格评估机构按照房屋征收评估办法评估确定。"《深圳市房屋

---

① 侯雪梅:《房屋拆迁中私人财产权利的法律保护》,载《法学论坛》2004年第5期,第47~52页。

征收与补偿实施办法(试行)》第二十六条第一款亦作出了相同规定。在司法实践中,也有因对被征收房屋价值评估存在争议而产生的诉讼,在此种争议下,如果被征收人事前不对评估予以配合,事后又对评估后的房屋价值有异议的,其主张可能不会得到法院的支持。以“周某民诉徐州市泉山区人民政府行政补偿案”[①]为例,法院审理后认为,被告泉山区人民政府工作人员向原告周某民送达《被征收房屋评估通知》,该通知告知了周某民对其房屋入户评估的时间及按时在家配合评估的后果等。周某民既没有在家配合完成评估工作,也没有告知不能配合的正当理由并约定进行评估的具体时间,因此,泉山区人民政府依据评估报告的评估价值认定周某民的房屋价值并无不当。

在因征收房屋造成的搬迁、临时安置的补偿方面,以“赵某铸诉黎某明房屋租赁合同纠纷案”[②]为例,该案中,原告赵某铸向被告黎某明租赁房屋作仓库使用,涉案租赁房屋因处于石岩水库一级水源保护区而被相关部门纳入征收范围。赵某铸因此要求黎某明参照搬迁费、临时安置费、已依法取得营业执照的擅改经营性用途适当补偿及装修补偿费赔偿其损失。法院审理后认为,一般情况下,因房屋征收的拆迁补偿费应支付给房屋所有权人。赵某铸向黎某明租赁涉案房屋当做仓库使用,如在仅每月支付 3900 元使用费的情况下即取得了黎某明作为房屋所有权人的征收补偿费,则显失公平且不合常理。另根据涉案房屋补偿安置清单,黎某明亦未因赵某铸使用涉案房屋而获得住宅擅改商业用途补偿费、已依法取得营业执照的擅改经营性用途适当补偿费、擅改经营性质室内装修装饰补偿费、停产停业补偿费,且在合同有效且正常履行的情况下,赵某铸亦应在合同到期后另行寻找租赁房屋并进行搬迁,黎某明要求赵某铸提早搬迁非临时通知,赵某铸有充足的时间进行准备,因此,对赵某铸主张的临时安置费不予支持,赵某铸应获得的赔偿应仅限于实际产生的装修及提前搬迁损失。又因赵某铸未举证证明其有对涉案房屋进行过装修,故法院最终认为赵某铸的损失仅为其提前 1 年半搬迁造成的损失。

在因征收房屋造成的停产停业损失的补偿方面,以“安徽省淮南市田家

---

① 参见徐州市中级人民法院(2016)苏 03 行初 543 号行政判决书。

② 参见深圳市宝安区人民法院(2019)粤 0306 民初 4062 号行政判决书。

庵区人民政府诉许某行政补偿二审案”①为例,二审法院认为,双方对涉案房屋属于正常经营状态的商业用房并无异议,根据《国有土地上房屋征收与补偿条例》第十七条及《国有土地上房屋征收评估办法》第十四条第二款规定,征收人应与被征收人就停产停业损失进行协商,协商不成的委托评估机构评估确定,而本案双方当事人对停产停业损失未达成一致意见,亦未通过评估机构评估确定,故一审法院以上诉人田家庵区人民政府作出的补偿决定漏项为由,判决撤销被诉补偿决定并无不当。另关于给予停产停业损失补偿条件方面,以“孟某荣诉新疆维吾尔自治区奎屯市人民政府房屋征收补偿决定再审案”②为例,最高人民法院经审理认为,被征收房屋符合下列三个条件的,房屋征收部门才应给予被征收人停产停业损失补偿:一是被征收房屋具有非住宅房屋权属证明或者经有关部门认定为用于非住宅的合法建筑;二是有合法、有效的营业执照,且营业执照上标明的营业地点为被征收房屋;三是已办理税务登记并具有纳税凭证。涉案商店虽然有营业执照和税务登记证,但是没有非住宅房屋权属证明,也没有有关部门的认定结论,被诉补偿决定没有对申请人孟某荣主张的停产停业损失予以补偿并无不当。此外,《深圳市房屋征收与补偿实施办法(试行)》附件中《深圳市房屋征收补偿规则》明确规定:“征收合法经营性房屋引起停产、停业的,根据被征收房屋的区位和使用性质,按照下列标准给予一次性停产、停业补偿费:能依据完税证明提供利润标准的,给予6个月税后利润补偿;不能提供利润标准的,按上年度同行业月平均税后利润额计算或者按同类房屋市场租金,给予6个月的补偿。”

2. 被征收房屋的补偿方式

《国有土地上房屋征收与补偿条例》第二十一条规定:“被征收人可以选择货币补偿,也可以选择房屋产权调换。被征收人选择房屋产权调换的,市、县级人民政府应当提供用于产权调换的房屋,并与被征收人计算、结清被征收房屋价值与用于产权调换房屋价值的差价。因旧城区改建征收个人住宅,被征收人选择在改建地段进行房屋产权调换的,作出房屋征收决定的市、县级人民政府应当提供改建地段或者就近地段的房屋。”

---

① 参见安徽省高级人民法院(2019)皖行终151号行政判决书。

② 参见最高人民法院(2018)最高法行再75号行政判决书。

《深圳市房屋征收与补偿实施办法(试行)》第二十四条规定:“房屋征收可以采取货币补偿、产权调换以及货币补偿和产权调换相结合的补偿方式。除本办法及市政府另有规定外,征收非住宅房屋以及房屋以外的构筑物、其他附着物等实行货币补偿。征收被征收人居住的住宅房屋,被征收人可以选择货币补偿、产权调换、货币补偿与产权调换相结合的方式进行补偿。因本办法第八条第(五)项的需要征收个人住宅,被征收人选择在城市更新地段进行房屋产权调换的,房屋征收部门应当提供在城市更新项目或者单元内的房屋,在城市更新项目或者单元内无法提供的,房屋征收部门可以就近提供。”第二十五条规定:“对住宅房屋以产权调换方式进行征收补偿的,作出房屋征收决定的辖区政府应当提供相应的住宅进行调换,并按照下列规定结算差价:产权调换房屋套内建筑面积超过被征收房屋套内建筑面积的,超出面积部分以市场评估价结算差价;被征收房屋市场评估价格高于产权调换房屋市场评估价格的,以市场评估价的差额结算差价。以非商品性质住宅房屋进行房屋产权调换的,其所调换房屋的产权仍受相应限制。符合相关规定的,被征收人可以补交规定差价后转为商品性质。根据《深圳经济特区处理历史遗留违法私房若干规定》、《深圳经济特区处理历史遗留生产经营性违法建筑若干规定》(以下简称‘两规’)、《深圳市人民代表大会常务委员会关于农村城市化历史遗留违法建筑的处理决定》(以下简称《决定》)及其配套政策处理取得非商品性质房地产权证书的住宅房屋,以住宅房屋的房地产权证书为产权调换基本单位,按照下列规定进行补偿:(一)符合原村民非商品住宅建设用地标准的,不超过建筑面积480平方米的部分给予产权调换,超出部分按照本办法附件有关规定给予货币补偿。所建房屋建筑面积未达到480平方米的,可按照建筑面积480平方米给予产权调换,差额部分面积由被征收人按产权调换房屋的成本价购足;被征收人选择货币补偿的,以建筑面积480平方米的标准计算被征收房屋的价值,扣减10%的公告基准地价后予以补偿;(二)被征收人为非原村民的,不超过建筑面积150平方米的部分给予产权调换;被征收人选择货币补偿的,按照被征收房屋的价值扣减10%的公告基准地价予以补偿。超出部分按照本办法附件有关规定给予货币补偿。”第二十六条第三、四款规定:“住宅房屋的被征收人选择货币补偿,但被征收房屋经评估的补偿价格低于该房屋在产权调换情况下本次房屋征收提供的所有产权调换房屋的平均市场评估价格的，房屋征收部门应当将该价差部分作为置业补助支付给被征收人。对房屋以外的构筑物、其他附着物等货币补偿的金额，由征收当事人协商确定；协商不成的，可以委托房地产价格评估机构以重置价评估确定。”

从上述规定中可以看出，被征收人对补偿方式拥有选择权，《国有土地上房屋征收与补偿条例》中规定了货币补偿与房屋产权调换两种方式，《深圳市房屋征收与补偿实施办法（试行）》对该规定予以了进一步细化。首先，增加了被征收人可选择的补偿方式，除了上述两种方式外，还可选择货币补偿和产权调换相结合的补偿方式；其次，基于深圳城市更新特殊性，规定因旧城区改造或城市更新需要而征收个人住宅，被征收人如选择在城市更新地段进行房屋产权调换的，房屋征收部门在可以提供的情况下应当提供在城市更新项目或者单元内的房屋；最后，对住宅房屋以产权调换方式进行征收补偿的差价结算进行规定，并且基于深圳历史遗留违法建筑普遍存在的现状，对该类取得非商品性质房地产权证书的住宅房屋的补偿予以了更为细致的规定，这一点将在第五章中再展开论述。

在司法实践中，如果政府进行房屋征收补偿时未给予被征收人选择权，将会被法院认定违法。如在前述“杭州鸿图商贸有限公司诉杭州市余杭区人民政府、杭州市人民政府等行政征收案”①中，法院即认定被诉征收决定所附房屋征收补偿安置方案第六条第一项规定“原则上以一次性货币补偿方式为主，不进行房屋产权调换，不提供迁建安置用地，不提供临时过渡周转用房”，违反了《国有土地上房屋征收与补偿条例》第二十一条第一款“被征收人可以选择货币补偿，也可以选择房屋产权调换”的规定。与此类似，在“赵某玉、吴某蓉等诉腾冲市人民政府行政复议案”②中，法院亦认为，原告赵某玉等人要求以房屋产权调换方式进行安置，被告腾冲市人民政府在未提交证据证明原告选择货币补偿方式情况下，即以货币补偿方式对原告作出房屋征收补偿决定，侵害了赵某玉等人对房屋征收的补偿选择权，故撤销腾冲市人民政府所作房屋征收决定。

---

① 参见杭州市中级人民法院（2018）浙01行初393号行政判决书。

② 参见保山市中级人民法院（2017）云05行初42号行政判决书。

对房屋征收补偿方式予以多种规定，给予被征收人选择的权利，在一定程度上能够提高被征收人对于房屋征收活动的满意度与认同度，从而促使房屋征收活动顺利进行。政府在确认补偿方式时应充分遵守被征收人的选择权，如仅提供单一的补偿方式，可能会面临较高的败诉风险。

（二）房屋征收补偿对象确认

《国有土地上房屋征收与补偿条例》及《深圳市房屋征收与补偿实施办法（试行）》并没有对房屋征收的补偿对象予以明确的条款规定，但确定房屋征收补偿对象，无疑是对房屋征收进行补偿的重要前提之一。在司法实践中，亦常有因确定房屋补偿对象而产生的争议，该争议一般涉及继承关系或租赁关系方面。

以涉及继承情况来说，如“苏某、许某鸣诉禄丰县人民政府不履行房屋征收补偿法定职责案”[①]为例，原告苏某和许某鸣认为本案在卷生效裁判文书已判定第三人李某、高某仙不享有涉案房产的权利，但被告禄丰县人民政府多次无理拒绝房屋征收补偿事宜，无故要求其与第三人李某、高某仙分配补偿款。法院在对房屋原产权、遗赠扶养协议内容等案件相关信息进行梳理后认为，根据本案在卷生效裁判文书，第三人李某、高某仙与被征收房屋不具有利害关系。苏某因享有继承权应认定为被征收人，许某鸣不属于适格被征收人，但庭审中苏某明确表示其自愿将被征收房屋权益交由许某鸣代为行使，可视为赠与。禄丰县人民政府应依据征收补偿方案对苏某履行征收补偿的法定职责，但禄丰县人民政府收到苏某申请后超过 2 个月法定期限未答复，属于未按法定期限履行法定职责的情形。故对苏某要求禄丰县人民政府履行房屋征收补偿法定职责的诉讼请求成立予以支持。与该案类似，在涉及继承的情况下，还存在因政府未明确查明继承关系，仅认定部分被继承人为被征收人而被法院确认违法的情形。如“任某贵诉天津市红桥区房地产管理局行政补偿案”中[②]，法院认为，被征收人应当是房屋的所有权人，在其死亡后且未经合法继承人协商一致或依法继承分割的情况下，房屋的所有权为合法继承人共同共有。本案中，被告红桥区房地产管理局与其中 4 位遗产继承人签

---

① 参见楚雄彝族自治州中级人民法院（2017）云 23 行初 5 号行政判决书。

② 参见天津市红桥区人民法院（2017）津 0106 行初 23 号行政判决书。

订的协议,存在对原告任某贵和其他未签约的第三人的合法权益造成侵害的可能。其他被征收房屋的共有人未明确表示放弃权利或认同该4人协商的方案,4份具结书无法证明签约的第三人对被征收房屋拥有完整的所有权,红桥区房地产管理局依据4份具结书和律师见证书与该4人签订协议,属于认定事实不清,主要证据不足,应依法予以撤销。

在承租人与被承租人就房屋征收补偿款有约定的情况下,如果协议中约定了补偿款包含承租人所受损失,承租人即有权依此获得补偿。以"东莞市熙园家居饰品有限公司、东莞市大一铝业工程有限公司租赁合同纠纷二审案"①为例,法院认为,茶山政府下属的茶山镇城镇建设规划办公室与出租人东莞市大一铝业工程有限公司签订了土地及建筑物补偿协议,该补偿协议书合法有效,对于补偿协议书中的补偿款是否包含承租人相关损失问题。东莞市熙园家居饰品有限公司作为涉案被征收土地及建筑物的承租人,因土地及建筑物被征收必然会发生搬迁费及停业经济损失等,该补偿协议书中明确了补偿项目包括设备搬迁补偿、停业经济损失补偿,且茶山政府也表示补偿款项包括了东莞市熙园家居饰品有限公司在内的全部承租人的损失,东莞市大一铝业工程有限公司在签订补充协议时亦理应考虑到因征收导致租赁合同提前解除给承租人带来的损失。因此,从东莞市大一铝业工程有限公司与茶山政府房屋征收部门签订补偿协议书的内容及当事人的陈述来看,补偿协议的补偿款包括了东莞市熙园家居饰品有限公司因征收产生的相关损失。故法院对东莞市熙园家居饰品有限公司就其损失获得相关补偿款予以认可。与此类似,在"黄某放、陈某志诉陈某坤房屋租赁合同纠纷二审案"②中,法院亦认为,涉案租赁合同明确承租人承租期内可进行改造装修,并约定在房屋租赁期内,由于国家土地征用、拆迁,国家赔偿装修款等归承租人所有;承租人于承租房屋后进行了装修,故房屋被征用后承租人有权获得相应补偿。但需注意,即使在租赁合同约定了政府征收并不属于提前解除合同的情形,出租人仍需要就其提前解除合同的行为向承租人承担违约责任;但如果承租人已对租赁合同的违约方式进行了唯一且明确的其他选择,则其不能再对搬迁

① 参见东莞市中级人民法院(2016)粤19民终9373号行政判决书。

② 参见宁波市中级人民法院(2017)浙02民终2191号行政判决书。

费等损失进行主张。如“深圳市金政软件技术有限公司诉深圳市恒裕景福实业股份有限公司、深圳市俊友服饰有限公司房屋租赁合同纠纷案”[①]中，法院经审查认为，在合同履行过程中，涉案房产被政府用于地铁建设而拆除，导致合同客观上无法继续履行，被告深圳市俊友服饰有限公司因此而与原告深圳市金政软件技术有限公司提前解除合同，虽然该合同提前解除并非因深圳市俊友服饰有限公司过错导致，但根据合同约定，“政府征用、收回或拆除租赁房屋”并不属于双方有权提前解除合同的情形，且深圳市俊友服饰有限公司作为出租人，保证租赁物业的正常使用系其主要合同义务，只要不存在可归责于深圳市金政软件技术有限公司的情形，深圳市俊友服饰有限公司即应就提前解除合同向其承担违约责任。但在本案中，深圳市金政软件技术有限公司已在合同中对深圳市俊友服饰有限公司违约责任的承担方式作出明确且唯一的选择——请求甲方双倍退还租赁保证金，亦即放弃了向甲方请求损害赔偿的权利，此系其对自己权利的自由处分行为，且没有损害他人利益的情形，其在作出选择后即应受该条款约定的约束。故深圳市金政软件技术有限公司在主张双倍返还租赁保证金作为损失赔偿金后再行要求深圳市俊友服饰有限公司承担搬迁费及装修费的损失赔偿责任，缺乏依据。从上述案例中可以看出，政府应当履行义务明确房屋征收的补偿对象，如仅以权属存在争议为由不履行法定职责，可能会被法院认定为行政不作为；如在涉及继承情况下未理清继承关系即与部分被继承人签订补偿协议，可能会被法院判决撤销所作补偿决定。此外，涉及承租人权利方面，如租赁合同约定了承租人可在房屋征收后获得补偿，法院通常会认可承租人获得房屋征收补偿的地位，并根据其实际损失判定承租人应获得的补偿。

另外，对没有变更登记只有购买合同情况的处理，以“连某栋诉太原市迎泽区人民政府行政征收再审案”[②]为例，最高人民法院认为，《行政诉讼法》第二十五条第一款规定，行政行为的相对人以及其他与行政行为有利害关系的公民、法人或者其他组织，有权提起诉讼。本案中，申请人连某栋与开发企业签订购房合同并支付购房款，购买涉案房屋并实际居住多年，虽未经登记机

---

① 参见深圳市福田区人民法院(2016)粤0304民初25383号行政判决书。

② 参见最高人民法院(2018)最高法行申8427号行政裁定书。

关予以产权登记，但在没有证据排除涉案房屋归连某栋实际拥有的情况下，应当认可连某栋对涉案房屋的实际所有者地位。迎泽区人民政府于2017年4月5日作出并公告迎政房征决字[2017]1号房屋征收决定，连某栋购买并实际居住多年的涉案房屋位于征收决定所列明的征收范围内，征收决定将会直接影响连某栋的权利义务。故连某栋与征收决定具有法律上的利害关系，具有提起本案诉讼的原告主体资格。因而，一审裁定驳回起诉、二审裁定驳回上诉均为适用法律错误，依法应予纠正。与此类似，在“恩平金城实业发展有限公司诉广东省恩平市人民政府行政补偿再审案”中①，最高人民法院经审理亦认为，《物权法》(已失效)第十四条规定，不动产物权的设立、变更、转让和消灭，依照法律规定应当登记的，自记载于不动产登记簿时发生效力。通常情况下，行政机关应当以登记于不动产登记簿上的权利人为被征收人进行征收补偿活动，对征收不动产相关行政行为提起行政诉讼，登记在不动产登记簿上的权利人才具有原告资格。但是，实施征收补偿、给予“利害关系人”原告资格的立法出发点，均是要对实际权利人的合法权益给予充分保护，而不是保护徒有虚名的名义权利人的“权利”，即登记于不动产登记簿上的原产权人，出于真实意思表示，已经将不动产转让并交付受让人，受让人实际占有、使用不动产，成为不动产的实际权利人，且征收补偿过程中，原产权人未对被征收的不动产权属提出异议的，征收管理部门以实际权利人为被征收人，与之签订征收补偿安置协议，协议签订主体的确定并不违反法律规定。在征收补偿行政程序完成后，原产权人未通过民事诉讼等法定途径依法确认其对被征收不动产的产权，仅仅以名义产权人身份提起行政诉讼的，实质上与不动产征收的相关行政行为不具有利害关系。

(三)房屋补偿客体确认

《国有土地上房屋征收与补偿条例》《深圳市房屋征收与补偿实施办法(试行)》对房屋补偿客体区分不同情况作出如下规定：

1. 整村搬迁、集体安置的住宅房屋

《深圳市房屋征收与补偿实施办法(试行)》第二十九条规定：“征收需整

---

① 参见最高人民法院(2018)最高法行申2872号行政裁定书。

村搬迁、集体安置的住宅房屋,可以在征求被征收人意见基础上,依照城市规划要求并按规定程序决定进行异地重建安置。征收原有公共基础设施或者公益事业用房,应当依照有关法律法规的规定和城市规划的要求予以重建;不能或者无需在原地重建的,按照原性质和规模予以异地重建或者按照重置价评估给予货币补偿。"

2. 个人住宅房屋

《国有土地上房屋征收与补偿条例》第十八条规定:"征收个人住宅,被征收人符合住房保障条件的,作出房屋征收决定的市、县级人民政府应当优先给予住房保障。具体办法由省、自治区、直辖市制定。"

考虑到我国地域辽阔,不同地区住房保障范围、保障标准、优先具体办法等具有较大的差异性,且各地对于住房和收入困难家庭的认定标准不尽相同,该条规定将住房保障具体办法的授权给予各省、自治区、直辖市。①

有鉴于此,《深圳市房屋征收与补偿实施办法(试行)》第三十条规定:"征收个人住宅房屋,被征收人选择货币补偿的,被征收房屋不记录为住房保障申请条件中的自有住房,被征收人符合《深圳市保障性住房条例》规定的住房保障条件的,可以依法申请住房保障。"

被征收人符合住房保障条件和征收的房屋为个人住宅,是被征收人享有住房保障的两个前提条件。毋庸置疑,保证被征收人居住条件既是作为房屋征收主体的政府的职责所在,也是《民法典》的要求,这种对弱势群体的居住保障,有利于弥补对住房困难家庭保护缺失的问题。

3. 住宅兼经营性用房

《深圳市房屋征收与补偿实施办法(试行)》第三十一条规定:"征收产权性质为非经营性房屋或者工业用途房屋、但已依法取得营业执照的经营性用房,按照原合法用途予以补偿。"

在《深圳市房屋征收补偿规则》中还明确规定:"征收产权性质为非经营性用途或者工业用途房屋,未经规划国土部门批准擅自改为经营性用途,但已依法取得营业执照的,除按照原用途予以补偿外的适当补偿标准:(一)能提供与征收决定发布日期间隔 3 年以上的工商营业执照的,补偿:(现经营性

---

① 《国有土地上房屋征收与补偿条例》,中国法制出版社 2018 年版,第 16~17 页。

用途房屋租赁市场租金－原用途房屋租赁市场租金）×擅改部分建筑面积×36个月（即3年）。（二）能提供与征收决定发布日期间隔不到3年的工商营业执照的，补偿：（现经营性用途房屋租赁市场租金－原用途房屋租赁市场租金）×擅改部分建筑面积×间隔月份（不足1个月的按1个月计算）。”

司法实践中，以“贾某诉内蒙古自治区包头市九原区人民政府房屋征收补偿决定再审案”①为例，最高人民法院认为，本案的争议焦点为32号房屋征收补偿决定是否合法公平。在城市房屋征收过程中，尤其要注意合法合情合理的解决其中久拖不决的遗留问题。国办发明电〔2003〕42号《国务院办公厅关于认真做好城镇房屋拆迁工作维护社会稳定的紧急通知》（以下简称42号文）在第四部分“完善相关政策措施，妥善解决遗留问题”中载明：“各地要本着实事求是的原则，采取积极有效的措施，切实解决城市房屋拆迁中久拖不决的遗留问题。对拆迁范围内产权性质为住宅，但已依法取得营业执照经营性用房的补偿，各地可根据其经营情况、经营年限及纳税等实际情况给予适当补偿。”42号文确定了解决城市房屋拆迁中久拖不决遗留问题的基本原则，即对待遗留问题，不能“一刀切”，完全按照产权性质不给予“住改商”房屋有关经营方面的任何补偿。本案中，涉案房屋产权性质虽为住宅，但申请人贾某提交的证据证实其自1998年起已将涉案房屋用于经营，且已依法取得营业执照，符合42号文中“应给予适当补偿”的适用条件。原审法院未进一步查明相关事实，审查涉案房屋是否符合适用42号文的情形，而是直接确认32号房屋征收补偿决定合法且已给予贾某适当补偿确有不当。

此外，《深圳市房屋征收与补偿实施办法（试行）》还在第三十二条规定：“被征收房屋室内自行装修装饰费补偿，由征收当事人协商确定；协商不成的，按照评估确定的重置成新价给予补偿。室内装修装饰由承租人投资的，出租人与承租人无约定或者不能达成协议的，房屋征收部门应当向出租人支付装修装饰补偿费；出租人与承租人有约定或者达成协议的，按约定或者达成的协议处理。”司法实践中，以“陈某兴诉深圳市龙岗区平湖街道办事处行政补偿二审案”②为例，上诉人陈某兴请求被上诉人龙岗区平湖街道办事处对

---

① 参见最高人民法院（2017）最高法行申3677号行政裁定书。

② 参见深圳市中级人民法院（2019）粤03行终1703号行政裁定书。

其承租房屋的装修、搬迁、临时安置、停产停业损失进行补偿，理由是"龙岗区平湖街道办事处与原审第三人深圳市辅城坳股份合作公司签订房屋补偿安置协议及补充协议没有对陈某兴承租房屋进行测绘评估补偿"。法院认为，陈某兴承租了深圳市辅城坳股份合作公司的房屋，但深圳市辅城坳股份合作公司已经作为房屋权利人与龙岗区平湖街道办事处签订房屋补偿安置协议及补充协议，对房屋全部补偿项目包括租赁相关补偿进行了约定，陈某兴在房屋补偿安置协议约定的补偿范围内的租赁补偿权益，应当向获取全部补偿的深圳市辅城坳股份合作公司主张，在房屋补偿安置协议约定补偿范围之外继续承租房屋产生的损失，与龙岗区平湖街道办事处没有关系。因此，陈某兴请求龙岗区平湖街道办事处对其予以补偿，没有事实和法律依据。

4. 未经产权登记建筑

《国有土地上房屋征收与补偿条例》第二十四条规定："市、县级人民政府作出房屋征收决定前，应当组织有关部门依法对征收范围内未经登记的建筑进行调查、认定和处理。对认定为合法建筑和未超过批准期限的临时建筑的，应当给予补偿；对认定为违法建筑和超过批准期限的临时建筑的，不予补偿。"

《深圳市房屋征收与补偿实施办法（试行）》第三十三条规定："房屋征收范围内未经产权登记的建筑，属于《决定》第二条规定范围，尚未进行处理的，按照下列规定进行补偿：（一）原村民所建的住宅类建筑，符合原村民非商品住宅建设用地标准的，不超过建筑面积480平方米的部分可参照本办法第二十五条第三款第（一）项的规定给予产权调换或者货币补偿。符合原村民非商品住宅建设用地标准且超出480平方米的部分以及不符合原村民非商品住宅建设用地标准的多栋部分，按照本办法附件有关规定给予货币补偿。（二）原农村集体经济组织或者其继受单位为解决原村民居住问题统一建设的未经产权登记的住宅类建筑，或者以住宅为主的多种用途的建筑，经规划国土部门批准建设的部分，给予产权调换；被征收人选择货币补偿的，按照本办法附件有关规定给予货币补偿。未经批准建设或者超出批准建设的部分，按照本办法附件有关规定给予货币补偿。（三）非原村民所建住宅类建筑在缴纳本办法附件规定的罚款和地价后，以一户一栋为产权调换基本单位，参照本办法第二十五条第三款第（二）项的规定给予产权调换或者按照本办法附件有关规定给予货币补偿。(四)原农村集体经济组织继受单位所建的生产经营性、商业办公类建筑,位于非农建设用地范围内的,对被征收建筑物所占土地予以土地置换,相应建筑物按照重置价扣减本办法附件规定的罚款后给予补偿;被征收人选择货币补偿的,按照本办法附件有关规定给予货币补偿。(五)除本款第(四)项规定情形外的其他生产经营性、商业办公类建筑,按照本办法附件有关规定给予货币补偿。对经区规划土地监察机构审查属于依法应当拆除或者没收的历史遗留违法建筑,不予补偿;但具有下列情形之一,且建设行为发生在土地用途依法确定前的,参照可以处理确认的历史遗留违法建筑的补偿标准给予货币补偿:(一)占用基本农田;(二)占用一级水源保护区用地;(三)占用高速路、快速路、主干路、广场、城市公园绿地、高压走廊及现状市、区级公共设施等用地;(四)压占原水管蓝线;(五)不符合橙线管理要求;(六)位于土地利用总体规划规定的禁止建设区内。属于房地产登记历史遗留问题处理情形的,不再补办房地产登记手续,按照合法建筑扣减补办房地产登记手续的地价、相关税费后予以补偿。"

而在司法实践中,对未经产权登记的建筑是否应予补偿的纠纷频发,主要有如下裁判观点:

一是未经申报确认权利的违法建筑,不属于法定补偿范围。在"陈某森诉深圳市宝安区松岗街道办事处未履行征收补偿职责纠纷二审案"①中,法院经审理后认为,根据《国有土地上房屋征收与补偿条例》第二十四条第二款之规定,参照《深圳市房屋征收与补偿实施办法(试行)》第三十三条第二款规定,本案争议涉及的 512.62 平方米建筑物,没有合法建设手续,不属于上诉人陈某森房地产证登记的合法建筑面积范围,陈某森没有证据证明该建筑物经过历史遗留违法建筑"两规"政策申报处理,陈某森与松岗街道办事处签订的征收补偿协议书和补充协议没有确定予以补偿以及具体补偿标准。因此,该建筑物性质为未经申报确认权利的违法建筑,不属于法定补偿范围。陈某森提交报告请求被上诉人对该建筑物进行补偿,原审第三人深圳市松岗沙浦围股份合作公司签署了情况属实的意见,即深圳市松岗沙浦围股份合作公司认可陈某森提出的补偿请求。因该建筑物没有评估、没有法定补偿标准,故

---

① 参见深圳市中级人民法院(2016)粤 03 行终 21 号行政判决书。

在法定补偿范围之外，深圳市松岗沙浦围股份合作公司作为陈某森所在征收范围的集体经济组织，使用松岗街道办事处拨付准备的征收补偿经费，与陈某森通过协商就该建筑物的补偿达成协议，应认定为双方协商一致达成的合法有效协议，并已经履行完毕。因此，陈某森诉要求松岗街道办事处继续履行征收补偿职责补偿差额，没有事实和法律依据。

二是在行政机关没有充分证据证明被拆除的无证房屋属于违法建筑的情况下，应当将该房屋视为合法建筑，依法予以行政赔偿。以“梁某龙诉广西壮族自治区贵港市港北区人民政府强制拆除房屋及行政赔偿再审案”①为例，最高人民法院经审理认为，在房屋征收过程中，对因历史原因形成的没有建设审批手续和产权证照的房屋，行政机关应当在征收之前依法予以甄别，作出处理，不能简单将无证房屋一律认定为违法建筑，不予征收补偿。违法拆除因历史形成的无证房屋造成损失的，也不能简单以无证房屋即为违法建筑为由，不予行政赔偿。在行政机关没有充分证据证明被拆除的无证房屋属于违法建筑的情况下，应当将该房屋视为合法建筑，依法予以行政赔偿。行政赔偿的项目、数额不得少于被征收人通过合法征收补偿程序获得的行政补偿项目、数额。本案中，1996 年易某昌获得涉案土地准许其建房，几经转手后，申请人梁某龙通过合法交易，获得涉案土地权益，被申请人贵港市港北区人民政府至今没有提供充分证据证明，梁某龙通过合法交易获得的土地上的房屋属于违法建筑。鉴于此，梁某龙的土地、房屋应视为合法建筑，贵港市港北区人民政府按照市场评估价格和征收补偿方案确定的补偿项目和标准，赔偿梁某龙房屋装修费、搬迁费、临时安置费等费用。

三是政府具有对因历史原因未依法办理产权登记或者未依法办理审批许可手续的建筑依法进行调查、认定和处理的法定职责。以“辽宁省沈阳市浑南区人民政府诉金某艳、沈阳正发园林绿化工程有限公司履行征收补偿职责再审案”②为例，最高人民法院经审查认为，根据《国有土地上房屋征收与补偿条例》第二十四条第二款的规定，市、县级人民政府作出房屋征收决定前，应当组织有关部门依法对征收范围内未经登记的建筑进行调查、认定和处

① 参见最高人民法院(2018)最高法行申 5424 号行政裁定书。

② 参见最高人民法院(2020)最高法行申 4319 号行政裁定书。

理。对认定为合法建筑和未超过批准期限的临时建筑的，应当给予补偿；反之则不予补偿。征收范围内的房屋往往情况复杂，尤其是“城中村”或旧城区，存在大量因历史原因未依法办理产权登记或者未依法办理审批许可手续的建筑，对于此类建筑，政府应当组织有关部门依法进行调查、认定和处理，并应就此在行政诉讼中承担相关举证责任。负责调查、认定、处理的相关部门具有对未登记建筑的合法性作出认定和处理的法定职责。本案中，申请人浑南区人民政府既未发布征收安置补偿方案又未对涉案无证房及构筑物进行调查、认定及处理，其委托评估机构对涉案无证房及构筑物进行评估，并将评估结果送达被申请人金某艳，在金某艳对评估结果无异议并自动搬迁后，又称评估错误，不予补偿。故在涉案无证房及构筑物并未被认定为系违法建筑和超过批准期限的临时建筑的情况下，浑南区人民政府关于涉案无证房及构筑物不予补偿的主张不应得到支持。

5. 原农村集体经济组织继受单位房屋

《深圳市房屋征收与补偿实施办法（试行）》第三十四条规定：“下列原农村集体经济组织继受单位的被征收房屋，依照规定分别处理：（一）在非农建设用地指标范围、征地返还用地内所建工业用途房屋，符合本市产业导向的，经市政府批准后按‘工业进园’的规定给予安排用地，房屋及构筑物、其他附着物等按照重置价评估给予货币补偿；（二）在非农建设用地指标范围、征地返还用地内的商业用途房屋，按本办法第二十六条的规定给予货币补偿或者按已批准的统建方案与住宅一起以统建安置的形式进行产权调换；（三）在非农建设用地指标范围、征地返还用地内所建房屋，不符合本款第（一）、（二）项规定的，可以按照等价值原则进行土地置换，置换后的土地用途可以与置换前的用途不同。征收国有出让土地上工业用房的，经市产业主管部门评估属鼓励发展项目的，可以按‘工业进园’的规定给予安排用地，房屋及构筑物、其他附着物等按照重置价评估给予货币补偿。本条规定的被征收人选择货币补偿的，依照本办法相关规定给予货币补偿。”

6. 临时建筑

《深圳市房屋征收与补偿实施办法（试行）》第三十五条规定：“征收未超过批准期限的临时建筑，只给予货币补偿。临时使用土地合同已有约定的，按约定处理。没有约定的，补偿金额根据临时使用土地合同或者临时建设工程规划许可文件规定的使用性质和剩余使用期限及土地使用人支出的土地开发成本、收益等实际情况,经评估后确定。"

7. 华侨房屋

《深圳市房屋征收与补偿实施办法(试行)》第三十六条规定:"征收华侨房屋的,按本办法有关规定予以补偿,国家、广东省另有规定的,从其规定。征收华侨房屋的,在房屋征收决定公告后,房屋征收部门应当同时书面通知被征收人或者其代理人。被征收人或者其代理人接到通知后,应当在规定时间内与房屋征收部门办理房屋征收相关手续。因特殊情况不能按照规定期限办理的,被征收人或者其代理人应当在期限届满前向房屋征收部门提出延期申请。逾期不办理或者无法通知的,由房屋征收部门办理证据保全手续后,按照本办法第四十六条的规定报请作出房屋征收决定的辖区政府依法作出补偿决定,并在房屋征收范围内予以公告。本办法所称的华侨房屋包括:(一)华侨、归侨的私有房屋;(二)中华人民共和国成立后用侨汇建造的私有房屋;(三)依法继承华侨、归侨的私有房屋。"

该问题将在第五章中展开论述。

8. 特殊房屋

《深圳市房屋征收与补偿实施办法(试行)》第三十七条规定:"外国领事馆房屋、军事设施、教堂、寺庙、文物古迹、历史文化保护区内的建筑物等特殊房屋的补偿,根据国家、广东省有关规定执行。"该问题也将在第五章中结合具体案例展开论述。

9. 设有抵押的房屋

《深圳市房屋征收与补偿实施办法(试行)》第三十八条规定:"征收设有抵押的房屋(包括在建工程),执行国家有关担保的法律、法规的规定。被征收人应当与抵押权人就重新设立抵押权或者偿还债务签订相关协议,并按规定注销原抵押权登记。被征收人与抵押权人达成书面协议的,房屋征收部门应当按照协议对被征收人给予补偿。达不成协议,房屋征收部门对被征收人实行货币补偿的,应当将补偿款向公证机构办理提存并通知被征收人;对被征收人实行房屋产权调换的,抵押权人可以变更抵押物。"

在司法实践中,以"交通银行股份有限公司金华浦江支行诉浦江县住房和城乡建设局、浦江县金狮湖保护与开发指挥部行政补偿案"[①]为例,法院认为,征收房屋是否设有抵押应当是房屋征收部门以及房屋征收实施部门依照职权应当查明的,是其法定职责。浦江县金狮湖保护与开发工程第一期房屋征收补偿方案中也明确规定,征收设有抵押的,被征收人签订协议后不能提前清偿或者变更抵押权的,房屋征收实施单位应将相当于债权担保部分的货币补偿金额向公证机关提存。被告浦江县住房和城乡建设局将2,761,634元拆迁款汇入原告交通银行股份有限公司金华浦江支行开设在嘉银村镇银行的账户已经明显超过可以支付的腾空奖励、搬迁费用及停产停业损失的金额,故该被诉行政行为程序不当,违反法律,应认定为违法。

(四)房屋征收评估

1.评估机构的资质

《国有土地上房屋征收与补偿条例》对评估方面的规定较为笼统,第二十条规定:"房地产价格评估机构由被征收人协商选定;协商不成的,通过多数决定、随机选定等方式确定,具体办法由省、自治区、直辖市制定。房地产价格评估机构应当独立、客观、公正地开展房屋征收评估工作,任何单位和个人不得干预。"其他相关规定多见于《国有土地上房屋征收评估办法》。

《深圳市房屋征收与补偿实施办法(试行)》对房屋征收评估予以了较为具体的规定,在评估机构资质方面,实施办法第五十一条规定:"从事房屋征收评估工作的房地产价格评估机构,应当具备估价机构资质主管部门颁发的房地产(土地、资产)估价机构资质证书,取得市规划国土部门出具的在本市从事评估业务的备案凭证,并向市规划国土部门申请纳入房屋征收评估机构预选库。"第五十二条规定:"市规划国土部门应当按照房地产价格评估机构的资质等级、评估业绩、信用档案、评估技术水平及人员结构等情况进行公开选取,建立房屋征收评估机构预选库,并向社会公示预选库名录。房屋征收评估机构预选库每2年更新一次。房屋征收评估机构预选库建立和管理的具体办法由市规划国土部门依照规定程序另行制定。"

从《深圳市房屋征收与补偿实施办法(试行)》的上述规定中可以看出,评

---

① 参见浦江县人民法院(2016)浙0726行初51号行政判决书。

估机构要从事房屋征收评估工作应当具备估价机构资质主管部门颁发的房地产估价机构资质证书,取得相关备案凭证,并进入房屋征收评估机构预选库。预选库由市规划国土部门按照评估机构的资质等级、业绩、信用档案等情况进行选取,每两年更新一次。

除深圳外,其他省市亦有类似规定,例如,《佛山市国有土地上房屋征收与补偿办法》(佛府〔2012〕2 号)第二十四条规定:“被征收房屋的价值,由具有相应资质的房地产价格评估机构评估确定。被征收房屋的评估价格,不得低于房屋征收决定公告之日被征收房屋类似房地产的市场价格。具有相应资质的房地产价格评估机构,由市住建管理部门在该部门网站上定期公布。”《吉林市国有土地上房屋征收与补偿条例》(吉林市第十五届人民代表大会常务委员会公告第 1 号)第十七条规定:“房屋征收部门应当将拟征收项目的名称、范围、户数、建筑面积、联系方式等相关情况通过吉林市建设信息网予以公布。具有相应资质的房地产价格评估机构自公布之日起 15 日内,可以向房屋征收部门报名参加房屋征收评估活动。报名之后,房屋征收部门应当在吉林市建设信息网和房屋征收范围内,公布申请参加该项目评估的具有相应资质评估机构名单、基本情况。”《山西省国有土地上房屋征收与补偿条例》(山西省人民代表大会常务委员会公告第 23 号)第三十四条规定:“被征收房屋的价值,应当由具有相应资质的房地产价格评估机构依法评估确定。设区的市房地产主管部门应当定期向社会公布房地产价格评估机构的资质及其信用情况。”

在司法实践中,政府依据不具备相应评估资质的评估机构所做出的补偿决定,可能会面临被法院依法撤销的风险。以“魏某廷诉张掖市甘州区人民政府行政补偿案”①为例,法院认为,评估被征收房屋的价值,应委托省住房和城乡建设厅公布的具有房地产价格评估资质的机构进行鉴定。本案中,被告甘州区人民政府单方委托了张掖市价格认证中心,因该认证中心不具有房地产价格评估的资质,其作出的《房屋价格认证结论书》不具有合法有效性,故甘州区人民政府依据无效的结论书作出的《关于南环路建设银行片区魏某廷房屋征收补偿决定》属于主要证据不足。与此类似,在“孙某生诉桦甸市政府

① 参见嘉峪关市中级人民法院(2016)甘 02 行初 16 号行政判决书。

征收补偿案”[①]中，法院亦认为，原告孙某生的地上农作物的价格评估问题，超出了依法定程序选择的评估机构吉林鸿诚房地产评估咨询有限公司的资质范围，被告桦甸市政府应当依照《吉林市国有土地上房屋征收与补偿条例》的规定确定评估机构，而不是由吉林鸿诚房地产评估咨询有限公司自行委托其他评估机构对农作物进行评估，故关于孙某生农业附着物的补偿价格问题，评估程序违法，评估报告不能作为补偿根据，并判决撤销桦甸市政府作出的补偿决定。

从上述案例中可知，政府委托的评估机构必须具备相应的评估资质，未具备相应评估资质的评估机构所作出的评估报告，并不能作为政府作出补偿决定的依据。如政府委托的评估机构不具备相应资质，其据此作出的补偿决定通常会被法院予以撤销。

2. 评估机构的选择

《深圳市房屋征收与补偿实施办法（试行）》第五十三条规定：“房屋征收决定公告后，房屋征收部门应当组织被征收人在公布的预选库名录中协商选定房屋征收评估机构。房屋征收决定公布之日起5日内，房屋征收部门应当在房屋征收范围内公布评估机构名录。在评估机构名录公布后10日内，被征收人应当以书面形式提交评估机构选取意向书。协商选取房屋征收评估机构，须经半数以上被征收人同意；房屋征收部门应当委托被征收人协商选取的房屋征收评估机构进行评估。”第五十四条规定：“房屋征收评估机构无法在第五十三条第三款规定的期限内通过协商选定的，房屋征收部门应当在公布的名录中采取摇号方式确定房屋征收评估机构。房屋征收部门应当在摇号前5日在房屋征收范围内公告摇号时间和地点。摇号过程与结果应当有公证机关现场公证。”

上述条款规定了评估机构的选择方法，按照规定，评估机构的选择首先应当由被征收人协商确定，并且通过协商选择的评估机构须经半数以上被征收人同意；如被征收人无法在10日内通过协商选定评估机构的，房屋征收部门应在公布的预选库名录中通过摇号方式予以确定。

实践中，以深圳市坪山新区土地整备中心实际操作为例，深圳市坪山新

---

① 参见吉林市中级人民法院（2018）吉02行初49号行政判决书。

区土地整备中心于2016年12月22日发布了《关于协商选定房屋征收评估机构的公告》，[①]并载明："因坪山新区坪西公路坪山至葵涌段扩建工程项目房屋征收需要，根据《深圳市房屋征收与补偿实施办法（试行）》（深府令第248号）的规定，我中心已依法公布了报名参加本项目征收评估且符合条件的评估机构名单（详见附件），供坪山新区坪西公路坪山至葵涌段扩建工程项目征收范围内的被征收人共同协商选择。本项目确定由一家评估机构承担房屋征收评估工作。为切实保障被征收人的合法权益，请征收范围内的被征收人持本人身份证明和房屋权属证明，在2016年12月30日前前往本项目现场接待地点填写并提交评估机构选取意向书。超过半数被征收人同意选择同一家评估机构的，视为协商选择成功；逾期协商选定未成的，由我中心在公布的评估机构名单中公开摇号确定，摇号时间和地点另行公告。"在公告之后，被征收人未能通过协商方式选定评估机构，因此深圳市坪山新区土地整备中心按照规定通过摇号方式选定评估机构，并于2017年1月5日发布《关于通过摇号、抽签等随机方式确定坪山新区坪西公路坪山至葵涌段扩建工程项目房屋征收评估机构的公告》。[②]

3.分户初步评估结果的公示或送达

《国有土地上房屋征收评估办法》对于分户评估进行了相应规定，《深圳市房屋征收与补偿实施办法（试行）》亦对此进行了规定，该办法第五十六条规定："房屋征收部门应当将评估机构形成的分户初步评估结果向被征收人公示，公示期不得少于7日，并安排注册估价师进行现场说明解释，听取意见。公示期满后15日内，房屋征收部门应当将房屋征收评估机构提交的、经修正的分户评估报告转交被征收人，由被征收人签收；被征收人不签收的，房屋征收部门应当载明不签收的原因，将评估结论张贴于房屋征收范围以及被征收房屋。"

根据上述规定，评估机构出具的分户评估结果要向被征收人公示，在司

---

① 参见《关于协商选定房屋征收评估机构的公告》，载深圳政府在线网，http://www.sz.gov.cn/szzt2010/wgkzl/jcgk/jcygk/zdzcjc/content/post_1961681.html。

② 参见《关于通过摇号、抽签等随机方式确定坪山新区坪西公路坪山至葵涌段扩建工程项目房屋征收评估机构的公告》，载深圳政府在线网，http://www.sz.gov.cn/szzt2010/wgkzl/jcgk/jcygk/zdzcjc/content/post_1956401.html。

法实践中,常有因分户评估结果未向被征收人公示或送达而引起的纠纷,如"刘某、李某玲诉呼和浩特市玉泉区人民政府、呼和浩特市人民政府行政补偿案"①中,法院认为,送达分户评估报告是作出征收补偿决定前的基本程序要求,被告玉泉区人民政府并未向原告刘某、李某玲送达分户评估报告书,而是将评估报告留在由刘某、李某玲出租的房屋内,故玉泉区人民政府未按照程序要求向刘某、李某玲送达分户评估报告即对其房屋作出征收补偿决定,属于程序违法,判决撤销补偿决定。此外,在"徐某妹、郑某友、郑某为诉江山市人民政府行政补偿案"②中,二审法院亦持有相同观点,认为被上诉人江山市人民政府仅向上诉人徐某妹送达房屋评估分户报告,而未向其他上诉人送达,江山市人民政府未依法履行送达职责,行政程序违法。但鉴于徐某妹知晓评估结果,且本案审理期间征收部门已将涉案分户评估报告送达全部被征收人,相关程序未影响上诉人实体权益且得到补正,因此仅判决确认该程序违法。

从上述案例中可以看到,政府应当将分户初步评估依法送达被征收人或进行公示,如未按规定进行送达,属于行政程序违法,其所作征收补偿决定通常会被予以撤销或确认违法。

4. 评估的复核程序

《深圳市房屋征收与补偿实施办法(试行)》第五十九条规定:"被征收人或者房屋征收部门对评估报告有疑问的,房屋征收评估机构应当作出解释说明。被征收人或者房屋征收部门对评估结果有异议的,应当自收到评估报告之日起10日内,向房屋征收评估机构书面申请复核评估。原房屋征收评估机构应当自收到书面复核评估申请之日起10日内对评估结果进行复核。复核后,改变原评估结果的,应当重新出具评估报告;评估结果没有改变的,应当书面告知复核评估申请人。房屋征收评估机构进行复核不得收费。"第六十条规定:"被征收人或者房屋征收部门对房屋征收评估机构的复核结果仍有异议的,可以自收到复核结果之日起10日内,向评估专家委员会申请技术鉴定。评估专家委员会应当自收到鉴定申请之日起10日内对申请进行审

---

① 参见呼和浩特市中级人民法院(2018)内01行初296号行政判决书。

② 参见浙江省高级人民法院(2019)浙行终1104号行政判决书。

查,同意受理的应当指派 3 人以上单数成员组成鉴定组承担鉴定工作,不同意受理的应当书面答复鉴定申请人。鉴定组组成人员中房地产(土地、资产)估价师应当超过半数。鉴定费用由鉴定申请人承担。但鉴定结论认为评估报告存在技术问题的,鉴定费用由原房地产价格评估机构承担。鉴定费用按照政府价格主管部门规定的收费标准执行,未规定的,市估价行业组织可以制定相关收费指引进行引导。”第六十一条规定:“评估专家委员会应当对申请鉴定的评估报告的评估程序、评估依据、技术路线、方法选用、评估假设、评估结果确定方式等评估技术问题提出书面鉴定意见。鉴定意见认为评估报告不存在技术问题的,评估专家委员会应当出具维持评估报告的技术鉴定结论;鉴定意见认为评估报告存在技术问题的,评估专家委员会应当责成房屋征收评估机构改正错误并重新出具评估报告。重新出具的评估报告已改正错误的,评估专家委员会应当出具技术鉴定结论。评估专家委员会的技术鉴定结论不得复核、重新鉴定,征收当事人无法达成协议的,由房屋征收部门按照本办法第四十六条规定报请作出房屋征收决定的辖区政府作出补偿决定。”

根据上述规定,被征收人对评估报告有异议的,可以向房屋征收评估机构书面申请复核评估,对复核结果仍有异议的,可以向评估专家委员会申请技术鉴定。评估专家委员会认为评估报告不存在技术问题的,出具维持评估报告的技术鉴定结论;认为评估报告存在技术问题的,应当责成房屋征收评估机构改正错误并重新出具评估报告,并对重新出具的已改正错误的评估报告出具技术鉴定结论。评估专家委员会的鉴定结论不得复核或重新鉴定,征收当事人如果仍无法达成协议的,房屋征收部门可报请作出征收决定的辖区政府作出补偿决定。

这些规定无疑是对被征收人权利的保障,使其能在对评估报告有异议的情况下通过复核、鉴定程序进行权利救济,并且,对于经过复核、鉴定程序征收当事人仍无法达成协议的,可由作出房屋征收的辖区政府作出补偿决定,此规定亦是对后续征收补偿决定规定的衔接。

在司法实践中,存在不少因被征收人认为其无法通过复核、鉴定程序进行权利救济而提起的诉讼。以“朱某珍诉磐石市人民政府征收补偿案”[①]为

① 参见吉林市中级人民法院(2018)吉02行初44号行政判决书。

例,法院认为,房地产价格评估机构在收到原告朱某珍书面符合申请后,没有按照法律规定履行复核及复核后的书面告知义务,导致朱某珍没有收到复核结果亦无法申请专家委员会鉴定,侵害了其权益。住宅房屋征收补偿估价分户报告因程序违法不应产生法律效力,并判决撤销被告磐石市人民政府所作征收补偿决定。此外,"三亚市天涯区人民政府诉姜某芹行政补偿二审案"①中,法院亦持相同观点,认为上诉人天涯区人民政府不能证明其在委托中天评估公司对涉案房屋的房地产征收补偿价值和装饰装修价值进行评估后,已将分户的初步评估结果在征收范围内向被征收人公示,并将分户评估报告依法送达给被上诉人姜某芹,导致姜某芹申请房地产价格评估机构复核评估和申请房地产价格评估专家委员会鉴定的法定权利无法行使,进而使其所作补偿决定失去合法性基础。

从上述案例中可以看出,政府进行房屋征收时应当严格按照法律法规规定的程序进行,在涉及评估时,应当保证被征收人对评估报告存在异议时能依法进行权利救济,如未按规定履行职责,侵害被征收人救济权利,在诉讼中将会被法院判决撤销征收决定或确认违法。

(五)房屋征收测绘

1. 房屋征收测绘的前提

《国有土地上房屋征收与补偿条例》并未对测绘予以规定。《深圳市房屋征收与补偿实施办法(试行)》则在第五章对测绘予以专章规定。但该办法第二十七条第三款规定:"根据前款②规定仍无法认定被征收房屋的建筑面积(包括套内建筑面积)的,应当根据本办法第五章的规定进行测绘。"第六十四条第一款规定:"根据本办法第二十七条规定可以确定被征收房屋建筑面积(含套内面积)的,不得申请测绘,不得纳入测绘范围。"根据上述规定,测绘并不属于房屋征收活动中的必要环节,只有在房地产权证书、房地产登记簿未

---

① 参见海南省高级人民法院(2019)琼行终492号行政判决书。

② 《深圳市房屋征收与补偿实施办法(试行)》第二十七条第一、二款:"被征收房屋的建筑面积(包括套内建筑面积)与房屋用途的认定,以房地产权证书、房地产登记簿记载的面积和用途为准;但房地产权证书记载与房地产登记簿记载不一致的,以房地产登记簿记载为准。房地产权证书、房地产登记簿未记载或者记载不明的,可以根据合法有效的竣工测绘报告认定房屋建筑面积(包括套内建筑面积),根据合法有效的规划证明文件认定房屋用途。"

记载或者记载不明，且无法根据竣工测绘报告认定房屋建筑面积时才需要根据本办法第五章规定的测绘内容进行测绘。

与评估类似，从事房屋征收补偿查勘、测绘工作的测绘机构亦应当具备房产测绘的资格，并向市规划国土部门申请纳入房屋征收测绘机构预选库，市规划国土部门根据测绘机构的资格、业绩、社会信誉、仪器设备配置水平、人员结构及内部管理等情况进行公开选取，并建立房屋征收测绘机构预选库。

实践中，以“坪山新区坪西公路坪山至葵涌段扩建工程项目”为例，深圳市坪山新区土地整备中心于2016年12月19日发布了《坪山新区坪西公路坪山至葵涌段扩建工程项目房屋征收测绘机构报名公告》，①载明项目名称为坪山新区坪西公路坪山至葵涌段扩建工程项目；项目征收范围位于坪山新区石井办事处，共涉及房屋2栋，总建筑面积约793.74平方米，临时建筑约2处，建筑面积约72.07平方米；委托内容为对项目范围内的被征收房屋、构筑(附属)物进行测绘，出具测绘报告，并提供相关咨询服务等；委托主体为深圳市坪山新区石井办事处；报名单位的资格要求、报名时须提交的资料、报名方式、时间、地点和选取方式等。2016年12月22日，深圳市坪山新区土地整备中心又发布了该项目测绘机构报名情况的公示。因无法通过协商选定测绘机构，2017年1月5日，深圳市坪山新区土地整备中心再次发布了《关于通过摇号、抽签等随机方式确定坪山新区坪西公路坪山至葵涌段扩建工程项目房屋征收测绘机构的公告》。②

2. 不配合测绘的处理

《深圳市房屋征收与补偿实施办法(试行)》第四十七条：“因被征收人不同意评估、测绘机构进场等原因导致房屋征收的评估、测绘无法正常进行的，房屋征收部门应当依法进行证据保全后，会同依照本办法确定的评估、测绘机构以实测占地面积、目测房屋层数等合理方式估定相关评估、测绘参数，以

① 参见《坪山新区坪西公路坪山至葵涌段扩建工程项目房屋征收测绘机构报名公告》，载深圳政府在线网，http://www.sz.gov.cn/szzt2010/wgkzl/jcgk/jcygk/zdzcjc/content/post_1963298.html。

② 参见《关于通过摇号、抽签等随机方式确定坪山新区坪西公路坪山至葵涌段扩建工程项目房屋征收测绘机构的公告》，载深圳政府在线网，http://www.sz.gov.cn/szzt2010/wgkzl/jcgk/jcygk/zdzcjc/content/post_1956408.html。

相关参数作为房屋征收的评估、测绘工作依据，最终确定被征收房屋补偿金额并作出房屋征收补偿决定，有类似被征收房屋的也可以比照类似被征收房屋的补偿金额予以确定。”

根据上述规定，因被征收人原因导致房屋测绘无法进行的，房屋征收部门在通过合理方式估定相关测绘参数后，可以将该参数作为测绘的依据并据此作出房屋征收补偿决定。

司法实践中，亦存在被征收人不配合测绘的情况。在“卢某檀、李某香诉兴宁市人民政府行政补偿二审案”[①]中，2015 年 6 月 11 日，福兴街道办事处向上诉人卢某檀、李某香发出测量评估催告通知书，称将于 2015 年 6 月 16 日对卢某檀、李某香的房屋进行测量，要求其予以协助配合。因卢某檀、李某香不配合丈量，被上诉人兴宁市人民政府采取公证丈量的方式进行，公证处派出人员现场公证，评估机构据此作出估价报告。法院认为，在卢某檀、李某香拒不配合丈量的情况下，兴宁市人民政府采取公证的方式进行丈量，固定测绘数据，且在评估公司无法进入室内勘查的情况下，予以免勘评估，并要求评估公司对涉案房屋室内装修价格框架、砖混结构按普通装修二等下限进行评估，均无不当。卢某檀、李某香本应配合依法进行的征收拆迁工作，及时签领相关法律文书，配合有关部门进行丈量、入室评估等，但其却采取了拒不配合的态度，故由此产生的不利后果依法应自行承担。

从上述案例中可以看出，进行房屋评估和测绘不仅需要行政机关及评估、测绘机构依法依规进行，也需要被征收人对此予以配合，如因被征收人拒绝履行配合义务而导致评估及测绘工作无法顺利开展的，其应当自行承担不予配合的不利后果。对于拒绝履行配合义务的被征收人，法院亦不会对其相关主张予以支持。

三、房屋征收的补偿与安置的实施

根据法律规定，在房屋征收决定作出后，房屋征收部门应当与被征收人在征收补偿方案确定的签约期限内订立征收补偿协议，房屋征收部门与被征收人在征收补偿方案确定的签约期限内达不成征收补偿协议的，或者被征收

---

① 参见广东省高级人民法院(2016)粤行终 1613 号行政判决书。

房屋所有人不明确的，由房屋征收部门报请作出房屋征收决定的辖区政府作出补偿决定，并在房屋征收范围内予以公告。

（一）房屋征收补偿协议

1. 补偿协议的特征

征收补偿协议是当事人依法订立的、约定双方权利及义务关系的合同，对当事人具有约束力，合同双方都应当遵守协议，具体而言，征收补偿协议应当具备以下特征：

（1）征收补偿协议以社会公共利益为前提。政府房屋征收部门在决定是否进行征收时必须站在社会公共利益的出发点上，这也是征收和商业拆迁的本质区别。值得注意的是，公共利益虽没有明确的、固定的定义标准，但不应被过度解读。将许多不符合公益性的征收决定强行纳入公共利益的范畴不但违背了立法精神，也使该前提条件流于形式，最终不利于整体征收制度的构建。原则上认为，必须符合价值性、多数人享有、比例性及程序上的正当性和公开参与性这四个条件才能称之为符合公共利益的标准，常见的有旧城区改造、基础设施建设、保障性安居工程等。

（2）征收补偿协议的主体是行政主体和行政相对人。征收补偿协议的一方为征收补偿部门，属于行政主体；而另一方是被征收人，属于民事主体。因该协议非发生在两个平等的民事主体之间，因而具有特殊性，虽具有一定意义上的民事合同的特征，但应当认为其属于行政合同的范畴，该部分将在下文进行详细论述。

（3）征收补偿协议是在征收人与被征收人协商达成一致意见的基础上订立的，协商性也是征收补偿协议的重要特性，此处的协商与民法中的自愿平等含义相似，都强调了双方当事人通过协商达成合意而签订的合同，对双方当事人都有约束性。由此，征收补偿协议不可避免地具有民事合同的印记，遂引发了学者关于征收补偿协议性质的热烈争论。

（4）征收补偿协议具有补偿性。出于公共利益的需要，被征收人受到了相当程度的财产损失，有可能面临居无定所的惨淡局面，对被征收人予以补偿实为必要。补偿的标准可依据《国有土地上房屋征收与补偿条例》第十七条规定："作出房屋征收决定的市、县级人民政府对被征收人给予的补偿包括:(一)被征收房屋价值的补偿;(二)因征收房屋造成的搬迁、临时安置的补偿;(三)因征收房屋造成的停产停业损失的补偿。市、县级人民政府应当制定补助和奖励办法,对被征收人给予补助和奖励。"

2. 征收补偿协议的性质之争

补偿协议是约定征收当事人之间权利与义务关系的合同,关于补偿协议的性质是属于民事合同还是属于行政合同,《国有土地上房屋征收与补偿条例》对此并未作出明确规定。对不履行补偿协议产生的纠纷性质,《国有土地上房屋征收与补偿条例》也未明确是行政诉讼还是民事诉讼,只是在该条例第二十五条第二款规定,"补偿协议订立后,一方当事人不履行补偿协议约定的义务的,另一方当事人可依法提起诉讼"。因此,在 2014 年《行政诉讼法》修改之前,对于补偿协议的性质一直存在争议。学者们对于征收补偿协议的性质争论不休,主要分为三种观点:第一种观点认为,征收补偿协议为民事合同,受民事诉讼法的管辖;第二种观点认为,征收补偿协议应定性为行政合同,属于行政诉讼法的受案范围;第三种观点则认为,征收补偿协议既拥有民事合同的特征,也具备行政合同的特性,在救济方面,于行政合同法没有完备程序之前,可参考合同法和民事诉讼法的相关规定。

支持第一种观点的学者大多为民法学者,他们认为,征收补偿协议是在双方当事人平等协商、意见一致的情况下签订的,符合民法上的自愿、平等、意思自治等基本原则。并且,其处分的财产是房屋,属于不动产,也是民法调整的领域,虽然合同一方为行政主体,但是不足以影响合同的本质属性,因而受民法和民事诉讼法的调整。[①]

支持第二种观点的学者则认为,无论是从合同主体还是合同目的来看,征收补偿协议都应当被认定为行政合同。首先,合同一方无疑为行政主体,且在行使行政权力时订立的合同,调整的也是行政法律关系;其次,合同的目的明确为公共利益,非为调整私人间的权利义务关系;最后,履行征收补偿协议的补偿款也由国库支出,具有明显的公法属性。[②] 据此,出现的纠纷当然适

---

① 龙凤钊:《房屋征收补偿协议的性质与救济——对〈国有土地上房屋征收与补偿条例〉第 25 条的分析》,载《行政与法》2013 年第 11 期,第 82~87 页。

② 龙凤钊:《房屋征收补偿协议的性质与救济——对〈国有土地上房屋征收与补偿条例〉第 25 条的分析》,载《行政与法》2013 年第 11 期,第 82~87 页。

用行政法及行政诉讼法。

支持第三种观点的学者则认为,征收补偿协议兼具民事合同与行政合同的双重属性,是一种新型的合同形态。就其在征收人与被征收人协议签订方面,体现了民事合同的意思自治原则,就其合同双方当事人一方为行政主体且调整行政法律关系而言,它又具备行政合同特性。因而,这类合同具有一定的复杂性,不能一概而论,无论是定性为民事合同还是行政合同,在出现纠纷时并不影响其救济渠道的畅通,法院可根据具体案件事实自由选择在民事法庭审理抑或在行政法庭审判,可援引行政法和行政诉讼法相关法条,也可参考民法及民事诉讼法的有关部分。“对起诉的征收补偿协议应根据当事人的诉请予以区分。如协议当事人一方诉请要求征收补偿协议另一方履行约定义务,则不属于行政诉讼受案范围;如系协议双方之外亦认为自己具有受补偿资格,以房屋所有权人或共有权人名义诉请撤销补偿协议,则应考虑纳入行政诉讼受案范围。”①

3. 征收补偿协议的定性

2014 年修改后的《行政诉讼法》将征收补偿协议的纠纷纳入行政诉讼法的受案范围,虽未在条文中明确定性征收补偿协议为行政合同,但是在发布的司法解释中支持了其作为行政合同更为适宜的论点。2019 年 11 月 12 日发布,并于 2020 年 1 月 1 日起正式实施的《最高人民法院关于审理行政协议案件若干问题的规定》(法释〔2019〕17 号)第一条规定:“行政机关为了实现行政管理或者公共服务目标,与公民、法人或者其他组织协商订立的具有行政法上权利义务内容的协议,属于行政诉讼法第十二条第一款第十一项规定的行政协议。”第二条规定:“公民、法人或者其他组织就下列行政协议提起行政诉讼的,人民法院应当依法受理:……(二)土地、房屋等征收征用补偿协议……”由此可见,立法已明确了征收补偿协议为行政协议,并且此类行政协议受行政诉讼法的管辖。这表明,行政协议的定性已为正式的立法所确认,至少在制度与实践层面不再可能存在关于协议性质的争议空间。应当说明的是,将征收补偿协议定性为行政合同更加具备合理性及可操作性,也更加符合整个征收制度的内在要求。

---

① 朱嵘:《房屋征收行政诉讼立案受理三题》,载《法律适用》2011 年第 6 期,第 28 ~ 31 页。

首先,从协议的主体来看。第一,其签订的主体应当是房屋征收部门与被征收人,即房屋征收部门不可以委托其他主体与被征收人签订协议。一方面,《国有土地上房屋征收与补偿条例》及《深圳市房屋征收与补偿实施办法(试行)》已明确将主体限定为房屋征收部门且未规定其可以委托其他主体代为签订;另一方面,如果涉及委托,可能会对补偿协议的签订秩序造成不良影响。[①] 第二,房屋征收部门与被征收人并不处于完全平等的法律地位,且房屋征收部门作为行政机关,在与被征收人协商的过程中亦是在履行行政职能。[②]

其次,从行使权力的属性来看。在行政主体与被征收人自由协商的过程中,无不体现着公权力的应用。行政主体签订征收补偿协议的目的是为实现行政管理职权,而被征收人只能就特定事项与行政主体进行协商,却无法就同意征收与否给出决定性意见,这样的平等协商其实是附属于整个征收补偿制度的,是征收决定程序之一。公权力的运用起了贯穿始终、无可比拟的作用,这也是行政协议的实质要件,征收补偿协议完全符合这一要件。

再次,从协议的内容来看,征收补偿协议中的意思自治与民事合同中的意思自治存在明显不同。理由在于具体的补偿协议并非任意协商,是按照一定的补偿方案具体运用的结果,而该补偿方案是由房屋征收管理部门制定,再由市、县级人民政府发布,无论是征收人还是被征收人都仅在有限的自由内享有处分权。制定和发布补偿方案都是行政权的外化形式,征收补偿协议的签订也正是这种外化形式的延伸行为,故征收补偿协议虽有民事协议意思自由的表象,但实质却与民事协议相差甚大。

复次,从协议产生的方式来看,根据规定,补偿协议可由征收人与被征收人协商签订,但如果出现在签约期限内无法达成协议的情况时,那么征收部门可呈请作出征收决定的政府单方形成补偿决定。在此情况下,政府强制力成为保证征收顺利实施的后盾。民事协议完全由双方当事人自愿协商签订,双方都有决定达成协议与否的权利,并不受任何力量的干预。相比之下,征收补偿协议并没有如此高的自由度,在征收人与被征收人未能协商一致时,

① 王才亮、程国顺等:《国有土地上房屋征收与补偿条例条文释义与案例指导》,法律出版社2011年版,第194页。

② 闫尔宝:《〈国有土地上房屋征收与补偿条例〉第25条分析》,载《行政法学研究》2012年第1期,第90~96页。

征收人仍然可借助政府强制力作出补偿决定，这在一定程度上也反映了征收补偿协议作为行政协议的本质。

最后，就履行协议的结果来看，保障被征收人顺利拿到补偿款的强大经济后盾为国库支出。在我国，国民经济的各项支出都必须经过全国人民代表大会审议通过，再由相应的行政部门具体执行，是典型的行政行为。假如将征收补偿协议定性为民事协议，就会出现下面这种尴尬处境，即签订协议时为民事行为，而在履行协议时又毫无疑问地成为行政行为，这未免不伦不类，也为司法实践的操作增加了相当大的难度，所以将征收补偿协议定性为民事协议非明智之举，定性为行政协议更为妥当。

综上所述，从协议的主体、行使权力的属性、协议的内容定义及协议的结果来看，征收补偿协议不宜定性为民事协议，应当属于行政协议的范畴。而在行政征收过程中，引入协议制度，为被征收人和行政机关创建了一个相对平等的沟通平台，使双方的利益主张得以直接交流，缓和了私有财产被“剥夺”的紧张关系，并且，协议中的合作性因素所体现的行政经济意义得到重视。一方面，协议双方通过有目的的对话，相互影响，尽快达成一致；另一方面，以协议补充取代高权行为，增强了当事人遵守的积极性。① 不能否认的是，在这种柔性的行政方式中，征收补偿协议被当作行政征收行为启动之后的一个环节，在协议签订之前即有征收决定对外作出。《民法典》第二百二十九条规定：“因人民法院、仲裁机构的法律文书或者人民政府的征收决定等，导致物权设立、变更、转让或者消灭的，自法律文书或者征收决定等生效时发生效力。”即征收决定生效时，被征收房屋的所有权即移转，房屋原所有权人即丧失权利，接着，再由征收人与被征收人就补偿事项达成协议。这一前置的所有权移转程序，使补偿协议因内含于行政征收程序之中，而具有了更为强烈的公法色彩。征收补偿协议在我国的行政征收制度中，具有替代行政行为的地位。征收补偿协议是补偿决定这一行政机关的单方意志的替代方式，在整个行政征收程序中，发挥着促进征收程序顺利进行的作用，即征收补偿协议由行政征收行为引发，同时也是为了征收目的之实现。

---

① [德]汉斯·J. 沃尔夫、奥托·巴霍夫、罗尔夫·施托贝尔：《行政法》（第二卷），高家伟译，商务印书馆2014年版，第148～149页。

司法实践中,关于征收补偿协议的性质,以“叶某鹏与深圳中学房屋拆迁安置补偿合同纠纷二审案”[①]为例,深圳市中级人民法院认为,《国有土地上房屋征收与补偿条例》第二条规定:“为了公共利益的需要,征收国有土地上单位、个人的房屋,应当对被征收房屋所有权人给予公平补偿。”第四条规定:“市、县级人民政府负责本行政区域的房屋征收与补偿工作。市、县级人民政府确定的房屋征收部门组织实施本行政区域的房屋征收与补偿工作。”从以上规定内容可知,签订房屋征收征用补偿协议,是行政机关履行补偿法定职责的方式,属于行政行为,因此引发的纠纷,属于行政诉讼的受案范围。上诉人叶某鹏就涉案征收补偿安置协议书提起民事诉讼,不符合民事诉讼法关于民事案件的受理条件,应驳回叶某鹏的起诉。此外,在“萧某亮、萧某开等与深圳市龙岗区坪地街道办事处房屋拆迁安置补偿合同纠纷”[②]一案中,法院认为,广东省高级人民法院《关于明确土地、房屋征收征用补偿协议纠纷案件作为行政案件处理的通知》(粤高法〔2017〕148 号)亦明确规定,签订土地、房屋征收征用补偿协议,是行政机关履行补偿法定职责的方式,属于行政行为,由此引发的争议,属于行政诉讼受案范围。原告萧某亮、萧某开与被告深圳市龙岗区坪地街道办事处签订的房屋拆迁补偿安置协议书及补充协议书,属于土地、房屋征收征用补偿协议。现因深圳市龙岗区坪地街道办事处未按协议全面履行,萧某亮、萧某开提起诉讼,要求其按协议履行相关义务。该争议属于行政诉讼受案范围,不属于民事案件受案范围,萧某亮、萧某开应以行政诉讼起诉。

2015 年 5 月 1 日,《全国人民代表大会常务委员会关于修改〈中华人民共和国行政诉讼法〉的决定》正式实施,但并不能一概以此时间为界认定因行政协议产生的争议是否属于行政诉讼受案范围。以“董某华诉陕西省渭南市临渭区人民政府、陕西省渭南市临渭区人民街道办事处行政协议再审案”[③]为例,最高人民法院认为,依照《行政诉讼法》第十二条第一款第十一项的规定,公民、法人或其他组织认为行政机关不依法履行、未按照约定履行或违法变

① 参见深圳市中级人民法院(2019)粤 03 民终 22916 号行政裁定书。

② 参见深圳市龙岗区人民法院(2018)粤 0307 民初 3664 号行政裁定书。

③ 参见最高人民法院(2020)最高法行再 105 号行政裁定书。

更、解除政府特许经营协议、土地房屋征收补偿协议等协议的，属于行政诉讼受案范围。该项规定系2014年11月1日通过的《全国人民代表大会常务委员会关于修改〈中华人民共和国行政诉讼法〉的决定》所增加。尽管该决定自2015年5月1日起施行，但一概以此时间为界认定因行政协议产生的争议是否属于行政诉讼受案范围并不恰当，一个重要原因是修改前的《行政诉讼法》明确列举行政诉讼受案范围的第十一条第一款在其第八项作了兜底规定。行政协议系行政机关的一种行政活动方式，同其他行政行为一样，其目的皆为实现公共利益或行政管理目标，所形成的皆为行政法律关系，即行政法上的权利义务关系。最高人民法院于2004年1月14日下发的《关于规范行政案件案由的通知》所附"行政行为种类"第十二项即为"行政合同"。司法实践显示行政协议案件在较长时间内已被作为一类行政案件受理。由于行政协议兼具公法性和私法性的双重属性，且由于行政诉讼起步较晚，司法实践亦显示存在将此类案件作为民事案件受理的做法。但不宜据此认定此类案件专属民事诉讼受案范围，毕竟行政诉讼和民事诉讼涉及的主要是人民法院内部的审判工作分工。在公民、法人或其他组织已选择行政诉讼途径，当地法院又对民事审判和行政审判的相关业务分工并不明确的场合，人民法院应作为行政案件予以受理，而非拒之门外。本案并无证据证明存在就涉案建设项目获发拆迁许可证的主体，亦无证据证明存在实际从事拆迁补偿安置工作的民事主体。从被申请人临渭区人民政府因涉案项目建设需要拆迁申请人董某华所在的曙光村五组部分村民房屋及渭南市人民政府相关专项问题会议纪要、《滨河大道工程延伸段征地拆迁安置实施方案》及补偿协议的签字盖章等事实看，临渭区人民政府系行使行政权力对涉案房屋实施拆迁，补偿协议的签订系为履行相应的补偿安置义务而为，故认定补偿协议为行政协议及属于行政诉讼受案范围于法相符。

4. 征收补偿协议的内容

《国有土地上房屋征收与补偿条例》第二十五条第一款规定："房屋征收部门与被征收人依照本条例的规定，就补偿方式、补偿金额和支付期限、用于产权调换房屋的地点和面积、搬迁费、临时安置费或者周转用房、停产停业损失、搬迁期限、过渡方式和过渡期限等事项，订立补偿协议。"

《深圳市房屋征收与补偿实施办法（试行）》第二十八条前三款规定："房

屋征收部门应当与被征收人在征收补偿方案确定的签约期限内订立征收补偿协议。征收补偿协议内容应当包括:补偿方式、补偿金额和支付期限、用于产权调换房屋的地点和面积、交付时间、搬迁费、临时安置费或者周转用房、停产停业损失、产权注销方式、搬迁期限、过渡方式和过渡期限、相关奖励或者补助等事项。征收补偿协议书示范文本由市房屋征收部门依法编制并予以公布。"

《佛山市国有土地上房屋征收与补偿办法》(佛府〔2012〕2 号)第四十条规定:"房屋征收部门与被征收人依照本办法的规定,就补偿方式、补偿金额和支付期限、用于产权调换房屋的地点和面积、搬迁费、临时安置费或者周转用房、停产停业损失、搬迁期限、过渡方式和过渡期限等事项,订立征收补偿协议。"

《珠海市国有土地上房屋征收与补偿办法》(珠府〔2017〕75 号)第四十条规定:"房屋征收部门与被征收人依照本办法的规定,就补偿方式、补偿金额和支付期限、用于产权调换房屋的地点和面积、搬迁费、临时安置费或者周转用房、停产停业损失、搬迁期限、过渡方式和过渡期限等事项,订立征收补偿协议。"

《吉林市国有土地上房屋征收与补偿条例》(吉林市第十五届人民代表大会常务委员会公告第 1 号)第五十五条第一款规定:"房屋征收部门与被征收人依照本条例的规定,就补偿方式、补偿金额和支付期限、用于产权调换房屋的地点和面积、搬迁费、临时安置费或者周转用房、停产停业损失补偿费、搬迁期限和过渡期限等事项,订立补偿协议。"

《四川省国有土地上房屋征收与补偿条例》(四川省第十二届人民代表大会常务委员会公告第 26 号)第四十条规定:"房屋征收部门应当与被征收人依照征收补偿方案就补偿方式、补偿金额和支付期限、用于产权调换房屋的地点和面积、搬迁费、临时安置补助费或者周转用房、停产停业损失、搬迁期限、过渡方式和过渡期限等事项,订立补偿协议。征收的房屋存在租赁关系的,房屋征收部门与被征收人签订补偿协议,被征收人负责与房屋承租人解除房屋租赁关系。"

从上述规定可以看出,广东省内各市与国内其他省市对于补偿协议内容的规定基本与《国有土地上房屋征收与补偿条例》一致,均包括补偿方式、金额、支付期限、用于产权调换房屋的地点和面积、搬迁费、临时安置费或者周转用房、停产停业损失、搬迁期限、过渡方式和过渡期限等事项。

关于征收补偿协议内容不明确的处理,以"左某明诉贵州省桐梓县人民政府、桐梓县教育局房屋拆迁安置协议再审案"①为例。最高人民法院认为,行政协议是行政机关基于行政裁量权与行政相对人协商一致而达成的,是行政性和合同性的创造性结合,虽其因行政性有别于民事合同,却又因协商一致而与民事合同性质接近,其中约定的行政主体和行政相对人双方的权利义务必须得到遵守和履行,这也是行政法原理所体现的全面履行原则的应有之义。故因行政协议引起的行政诉讼,相较于一般行政诉讼,法院应当对行政协议当事人的权利义务作出更为直接、具体的裁决,仅判令行政机关再行作出行政行为或者当事人重新协商签订协议,极易导致裁决的无法执行,当事人的权利不能得到实质性保护。本案所涉《关于铁西村第 17 栋铁路职工福利家属楼拆迁安置协议》虽并未明确对申请人左某明房屋如何安置或补偿及何时安置或补偿,但被申请人桐梓县人民政府实施"桐梓县荣德山公园城市棚户区建设项目"后,已经对铁西村铁路职工福利家属楼进行拆迁安置,依据左某明与被申请人桐梓县教育局签订的《关于铁西村第 17 栋铁路职工福利家属楼拆迁安置协议》的约定,现在可以比照已经得到优厚安置的同类住户安置标准,确定对左某明的安置面积或安置面积的计算方法,故二审法院认为"左某明要求的安置面积无法确定"显属不当。

关于征收补偿协议条款存在争议时的解释问题,以"王某诉河南省郑州市金水区人民政府不履行行政协议法定职责再审案"②为例。最高人民法院在本案中持以下观点:行政机关签订征地补偿安置协议是行政机关履行征收法定职责,以代替单方作出征收补偿决定的一种方式,签订协议的双方地位并不完全平等,对被征收土地及附着物的补偿也并非简单地按照平等易价的方式进行市场交易,而一般以征收补偿法律规范、征收补偿安置方案等为基础签订。对征收补偿协议的条款存在争议时,对条款的理解既不能损害被征收人的合法权益,也不能简单地一概作有利于被征收人的解释,损害社会公

① 参见最高人民法院(2017)最高法行申 4718 号行政裁定书。

② 参见最高人民法院(2019)最高法行申 13327 号行政裁定书。

共利益。对此可按照协议条款、协议的目的及诚实信用原则等,以征收补偿法律规范、征收补偿安置方案等为基础,依法进行裁判。

5. 补偿协议的效力

《最高人民法院关于审理行政协议案件若干问题的规定》第十四条规定:"原告认为行政协议存在胁迫、欺诈、重大误解、显失公平等情形而请求撤销,人民法院经审理认为符合法律规定可撤销情形的,可以依法判决撤销该协议。"以下分不同情形进行分析:

(1)显失公平的,可撤销。司法实践中,以"福建省莆田市荔城区人民政府诉福建卡朱米时装有限公司行政协议案"①为例。本案中,被诉协议对被征收房屋及附着物价值以及搬迁、临时安置进行了相应补偿,对于因征收造成的停产、停业损失补偿及相关补助、奖励该协议没有依据《国有土地上房屋征收与补偿条例》第十七条之规定予以明确补偿,而是以企业搬迁补贴的形式向被申请人卡朱米公司予以兜底补偿。但卡朱米公司取得该搬迁补贴款需要预留12,104,576元作为履约保证金,并将卡朱米公司完成兼并重组且兼并重组投资额需大于征迁补偿额36,182,713元作为取得上述履约保证金的条件。如果卡朱米公司无法完成兼并重组或重新选址建设新项目或经中介机构对其投资额进行审核确认其投资额小于征迁补偿额36,182,713元,申请人荔城区人民政府将取消履约保证金12,104,576元。因约定的履约保证金占双方约定的企业搬迁补贴款的45%,故此条款的设定使协议中对法定的停产、停业损失的兜底补偿无法得到保障。因此,最高人民法院认为补偿安置协议关于搬迁补贴款支付程序的约定明显为卡朱米公司获得合法、合理的补偿附加了不平等的条件,变相剥夺了其取得停产、停业损失及相关补助奖励补偿的权利,既违反了《国有土地上房屋征收与补偿条例》第十七条之规定,又违反了合同所应遵循的公平、平等的基本原则。

(2)采用欺诈、胁迫等手段的,可撤销。例如,在"柳某峰诉呼和浩特市新城区人民政府、呼和浩特市住房保障和房屋管理局行政撤销案"②中,法院认为,根据《内蒙古自治区国有土地上房屋征收与补偿条例》第二十五条第一款

① 参见最高人民法院(2019)最高法行申414号行政裁定书。

② 参见呼和浩特市中级人民法院(2018)内01行初214号行政判决书。

规定,涉案补偿安置方案“按照房产证记载的用途和建筑面积予以补偿”的补偿原则、原告柳某峰持有合法房屋所有权证及购买该房屋时是按照房产证记载的建筑面积计算交纳购房款等情节,柳某峰在签订补偿协议时自愿减少房屋补偿面积,放弃部分补偿款明显不符合常理。结合被告新城区人民政府相关工作人员与柳某峰妻子进行协商时使用的语言具有威胁性质的情形,认定柳某峰主张是在新城区人民政府胁迫下签订协议书的理由成立,并判决撤销该协议书。

但需要说明的是,程序瑕疵并不必然否定协议效力。以“兰某峰诉广饶县住房和城乡规划建设局行政补偿案”①为例。兰某峰主张其签订补偿协议是迫于没有救济途径和签约时限的压力,在签订协议并获知救济途径后申请复核时,广饶县住房和城乡规划建设局电话答复:“存在复核的程序,但是你在公示期间没有申请,现在申请已经超过了公示时间,我们不受理。”广饶县住房和城乡规划建设局故意不告知其权利,属欺诈行为。法院审查后认为,本案中,广饶县住房和城乡规划建设局在对评估结果进行公示时,并未告知兰某峰享有复核和向评估专家委员会申请鉴定的权利,属程序违法。但是,在2018年8月18日公示结果期满后,兰某峰与广饶县住房和城乡规划建设局签订了涉案房屋征收补偿协议书,说明兰某峰通过签订征收补偿协议行为认可了评估机构的评估结果,双方当事人签订的征收补偿协议是当事人双方的真实意思表示,且不违反法律法规的强制性规定,不存在兰某峰主张受欺诈的情形,该征收补偿协议有效。

另外,被征收人提起诉讼要求政府履行协议的,该协议首先应当是合法有效的,在被征收人无法证明协议效力的情况,其诉讼请求会被法院依法予以驳回。以“张某英诉深圳市龙岗区坂田街道土地整备中心行政协议案”②为例,原告张某英请求法院判令被告龙岗区坂田街道土地整备中心履行《坂田××××路市政工程项目房屋搬迁补偿安置协议书》约定的义务。法院审查后认为,首先,张某英提交的《坂田××××路市政工程项目房屋搬迁安置协议书》的协议相对方为深圳市龙岗区坂田街道办事处,并非龙岗区坂

① 参见东营市中级人民法院(2019)鲁05行终42号行政判决书。

② 参见深圳市盐田区人民法院(2018)粤0308行初1891号行政裁定书。

田街道土地整备中心;其次,该协议书并未经过签订双方签字盖章,尚未成立并生效;最后,即使张某英提交了龙岗区坂田街道土地整备中心工作人员出具的书面说明,但该说明无法确认协议书是否生效,也无法确认张某英提交的协议书与龙岗区坂田街道土地整备中心收回的协议书内容的一致性。因此,张某英提交的协议书并非与龙岗区坂田街道土地整备中心签订,效力无法确定,不能证明对张某英的权利义务产生实际影响。

6. 补偿协议履行

诚实信用原则不仅是民事法律的基本原则,也是各方当事人在行政协议中应当遵守的基本行为准则,各方当事人均应按照行政协议约定履行义务。行政性和契约性是行政协议所具有的双重属性,行政机关在行使行政裁量权的基础上与行政相对人达成合意,从而签订行政协议,因此,行政协议与民事合同既有相似性,又有所区别。

《国有土地上房屋征收与补偿条例》第二十五条第二款规定:“补偿协议订立后,一方当事人不履行补偿协议约定的义务的,另一方当事人可以依法提起诉讼。”《深圳市房屋征收与补偿实施办法(试行)》第二十八条第四款规定:“征收补偿协议订立后,一方当事人不履行补偿协议约定义务的,另一方当事人可以依法提起诉讼。”

从上述规定可知,《深圳市房屋征收与补偿实施办法(试行)》基本沿用了《国有土地上房屋征收与补偿条例》的规定。实践中,如果征收补偿协议的双方均按照协议履行,则无须多述,但如果一方不能按照协议履行,则需要根据征收补偿协议的行政协议性质分而论之。

(1)征收机关不履行补偿协议的情况

《行政诉讼法》第七十八条规定:“被告不依法履行、未按照约定履行或者违法变更、解除本法第十二条第一款第十一项规定的协议的,人民法院判决被告承担继续履行、采取补救措施或者赔偿损失等责任。被告变更、解除本法第十二条第一款第十一项规定的协议合法,但未依法给予补偿的,人民法院判决给予补偿。”《最高人民法院关于审理行政协议案件若干问题的规定》第二十五条规定:“公民、法人或者其他组织对行政机关不依法履行、未按照约定履行行政协议提起诉讼的,诉讼时效参照民事法律规范确定;对行政机关变更、解除行政协议等行政行为提起诉讼的,起诉期限依照行政诉讼法及其司法解释确定。”

征收人在补偿协议中的主要义务为向被征收人支付补偿款或提供安置房屋等，司法实践中，常有被征收人因征收人不履行或单方解除协议而提起行政诉讼。

首先，关于征收主体是否应履行协议中约定的就高不就低补偿条件条款的问题，以“吴某彬诉深圳市龙华区大浪街道办事处房屋拆迁安置补偿合同纠纷案”①为例，深圳市宝安区人民法院认为，原告吴某彬与被告龙华区大浪街道办事处签订的征收补偿合同系平等民事主体之间的真实意思表示，且没有违反国家强制性规定，应当认定为合法有效，双方均应依照合同约定予以履行。鉴于合同中约定：“龙华区大浪街道办事处承诺，依据本合同的约定，本项目若发生高于征收补偿方案规定的标准对其他被征收人予以补偿的，吴某彬有权要求龙华区大浪街道办事处按相关标准的差额补足，龙华区大浪街道办事处亦有义务主动补足。”龙华区大浪街道办事处应当在征收补偿方案发生变化时，对吴某彬履行补足差额的义务。而在双方签订征收补偿合同后，由于深圳市人民政府发布了新的《深圳市房屋征收与补偿实施办法（试行）》，在此基础上，由深圳市规划和国土资源委员会发布了深圳市房屋征收补偿基准价格，且在上述规定实施后，龙华区大浪街道办事处亦遵照上述规定，在吴某彬参与的同一拆迁项目中对新签订征收补偿合同的业主适用了新的征收标准，大幅度提高了建筑物补偿的单价，故龙华区大浪街道办事处应当依照合同约定，参照新的征收标准向吴某彬补足差额。

其次，关于协议中约定超出征收主体职权范围义务的履行问题，以“尹某茂诉深圳市宝安区松岗街道办事处、深圳市宝安区土地整备局不依法履行行政协议二审案”②为例。深圳市中级人民法院认为，涉案房屋征收补偿协议书是双方真实意思的表示，内容没有违反国家法律的强制性规定，双方当事人对该协议的合法性及效力也没有异议，应确认该协议合法有效。该协议书第4条第1款第7、8项载明：“甲方（被上诉人深圳市宝安区松岗街道办事处）负责协调相关政府部门在六个月内完成乙方（上诉人尹某茂）拆迁后在乙方

① 参见深圳市宝安区人民法院(2017)粤0306民初27359号行政判决书。

② 参见深圳市中级人民法院(2019)粤03行终696号行政判决书。

自有空地上申请新建一栋厂房、一栋宿舍（两栋容积率建筑面积约60,000平方米）涉及的所有行政审批工作，相关政府部门包括但不限于深圳市规划和国土资源委员会宝安管理局、深圳市消防局、深圳市宝安区建设局、宝安应急办、宝安区环保局、深圳市气象局、宝安区交通局。”“甲方负责协调宝安区土地整备中心、深圳市规划和国土资源委员会宝安管理局等相关政府部门将乙方工业园区北侧原特钢市场约3000平方米土地征收后置换给乙方。”协议的第7项内容为工程建设，第8项内容为土地置换，关于工程建设、土地置换需要的行政审批及行政职权涉及多个行政部门，均已超出深圳市宝安区松岗街道办事处及深圳市宝安区土地整备局的职权范围，二者对于该协议第4条第1款第7、8项载明的事项无法保障落实情况，只能进行协调工作，因此不具有强制执行力。而且，协议签订后，深圳市宝安区松岗街道办事处已组织有关政府部门研讨“厂房建设审批工作”“土地置换工作”等事项，已经履行协议中所涉及的协调义务。故尹某茂认为深圳市宝安区松岗街道办事处及深圳市宝安区土地整备局签署补偿协议后未履行协议书中协调政府相关部门尽快批准其建设60,000平方米建筑、置换土地给其的义务，与事实不符，其要求二者继续协调并完成该协议约定的工程建设的所有行政审批工作和土地置换事项的诉讼请求无法得到支持。鉴于深圳市宝安区松岗街道办事处及深圳市宝安区土地整备局作为行政机关，将超出自身职权范围且无法做到的事项写进协议书中，存在不当，法院依法对此予以指正。

再次，关于协议未约定违约责任的处理方式，以“齐甲、齐乙诉黑龙江省大兴安岭地区加格达奇区人民政府房屋征收补偿协议再审案”[①]为例。最高人民法院认为，齐某财作为申请人齐甲、齐乙之父，经与加格达奇区棚户区改造建设指挥部、加格达奇区晟吉房屋拆迁有限公司协商一致，三方签订涉案棚户区改造回迁安置协议，该协议系在平等自愿基础上签订的补偿安置协议，并不存在显失公平及其他违反法律规定的情形，应当认可该协议的效力。根据《行政诉讼法》第七十二条之规定，人民法院经过审理，查明被告不履行法定职责的，判决被告在一定期限内履行。《行政诉讼法》第七十八条规定，被告不依法履行、未按照约定履行或者违法变更、解除本法第十二条第一款

① 参见最高人民法院（2018）最高法行申1314号行政裁定书。

第十一项规定的协议的，人民法院判决被告承担继续履行、采取补救措施或者赔偿损失等责任。《最高人民法院关于适用〈中华人民共和国行政诉讼法〉若干问题的解释》第十四条规定，人民法院审查行政机关是否依法履行、按照约定履行协议或者单方变更、解除协议是否合法，在适用行政法律规范的同时，可以适用不违反行政法和行政诉讼法强制性规定的民事法律规范。《合同法》第一百一十二条规定，当事人一方不履行合同义务或者履行合同义务不符合约定的，在履行义务或者采取补救措施后，对方还有其他损失的，应当赔偿损失。根据上述规定，本案中被申请人加格达奇区人民政府与齐某财签订棚户区改造回迁安置协议后，应当遵循诚实信用原则按照协议约定全面履行义务，其未按约定的期限交付房屋，即构成违约，应当承担违约责任。涉案协议未约定违约责任并不能成为加格达奇区人民政府不承担违约赔偿责任的理由。

最后，行政机关单方解除安置补偿协议应当遵循正当程序原则，否则可能会被认定程序严重违法，并予以撤销。以“苍南县人民政府诉林某惠行政补偿再审案”①为例。最高人民法院经审理认为，根据原审查明的事实，申请人苍南县政府组建的铁路指挥部以被申请人林某惠为相对人作出落款日期为 2011 年 10 月 31 日的被诉告知书，载明了其认为铁路指挥部与林某惠于 2005 年签订的拆迁补偿安置协议书不能履行，以及不能对林某惠予以安置的理由，并要求林某惠在收到告知书 15 日内进行结算。该告知系苍南县政府作为行政机关对拆迁补偿安置协议书作出的单方解除，对林某惠享有的获得补偿安置的权益产生重大影响，但苍南县政府在作出被诉告知书前未告知林某惠享有陈述、申辩的权利，亦未充分听取其意见，即使苍南县政府认为拆迁补偿安置协议书因违反法律政策规定等原因无法履行，亦应当在充分保障林某惠补偿安置利益的前提下，依法作出处理。

此外，需注意的是，征收房屋在依补偿协议拆除后，政府不得再以被征收房屋系违建为由拒绝履行协议义务。司法实践中，以“孙某夫诉滨江街道办事处、温州民生拆迁事务所有限公司房屋行政协议再审案”②为例。该案中，

---

① 参见最高人民法院(2018)最高法行申 8911 号行政裁定书。

② 参见浙江省高级人民法院(2020)浙行再 37 号行政判决书。

被申请人滨江街道办事处的委托代理人民生拆迁公司与申请人孙某夫于2016年6月29日签订了《温州市鹿城区房屋征收(征地房屋补偿)住宅用房产权调换协议书》,孙某夫依照协议约定将涉案房屋腾空并交付滨江街道办事处拆除,但滨江街道办事处以上述协议约定视为合法建筑予以补偿的14.59平方米房屋系违法建筑为由,拒绝履行上述协议确定的安置补偿义务。法院认为,根据《最高人民法院关于审理行政协议案件若干问题的规定》第十二条规定:"行政协议存在行政诉讼法第七十五条规定的重大且明显违法情形的,人民法院应当确认行政协议无效。人民法院可以适用民事法律规范确认行政协议无效。行政协议无效的原因在一审法庭辩论终结前消除的,人民法院可以确认行政协议有效。"在行政协议的订立和履行过程中,基于保护公共利益需要,赋予行政主体有解除和变更行政协议的相应优益权固然必要,但行政主体不能滥用优益权,只有发生不可抗力,或者法律、法规及政策的变动等客观原因导致协议无法履行时,行政主体出于公共利益的需要,才享有变更或者解除行政协议的权利。行使优益权既不得与法律、法规相违背,也不能与诚实信用原则相抵触。本案中,滨江街道办事处在签订协议前已经对涉案14.59平方米未登记建筑进行初步认定,并与孙某夫达成补偿安置协议。在孙某夫已经依约腾空并交付给其拆除的情况下,其无新的事实和理由,以涉案14.59平方米房屋系违法建筑为由拒绝履行被诉行政协议义务,明显违反诚实信用原则和信赖利益保护原则。因此,滨江街道办事处与孙某夫签订被诉行政协议约定涉案14.59平方米视为合法建筑予以补偿,并未明显违反法律法规政策的强制性规定,亦未违反协商一致的原则,被诉行政协议不存在法定无效情形。

另外,法定征收主体的补偿安置义务不因房地产公司与被征收人签订补偿安置协议而免除。以"辽宁省清原满族自治县人民政府、辽宁省清原满族自治县房屋土地征收中心诉李某华行政征收再审案"①为例。最高人民法院认为,根据《国有土地上房屋征收与补偿条例》第四、二十五、二十六条之规定,申请清原县政府和清原县征收中心是法定的征收补偿义务主体,应当确保被申请人李某华依据《国有土地上房屋征收与补偿条例》第二十五条享有

① 参见最高人民法院(2020)最高法行申6282号行政裁定书。

的补偿安置权利能够得到实现。清原县政府和清原县征收中心在履行补偿安置义务过程中,采用由长源房地产公司与被征收人直接签订补偿安置协议方式代替征收主体履行补偿安置义务,可以予以支持。但在相关补偿安置协议履行不能的情况下,其仍应采取补偿决定方式对被征收人进行公平补偿。因此,鉴于清原县政府和清原县征收中心未及时作出补偿决定,应依据《国有土地上房屋征收与补偿条例》第二十五条规定的补偿内容对李某华作出相应的赔偿。

(2)被征收人不履行补偿协议的情况

首先,被征收人在补偿安置协议书中的义务主要为腾空移交被征收房屋。如拒绝履行补偿协议约定的搬离及交付房屋等义务,应承担相应不利后果。以"陈某诉海口市龙华区人民政府行政赔偿案"①为例。二审法院认为,根据《国家赔偿法》第二、四条之规定,行政机关及其工作人员违法行使职权造成当事人合法财产权益损害的,受害人有权取得赔偿。申请人陈某诉被申请人海口市龙华区政府强拆涉案房屋行政行为违法一案,本院已经作出(2019)琼行终330号行政判决,认定陈某已经与海口市龙华区政府就涉案房屋征收补偿事宜达成协议;陈某对涉案房屋的财产所有权已经转化为安置协议和集中购买商品住房协议项下的征收补偿权益;在陈某此后拒绝搬离涉案房屋将涉案房屋交付海口市龙华区政府统一拆除的情况下,海口市龙华区政府为实施坡博、坡巷片区棚改项目需要,依据安置协议和集中购买商品住房协议对涉案房屋实施拆除,不违反法律规定;陈某请求确认海口市龙华区政府强拆涉案房屋行政行为违法,不能成立。最高人民法院经审查后亦认为,根据原审查明事实,陈某与海口市龙华区政府已就涉案房屋征收补偿事宜达成了协议,陈某对涉案房屋的财产所有权已转化为协议项下的征收补偿权益。在陈某此后拒绝履行协议约定搬离及交付涉案房屋等义务的情况下,其应承担相应不利后果,并据此驳回陈某的再审申请。

其次,被征收人签订征迁安置协议并领取补偿款,但未按照协议约定自行拆除房屋及地上附着物,应视为放弃拆除,自愿交出房屋由行政机关组织拆除,签订征迁安置协议并领取补偿款后的拆除不属于强制拆除。以"穆某

---

① 参见最高人民法院(2020)最高法行赔申1227号行政裁定书。

荣诉河南省焦作市马村区人民政府行政强制再审案"[①]为例。最高人民法院认为，申请人穆某荣已签订《焦作市东海大道（马村区段）征迁安置协议》并领取补偿款，但未按照协议约定自行拆除房屋及地上附着物，应当视为放弃拆除，自愿交出房屋由安阳城街道办事处组织拆除。故本案不存在强制拆除房屋的行为，穆某荣提起诉讼，缺乏事实根据。

最后，被征收人主张解除补偿协议，但如签订时是出于真实意思表示，且在对方没有违约或违法的情况下，其解除补偿协议的主张一般不被法院采纳。例如，在"范某宏诉深圳中学房屋拆迁安置补偿合同纠纷案"中，[②]法院认为，原告范某宏与被告深圳中学签订的涉案协议是双方真实意思表示，不违反法律、法规的强制性规定，为有效合同，双方应按照协议的约定严格履行自己的义务。在 2018 年 7 月 30 日，深圳中学向范某宏发出书面的《关于西校区回迁房屋用地改址和提前搬迁的通知》，告知范某宏西校区回迁房屋的建设地址由原定的深圳中学西××区北侧运动场区域改为现西校区家属区，要求范某宏在收到通知后 6 个月内完成涉案房屋的搬迁事宜，范某宏在 2018 年 8 月 1 日签收了上述通知，但并没有按照深圳中学要求的时间在 2019 年 2 月 1 日前搬离涉案房屋，范某宏没有依照合同约定履行搬离房屋义务构成违约，应当承担相应的违约责任；其以深圳中学擅自变更回迁房建设地址、户型设置及朝向为由要求解除涉案协议，因涉案的回迁房还未开始建设，具体的户型设置和朝向均没有确定，深圳中学仅对西校区回迁房的建设地址进行了微调，仍在原定的规划范围之内，并已报深圳市人民政府批准同意，深圳中学的行为没有违反相关的法律法规的规定，范某宏要求解除双方合同的诉求缺乏事实和法律依据，故法院不予支持。

从上述案例中可以看出，房屋补偿协议在经过房屋征收部门与被征收人协商一致签订后，应当认为是双方真实意思表示，双方均应予以遵守，一方当事人不遵守协议的，另一方当事人可以依法提起诉讼；若当事人签订时对协议内容予以认可，事后又主张协议无效或解除协议的，其主张通常不会得到法院支持。

---

① 参见最高人民法院（2020）最高法行申 4731 号行政裁定书。

② 参见深圳市罗湖区人民法院（2019）粤 0303 民初 2192 号行政判决书。

此外，关于补偿协议签订后，被征收人还是否有权就违法强制拆除提起诉讼的问题。以“李某诉武汉市洪山区人民政府、武汉市洪山区城乡统筹发展局、武汉市洪山区人民政府珞南街办事处行政强制再审案”[①]为例。最高人民法院认为，征收补偿协议主要解决的是被征收房屋的价值补偿、被征收人的搬迁损失以及因搬迁引起的停产停业损失问题。征收补偿协议签订后，可以据此认定被征收人就房屋的征收以及上述相关事项的补偿与征收人达成了一致。但是，征收补偿协议约定的内容，显然不包括因违法强制拆除可能给被拆迁人造成的不应有的包括屋内动产在内的其他人身、财产损失。被征收人可在强制拆除行为被确认违法的情况下，取得相应的赔偿。因该利益独立于合法征收行为产生的补偿利益，故被征收人即使签订了征收补偿协议，也依然与可能存在的违法强制拆除行为存在法律上的利害关系，可以作为适格原告就此提起行政诉讼。因此，申请人李某是本案的适格原告。

需要注意的是，被征收人转让补偿协议中的权利无须经过房屋征收部门同意。以“骆某华诉山东德州运河经济开发区管理委员会履行拆迁补偿协议案”[②]为例。最高人民法院认为，《最高人民法院关于审理行政协议案件若干问题的规定》第二十七条第二款规定：“人民法院审理行政协议案件，可以参照适用民事法律规范关于民事合同的相关规定。”《国有土地上房屋征收与补偿条例》对于被征收人就补偿协议中的权利转让未作出规定，故对于补偿协议中的权利转让问题可以参照《合同法》的有关规定。《合同法》第七十九条第一款规定：“债权人可以将合同的权利全部或者部分转让给第三人，但是有下列情形之一的除外：（一）根据合同性质不得转让；（二）按照当事人约定不得转让；（三）依照法律规定不得转让。”第八十条规定：“债权人转让权利的，应当通知债务人。未经通知，该转让对债务人不发生效力。”根据上述规定，如果国有土地上房屋征收补偿协议中未约定不得转让相关权利，且转让行为不违反法律的禁止性规定，则被征收人可以将其权利转让，并通过一定形式通知房屋征收部门即可，该转让行为无须经过房屋征收部门的同意。本案中，《石家园平房片区拆迁协议》系申请人骆某华之女杨某与德州运河经济开

① 参见最高人民法院（2019）最高法行再72号行政裁定书。

② 参见最高人民法院（2020）最高法行申5366号行政裁定书。

发区拆迁管理办公室所签订，但杨某出具《放弃继承父母共有财产及转让债权声明》明确表示将其所签订的《石家园平房片区拆迁协议》中的权利全部转让给骆某华。骆某华主张，2017年9月2日石家园回迁工作组电话通知其选房时，其已经表明杨某将平房回迁的相关权利转让给其，并明确告知工作组杨某秋的两套房屋均暂时不能选房，被申请人德州运河经济开发区管理委员会亦未提交证据证明曾另行通知杨某进行选房，故可以认为该转让行为已经通知德州运河经济开发区管理委员会。根据《石家园片区改造补偿安置方案》的规定，涉案石家园片区范围内对平房住宅按土地证和房产证登记面积、楼房住宅按房产证登记面积进行置换安置，补偿对象和补偿标准的确定没有对被征收人身份及户籍的要求。对于杨某先作为权利人签订杨某秋名下平房的补偿协议，在回迁安置时又将相关权利转让给骆某华，是否存在规避涉案安置补偿方案的特别规定、是否存在损害国家利益和第三人利益的情形，德州运河经济开发区管理委员会并未提出此方面的质疑，因此骆某华有权作为权利人主张《石家园平房片区拆迁协议》中的权利。

（二）房屋征收补偿决定

1. 房屋征收补偿决定的作出

《国有土地上房屋征收与补偿条例》第二十六条规定："房屋征收部门与被征收人在征收补偿方案确定的签约期限内达不成补偿协议，或者被征收房屋所有权人不明确的，由房屋征收部门报请作出房屋征收决定的市、县级人民政府依照本条例的规定，按照征收补偿方案作出补偿决定，并在房屋征收范围内予以公告。补偿决定应当公平，包括本条例第二十五条第一款规定的有关补偿协议的事项。被征收人对补偿决定不服的，可以依法申请行政复议，也可以依法提起行政诉讼。"

《深圳市房屋征收与补偿实施办法（试行）》第四十六条规定："房屋征收部门与被征收人在征收补偿方案确定的签约期限内达不成征收补偿协议的，或者被征收房屋所有人不明确的，由房屋征收部门报请作出房屋征收决定的辖区政府作出补偿决定，并在房屋征收范围内予以公告。补偿决定应当包括补偿方式、被征收房屋补偿金额、用于产权调换房屋的地点、面积和房地产评估价格、搬迁费、临时安置费或者周转用房、停产停业损失、搬迁期限、过渡方式、过渡期限以及补偿费用支付期限等事项。"第七十一条规定:"被征收人对房屋征收决定、征收补偿决定不服的,可以依法申请行政复议或者提起行政诉讼。"且根据《行政复议法》及《行政诉讼法》的规定,被征收人不服征收决定的,可以自知道具体行政行为之日起60日内申请行政复议,对复议决定不服的,可以自收到复议决定书之日起15日内向人民法院提起行政诉讼;如选择直接起诉的,可以在知道作出具体行政行为之日起3个月内向人民法院提起行政诉讼。

从上述规定中可以看出,《深圳市房屋征收与补偿实施办法(试行)》基本延续了《国有土地上房屋征收与补偿条例》的规定,仅对部分条款的表述进行了细化。

根据《国有土地上房屋征收与补偿条例》及《深圳市房屋征收与补偿实施办法(试行)》中对于房屋征收补偿决定的规定,市、县级人民政府作出房屋征收决定的前提为"房屋征收部门与被征收人在征收补偿方案确定的签约期限内达不成征收补偿协议的",或者"被征收房屋所有人不明确的"。一方面,如果房屋征收部门能够与享有房屋所有权的被征收人在征收补偿方案确定的签约期限内达成征收补偿协议的,直接按照征收补偿协议的约定进行房屋征收补偿活动;另一方面,虽然《国有土地上房屋征收与补偿条例》和《深圳市房屋征收与补偿实施办法(试行)》都未规定房屋征收补偿决定作出的期限,但辖区政府仍需要对决定作出的期限予以把握。

首先,未达成补偿协议的,市、县政府应当及时作出补偿决定。以"辽宁省阜新市细河区人民政府诉辽宁省阜新钜成生物科技发展有限公司不履行法定职责再审案"为例①。最高人民法院认为,本案争议焦点是申请人细河区人民政府拖延履行补偿职责是否构成行政不作为。《国有土地上房屋征收与补偿条例》第四条规定,市、县级人民政府负责本行政区域的房屋征收与补偿工作。市、县级人民政府在对本行政区域作出征收决定后,应及时对涉案房屋进行补偿,不应不合理拖延履行补偿职责,致使被征收房屋、土地长期处于被征收而未获得补偿的状态,对被征收人的生产、生活造成不利影响。本案中,2011年12月21日细河区人民政府作出《细河区四合镇东洼子村"城中

① 参见最高人民法院(2018)最高法行申915号行政裁定书。

村"改造工作须知》,2012年2月17日作出《阜新市"玉龙新城"区域东洼子村国有土地房屋征收与安置补偿细则》,同年3月20日作出房屋征收决定并公告,决定载明征收期限为2012年3月21日至2012年6月21日。申请人钜成生物科技发展有限公司总部及花卉示范园区在征收范围内,在未达成征收补偿协议的情况下,细河区人民政府拖延履行补偿职责,直至钜成生物科技发展有限公司2015年12月提起诉讼时,仍未作出征收补偿决定,已经超过合理期限,构成行政不作为。

其次,如辖区政府在受理房屋征收补偿决定申请后,较长时间内未作出决定的,有可能会被法院认定违法。如"张某裕诉余姚市人民政府行政补偿案"①中,法院认为,因原告张某裕与余姚市征收办在签约期限内未达成房屋征收补偿协议,根据《国有土地上房屋征收与补偿条例》第二十六条的规定,经余姚市征收办报请,被告余姚市人民政府具有作出被诉补偿决定的法定职权。虽然《国有土地上房屋征收与补偿条例》等并未对行政机关作出补偿决定的期限作出明确规定,但是余姚市人民政府作出期限达5个多月,明显超过行政诉讼法规定的两个月的履行法定职责期限等合理期限,余姚市人民政府辩称该期间在协调,但无证据证明,且协调时间也不是延期作出补偿决定的正当理由,故依法应确认该补偿决定违法。

再次,房屋征收补偿决定载明的事项应当具体明确。以"武某红诉山西省太原市万柏林区人民政府房屋征收补偿决定再审案"②为例。最高人民法院经审查认为,根据《国有土地上房屋征收与补偿条例》第二十五、二十六条的规定,补偿决定应当公平,包括补偿方式、补偿金额和支付期限、用于产权调换房屋的地点和面积、搬迁费、临时安置费或者周转用房、停产停业损失、搬迁期限、过渡方式和过渡期限等事项。本案被诉房屋征收补偿决定对被征收房屋的面积仅载明"以依法执行前现场测量为准",对于补偿金额、搬迁费、临时安置费、用于产权调换安置房屋的面积等事项也仅载明"按照《太原市西中环道路建设工程东社村段拆迁及东社城中村改造补偿安置方案》及《补充方案》进行计算或选择确定"。被诉房屋征收补偿决定对上述事项均缺乏明

① 参见宁波市中级人民法院(2019)浙02行初41号行政判决书。

② 参见最高人民法院(2018)最高法行申3849号行政裁定书。

确具体的认定,不符合《国有土地上房屋征收与补偿条例》的规定,影响了申请人武某红合法权益的实现。二审法院认为,被诉房屋征收补偿决定内容符合法律规定,属于适用法律不当,应予纠正。

最后,关于履行征收补偿职责案件的处理问题。以"金某鹏诉辽宁省沈阳市浑南区人民政府履行征收补偿职责再审案"①为例。最高人民法院经审查认为,申请人金某鹏诉请人民法院判令被申请人浑南区人民政府履行征收补偿职责,其实质诉求是请求依法判令相应的补偿方式、补偿数额。这一诉求涉及的是课予义务诉讼和一般给付诉讼的关系问题。《行政诉讼法》第七十二条规定:"人民法院经过审理,查明被告不履行法定职责的,判决被告在一定期限内履行。"根据这一规定,人民法院经过审理认为,行政机关应当作出相应的行政行为而不作出的,人民法院应当判决行政机关作出行政行为。根据《国有土地上房屋征收与补偿条例》第二十六条第一款的规定,房屋征收部门与被征收人在征收补偿方案确定的签约期限内达不成补偿协议的,由房屋征收部门报请作出房屋征收决定的市、县级人民政府依照本条例的规定,按照征收补偿方案作出补偿决定。本案中,浑南区政府没有按照前述规定作出决定,存在违法之处,人民法院可以判决其作出补偿决定。这一判决方式属于"答复判决",法院并不对当事人的实体权益作出裁判,而是交由行政机关自行作出行政处理。但是,对于当事人而言,重要的诉求是获得相应的补偿权益,人民法院应当关注当事人的实质诉求。《行政诉讼法》第七十三条规定,人民法院经过审理,查明被告依法负有给付义务的,判决被告履行给付义务。根据这一规定,在依法查明事实的情况下,人民法院可以直接针对当事人的实质诉求,即获得补偿权益的诉求作出裁判。在课予义务诉讼和一般给付诉讼的关系上,如果人民法院对于当事人的损失能够查清,相关补偿方式和数额依据比较明确,人民法院应当作出切合当事人诉求的一般给付判决,以便尽快稳定行政法律关系,尽快实现案结事了。本案中,对于补偿的项目、补偿的数额,人民法院在查明事实的基础上,可以对补偿权益直接作出判决。

另外,需重申的是房屋征收决定的合法性问题,对房屋征收补偿决定是否合法的判断,可以从依据、主体、程序、实体内容四个方面展开:(1)依据,即

---

① 参见最高人民法院(2019)最高法行申1248号行政裁定书。

对征收安置补偿方案的合法性及有效性进行审查;(2)主体,即对作出征收补偿决定的行政机关进行审查,判断其是否为适格的征收主体;(3)程序,即对评估机构选定程序、评估报告作出程序的合法性进行审查;(4)实体,即对征收补偿决定的补偿内容、补偿方式、补偿数额的合法性及正确性进行审查。司法实践中,也常有被征收人主张房屋征收补偿决定违法的诉讼争议,以"李某阳诉山东省东明县政府征收补偿决定再审案"①为例,最高人民法院认为,本案的争议焦点是被申请人东明县政府作出的涉案房屋征收补偿决定是否合法。判断该房屋征收补偿决定是否合法,可以从依据、主体、程序、实体内容四个方面判断。首先,关于涉案征补决定作出的依据。根据申请人李某阳一审期间所提交的证据,并经一审法院查证属实,能够证明涉案房屋征收补偿方案在公布前已经论证、评估社会稳定风险、征求意见、修订等法定程序,具备公布的法定条件。本案亦不符合《国有土地上房屋征收与补偿条例》规定的召开听证会之条件,故涉案房屋征收补偿方案作为被诉征补决定的依据合法有效。其次,关于作出主体。本案中,李某阳与房屋征收部门在签约期限内未能达成补偿协议,按照《国有土地上房屋征收与补偿条例》,被申请人东明县政府作为征收主体,具有依法作出涉案征收补偿决定的法定职权。再次,从程序看。涉案房屋征收评估机构的选定程序存在违法情形,但评估报告作出程序合法、内容并无不当,且已经价格评估专家委员会鉴定,东明县政府以此评估报告为基础,作出征补决定,程序合法。最后,从实体权益保障看。涉案征收补偿方案明确了被征收人产权调换房屋的所在区域,因未达到选房条件,没有明确安置房具体位置、楼号,但房屋征收部门同时向李某阳提供了货币补偿或产权调换方式,并赋予其选择权。被诉房屋征收补偿决定依照房屋征收补偿方案中确定的补偿办法,计算了货币补偿的数额,且该数额经过评估机构的评估及鉴定机构的鉴定,不存在显失公平的情形,亦未损害李某阳的实质利益。因此,一审法院判决驳回李某阳诉讼请求、二审法院判决驳回李某阳上诉,并无不当。

2. 房屋征收补偿决定作出后的义务

《国有土地上房屋征收与补偿条例》第二十七条规定:"房屋征收应当先

---

① 参见最高人民法院(2020)最高法行申1008号行政裁定书。

补偿、后搬迁。作出房屋征收决定的辖区政府对被征收人给予补偿后，被征收人应当在征收补偿协议约定或者补偿决定确定的搬迁期限内完成搬迁。任何单位和个人不得采取暴力、威胁或者违反规定中断供水、供热、供气、供电和道路通行等非法方式迫使被征收人搬迁。"《深圳市房屋征收与补偿实施办法(试行)》在第四十八条作出了与《国有土地上房屋征收与补偿条例》一致的规定。

根据上述规定，在房屋征收补偿决定作出后，被征收人应当在期限内履行搬迁义务，但即使被征收人未及时履行该义务，政府也不能通过暴力、威胁或违反规定中断供水、供热等非法方式迫使被征收人搬迁。司法实践中，如果政府采取上述非法手段强迫被征收人搬迁的，将面临被法院判决违法的诉讼风险。如"余某祥诉襄阳市襄州区人民政府行政补偿案"[①]中，原告余某祥主张被告襄州区人民政府采取断水、断电，封堵大门，破坏道路，破坏房屋等野蛮手段逼迫拆迁的行为违法。法院经审理后认为，房屋征收与补偿应当遵循决策民主、程序正当、结果公开的原则，既要维护公共利益，又要保障被征收房屋所有权人的合法权益。襄州区人民政府否认余某祥诉称的中断供水、供热、供气、供电和阻碍道路通行等行为系其所为，并在庭审中辩称该行为是为余某祥等被拆迁户因停水运送生活用水，以及断气系燃气公司为了被拆迁户用气安全而采取的断气行为，但在其未提供证据予以证实中断供水、供热、供气、供电和阻碍道路通行等行为不是其实施以及由谁实施的情形下，其作为国有土地上房屋征收与补偿工作的法定机关，发布了房屋征收决定及公告，并自认委托襄阳高新技术产业开发区管委会成立了涉案棚户区改造项目拆迁指挥部，实施了拆迁行为，该法律后果应由襄州区人民政府予以承担。余某祥所诉涉案房屋在该征收决定确定的范围内，因此，余某祥所诉行为应推定系襄州区人民政府实施的，除非襄州区人民政府能举证证明余某祥所诉行为系在其不知情的情况下由相关民事主体实施。此外，被诉行为虽因其他被拆迁户的房屋拆除而导致客观存在，但襄州区人民政府未提供任何证据及法律依据证明被诉行为的合法性。襄州区人民政府作为本案国有土地上房屋征收与补偿工作的法定机关，应采取妥当的协议或征收补偿决定等合法方

① 参见襄阳市中级人民法院(2018)鄂06行初178号行政判决书。

式完成相关拆迁安置任务，以求良好的社会效果，并不能因目的的重要性而偏离依法行政的轨道实施行为。基于此，襄州区人民政府被诉行为依法应确认为违法。

四、房屋征收的强制执行

（一）申请强制执行的依据

《国有土地上房屋征收与补偿条例》第二十八条第一款规定："被征收人在法定期限内不申请行政复议或者不提起行政诉讼，在补偿决定规定的期限内又不搬迁的，由作出房屋征收决定的市、县级人民政府依法申请人民法院强制执行。"《深圳市房屋征收与补偿实施办法（试行）》第四十九条规定："被征收人在法定期限内不申请行政复议或者不提起行政诉讼，在补偿决定规定的期限内又不搬迁的，由房屋征收部门就被征收房屋的有关事项依法进行证据保全后，辖区政府应当在法定起诉期限届满之日起3个月内依法申请人民法院强制执行。人民法院裁定准予执行，并交由作出征收补偿决定的辖区政府组织实施的，房屋征收部门应当将人民法院准予执行的裁定及限期自行搬迁的通知在房屋征收范围、被征收房屋进行张贴。被征收人逾期仍未搬迁的，辖区政府应当组织城市管理、公安、工商、税务、水电、交通、通讯、消防、物业管理等部门和单位实施强制搬迁和拆除。室内未搬迁的物品无法交予当事人的，由辖区房屋征收部门妥善保管，并公告当事人认领。3个月后仍无法交予当事人或者无合法所有人认领的，按确认无主财产的法律程序处理。无主财产按有关规定拍卖或者进行其他处理，所得款项扣除保管、拍卖、变卖等费用后仍有剩余的，缴交市财政。人民法院裁定准予执行并组织实施的，辖区政府应当予以协助。"

需注意的是，"行政相对人在法定期限内既未对行政行为申请行政复议，也未提起行政诉讼，行政行为已经生效且具有执行力"是法院裁定准予强制执行的法定条件之一。因此，在法院作出的准予强制执行裁定的效力被依法否定之前，行政相对人不能对该行政行为提起行政诉讼。如在"杜某辉诉重庆市合川区人民政府征收补偿决定再审案"①中，最高人民法院认为，公民、法

① 参见最高人民法院（2017）最高法行申3211号行政裁定书。

人或者其他组织应当在法定的起诉期限内向人民法院提起行政诉讼。对于超过法定起诉期限提起诉讼的,人民法院依法裁定驳回起诉。原告杜某辉自认其于2014年9月已经知晓被诉征收补偿决定,且该补偿决定已明确告知诉权,因此,杜某辉于2015年5月提起本案诉讼,已超过法定的起诉期限。此外,本案被诉征收补偿决定已被人民法院作出的生效裁定准予强制执行。裁定准予强制执行的法定条件之一为行政相对人在法定期限内未对行政行为申请行政复议,也未提起行政诉讼,行政行为已经生效且具有执行力。因此,在准予强制执行裁定的效力被依法否定之前,亦可推定准予强制执行的行政行为已超过法定起诉期限。受准予强制执行生效裁定的羁束,行政相对人不能对该行政行为提起行政诉讼。

此外,关于强制执行主体的问题。《国有土地上房屋征收与补偿条例》规定,市、县级人民政府负责本行政区域的房屋征收与补偿工作。征收决定由市、县级人民政府作出;征收补偿方案由市、县级人民政府论证、公布并修改;被征收人由市、县级人民政府补偿;被征收人拒不搬迁由市、县级人民政府申请人民法院强制执行。从立法来看,市、县级人民政府是国有土地上房屋征收的责任主体,而房屋征收部门则负责具体的征收工作。从房屋强制拆除方面来说,《国有土地上房屋征收与补偿条例》规定只能由市、县级人民政府申请人民法院强制拆除。因此,征收强拆行为系市、县级人民政府及其部门的职权或职能,建设单位、施工单位等民事主体并无实施强制拆除他人合法房屋的权力。民事主体自行违法强制拆除他人合法房屋,涉嫌构成故意毁坏财物罪的,权利人可以依法请求公安机关履行相应职责;人民法院经审查认为有犯罪行为的,应当依据《行政诉讼法》第六十六条第一款的规定,将有关材料移送公安、检察机关。司法实践中,以“冯某青诉广西壮族自治区恭城瑶族自治县人民政府等房屋行政强制及行政赔偿再审案”①为例。本案中,被申请人恭城县政府主张其并非拆除主体,拆除行为由名厦公司具体实施。经查,涉案房屋在2016年9月12日被强制拆除,申请人冯某青就房屋拆除问题向公安机关报案,恭城县公安局认为没有犯罪事实,不予立案。冯某青向法院起诉公安机关不作为,法院生效判决认为强制拆除行为主体为恭城县政府。

---

① 参见最高人民法院(2019)最高法行再281号行政裁定书。

故本案能够排除名厦公司私自违法拆除涉案房屋的可能。现有证据证实，名厦公司曾多次向恭城县政府、恭城县指挥部递交关于拆除涉案房屋的申请。涉案房屋位于恭城县一小区内，该土地使用权由恭城县政府于2014年7月批准收回并进行开发利用。恭城县政府设立恭城县指挥部及项目办，牵头开展城中西路路口商贸开发和茶江剧院改造工作。综上所述，因征收强拆行为系市、县级人民政府及其部门的职权或职能，综合考虑行政机关和行政相对人之间的举证能力和举证责任分配，本案可以认定恭城县政府作为适格被告。即使涉案房屋系名厦公司直接拆除，也应将恭城县政府列为被告，在实体程序中审理名厦公司拆除房屋的法律责任是否应由恭城县指挥部承担。因恭城县指挥部系由恭城县政府组建并赋予行政管理职能但不具有独立承担法律责任能力的临时机构，其法律责任最终由恭城县政府承担。故本案应认定恭城县政府为适格被告。

（二）强制执行的实施

1.应注重对其他权利主体的保障

（1）房屋居住人的权益保障。房屋居住人与强拆房屋行为具有利害关系，政府在房屋征收时，应当考虑房屋居住人的权利和利益，并采取必要措施避免损失发生。以“王某云诉商丘市梁园区人民政府拆除房屋行为再审案”[①]为例。最高人民法院认为，本案争议焦点是申请人王某云与被申请人梁园区人民政府拆除房屋的行为是否具有法律上的利害关系。根据《行政诉讼法》第二十五条规定，行政行为的相对人以及其他与行政行为有利害关系的公民、法人或者其他组织，有权提起诉讼。公民、法人或者其他组织提起行政诉讼，其原告资格中的利害关系应当以存在“权利侵害可能性”为标准，只要原告主张的权利存在遭受被诉行政行为侵害的可能性，原告就与被诉行政行为具有利害关系。国家征收国有土地上的房屋是要将房屋所有权和土地使用权收归国家所有，征收行为引发的效果是权利人房屋所有权和土地使用权的变化，原则上除房屋所有权人和特定情形下的公房承租人之外，其他人与征收行为之间不存在利害关系，人民法院不承认其原告主体资格。但是，强拆

---

① 参见最高人民法院(2018)最高法行再190号行政裁定书。

房屋行为是将房屋所有权的客体房屋归于消灭的行为，其影响的范围不仅及于房屋本身，还及于房屋消灭时波及范围中的权利和利益。强制拆除房屋行为不仅会对房屋所有权人的权利造成损害，也有可能对居住其中的人的权利和利益造成损害。这也就要求政府在实施强制拆除房屋行为时，对居住其中的人的权利和利益必须予以考虑，并采取必要措施避免损失发生。具体到本案，王某云与侯某全签订了买卖涉案房屋的协议，侯某全已经将涉案房屋交付王某云，王某云也一直居住在涉案房屋内，无论王某云是否享有涉案房屋的所有权，都会存在利益遭受侵害的可能，即王某云有合法利益可能会在梁园区人民政府实施的强制拆除行为中遭受侵害。因此，基于王某云合法利益可能会被强拆行为侵害的可能性，应当承认其与强拆行为之间具有利害关系。另外，在“陈某兰诉江苏省如皋市人民政府、如皋市住房和城乡建设局房屋征收补偿安置及赔偿再审案”①中，最高人民法院认为，房屋拆除行为是将房屋归于消灭的行为，其影响的范围不仅及于房屋本身，还可能及于屋内动产以及房屋实际使用人依法享有的相关居住权益。强制拆除房屋行为不仅会对房屋所有权人的权利造成损害，也有可能对实际使用人的财产甚至人身权利造成损害。虽然涉案房屋的拆迁(安置补偿)权益已经被生效民事判决确定为由案外人如皋市人民医院所有和享受，申请人陈某兰请求判令被申请人依职权主动履行征收补偿安置义务，缺乏法律依据。但是根据在案证据，陈某兰系涉案房屋所有权证登记的所有权人，且直至房屋被强制拆除时，其实际居住于其中，其诉求之一是确认拆除行为违法并赔偿财产损失。无论其是否享有涉案房屋的拆迁权益，其作为实际使用人，强制拆除过程中确有可能造成其屋内财产损失，被诉强制拆除行为对其可能产生实际影响，其与被诉拆除行为之间具有利害关系。而原审法院仅以涉案房屋的拆迁权益为案外人所有和享受为由，认定陈某兰与涉案被诉拆除行为无利害关系，不具备原告主体资格的做法欠妥。

(2)承租人的权益保障。承租人基于对房屋的添附、经营权而与强制拆除房屋行为有利害关系。如在“凌某华诉广东省广州市番禺区人民政府、番

---

① 参见最高人民法院(2019)最高法行申2859号行政裁定书。

禺区新造镇人民政府拆除房屋行政强制执行案"[①]中,最高人民法院经审查认为,《行政诉讼法》第二十五条第一款规定,行政行为的相对人以及其他与行政行为有利害关系的公民、法人或者其他组织,有权提起诉讼。也就是说,只要与被诉行政行为有利害关系,就应当具有原告资格。所谓"有利害关系",是指被诉行政行为有可能对起诉人的权利义务造成区别于其他人的特别损害或者不利影响。房屋征收案件中,若承租人在被征收的房屋上有不可分割的添附或依法独立在其承租房屋开展经营活动,强制拆除房屋行为就有可能对承租人在房屋上的添附、承租人屋内物品或其正当行使的经营权造成不同于其他人的特别损害或不利影响,应当认为承租人与该行政行为有利害关系,具有原告资格。本案中,申请人凌某华提起行政诉讼,请求确认拆除其租赁房屋的行为违法,其提供了承租房屋进行装修、用于经营活动的初步证据材料,证明被申请人新造镇人民政府、番禺区人民政府实施的强制拆除租用房屋行为,可能侵犯其合法财产权益,且其与被诉的拆除行为有利害关系,具有本案原告资格。一审、二审裁定凌某华与被诉拆除房屋强制执行行为没有利害关系,不具有原告资格,属于适用法律错误。

2. 应注重证据保全公证

强制搬迁一般涉及被征收人及其家庭成员的人身和财产权益,具有强制性,因此,强制搬迁必须遵守法定程序,并应当对房屋内物品的登记、运输、保存和交接等活动建立其完备的记录体系。针对被征收人不配合搬迁的情况,政府应当采取公证的方式对搬迁过程进行固定。

对于具体搬迁的操作,可参照《房屋拆迁证据保全公证细则》(司法部第29号令)的相关规定。该细则第二条规定:"房屋拆迁证据保全公证时,公证机关应对房屋及附属物的现状依法采取勘测、拍照或摄像等保全措施,以确保其真实性和证明力。"第十四条规定:"实施强制拆迁房屋证据保全时,公证机关应通知被拆迁人到场。如其拒不到场,公证员应在笔录中记明。实施强制拆迁房屋中有物品的,公证员应当组织对所有物品逐一核对、清点、登记,分类造册。并记录上述活动的时间、地点,交两名有完全行为能力的在场人员核对后,由公证员和在场人在记录上签名。被拆迁人拒绝签名的,公证员

① 参见最高人民法院(2019)最高法行再166号行政裁定书。

应在记录中记明。物品清点登记后,凡不能立即交与被拆迁人接收的,公证员要监督拆迁人将物品存放在其提供的仓库中,并对物品挂签标码,丢失损坏的,仓库保管人应承担赔偿责任。拆迁人应制作通知书,通知当事人在一定期限内领取物品。逾期不领的,公证处可以接受拆迁人的提存申请,办理提存。"

(三)违法强制执行问题

1.强制执行违法的认定

(1)强制执行违法的情形

征收实践中,违法实施强制拆除主要分为以下几种情况:市、县人民政府在作出征收决定、征收补偿决定之前,已组织实施强制拆除行为;市、县人民政府在作出征收补偿决定后,未向人民法院申请强制执行而选择自行实施强制拆除行为;政府单位直接授权民事主体实施强制拆除行为;未在实施强制拆除行为过程中采取相关措施,导致房屋内其他财产损坏。此外,《深圳市房屋征收与补偿实施办法(试行)》第七十三条还规定:"采取暴力、威胁或者违反规定中断供水、供热、供气、供电和道路通行等非法方式迫使被征收人搬迁,造成损失的,依法承担赔偿责任……"根据行政法的基本原理,行政机关因合法行政行为造成他人损失,应承担行政补偿责任;而因违法行政行为造成他人损害,则应承担行政赔偿责任。

以"张某鹏诉喀什市房屋征收与补偿安置中心行政补偿再审案"①为例。法院认为,依据《国有土地上房屋征收与补偿条例》第二十七条第一款的规定,实施房屋征收应当先补偿、后搬迁,且根据《国家赔偿法》第二条规定,国家机关和国家机关工作人员行使职权,有本法规定的侵犯公民、法人或者其他组织合法权益的情形,造成损害的,受害人有依照本法取得国家赔偿的权利。本案中,被申请人喀什市房屋征收与补偿安置中心在未与申请人张某鹏达成安置补偿协议,亦未对张某鹏依法作出征收补偿决定的情况下,强制拆除张某鹏涉案房屋的行为违法,应当承担行政赔偿责任。

(2)举证责任配置

《行政诉讼法》第三十四条规定:"被告对作出的行政行为负有举证责任,

---

① 参见新疆维吾尔自治区高级人民法院(2020)新行再12号行政判决书。

应当提供作出该行政行为的证据和所依据的规范性文件。被告不提供或者无正当理由逾期提供证据，视为没有相应证据。但是，被诉行政行为涉及第三人合法权益，第三人提供证据的除外。”

司法实践中，以“赵某萍等诉福建省福州市仓山区人民政府行政强制再审案”①为例。最高人民法院认为，从强制活动举证角度而言，二审法院将被诉强拆行为的举证责任完全归于申请人赵某萍等人理据不足。《行政诉讼法》第三十四条规定的“被告对作出的行政行为负有举证责任”是行政诉讼举证责任的一般原则。本案中，一方面，二审法院认为赵某萍等人提供的证据不足以证明被申请人仓山区人民政府组织实施了2004年12月2日对赵氏宗祠的强制拆除行为，从而认定其起诉缺乏事实依据，不符合《行政诉讼法》第四十九条第三项规定的“有具体的诉讼请求和事实根据”的起诉条件；另一方面，二审法院又指出“诉争房屋的拆除是否为行政机关行使行政管理职权，还是拆迁人与被拆迁人之间的民事纠纷，需要进一步的证据予以确认”。这种将强拆行为的举证责任完全归于赵某萍等人的观点明显不当。行政诉讼中，原告方往往相对弱势，掌握的资源与证据有限，只要能够提供初步证据，证明事实行为存在且有可能系起诉状所列被告实施，即可视为基本履行了符合立案条件的举证义务；而被告方有义务提供证据证明自身是否实施了强制、按照何种程序如何实施、有无对当事人合法利益作出必要考量；在必要的情形下，人民法院也可依职权调查，对强制主体等事宜作出认定或者推定。况且在本案中，结合赵某萍等人原审期间提交的榕政地(2003)267号文件、榕地挂牌(2003)8号出让公告、赵氏宗祠拆除计划、营运公司和工程处的登报道歉声明等证据以及仓山区人民政府及原审第三人提供的其他证据，并不当然排除仓山区人民政府没有组织被诉强拆活动，二审法院对此事实问题亦指出“需要进一步的证据予以确认”。故本案存在举证责任配置不当，二审法院适用法律错误问题。

但如果房屋是在房屋验收单签字确认后被拆除的，被征收人提出的“强制拆除”主张需要提供证据加以证明。以“杨某忠诉河南省原阳县人民政府、

---

① 参见最高人民法院(2019)最高法行申1292号行政裁定书。

河南省原阳县原兴街道办事处行政强制再审案”①为例。申请人杨某忠以被申请人原阳县人民政府、原阳县原兴街道办事处违法强制拆除其房屋为由提起本案诉讼。最高人民法院查明,原兴街道办与杨某忠签订了补偿安置清单及《原阳县黄河大道等六条市政道路建设项目货币补偿协议书》,安置清单确定补偿金额,协议书约定了杨某忠可以获得的补偿款及奖金,并约定协议签订后5个工作日内,杨某忠要主动将被搬迁房屋腾空,自行拆除完毕。杨某忠在房屋验收单上签字确认后,涉案黄河大道东延项目搬迁安置指挥部将补偿款及奖励金汇入杨某忠提供的银行账户。另外,该项目涉及的123户房屋均已拆除完毕,相关道路亦已修好。根据以上事实,最高人民法院认为,涉案房屋的拆除行为系杨某忠与原兴街道办协商一致,在对房屋面积、补偿金额及奖励措施无异议的情况下进行的,属于涉案补偿协议的履行行为。杨某忠主张原阳县人民政府、原阳县原兴街道办事处违法实施了强制拆除行为,但未提供证据证明被诉行为存在。据此,原审法院以杨某忠的起诉没有事实根据为由裁定驳回其起诉,并无不当。

此外,关于当事人难以举证且强拆行为无人认领的情况下,强拆行为实施主体如何确定的问题,以“侯某海诉宁阳县文庙街道办事处、宁阳县综合行政执法局行政强制再审案”②为例。法院经审查后认为,涉案被拆建筑物系申请人侯某海出资所建,其与该建筑物被强拆的行为具有利害关系。本案被诉行为系行政事实行为,在该行为作出时行为主体即已确定,但侯某海即使当时在强拆现场,一般也很难提供直接证据证明该行为的实施主体。在侯某海难以举证且强拆行为无人认领的情况下,人民法院可以结合强拆行为的产生背景及目的性等情况,确定具有优势举证能力的行政机关承担证明房屋被拆除与其无关的举证责任。在行政机关不予举证或拒绝举证的情况下,其实施强拆行为具有高度的盖然性。本案中,涉案责令限期拆除的通知系宁阳县文庙街道办事处、宁阳县综合行政执法局作出,同时载明逾期不拆将组织有关部门依法集中拆除。宁阳县文庙街道办事处、宁阳县综合行政执法局虽然均辩称未实施涉案强拆行为,但其并未提交证据证明存在其他实施主体或受益

---

① 参见最高人民法院(2020)最高法行申8332号行政裁定书。

② 参见山东省高级人民法院(2020)鲁行再71号行政裁定书。

主体，抑或该强拆行为属于刑事犯罪范畴，故本案应推定宁阳县文庙街道办事处、宁阳县综合行政执法局实施了被诉强拆行为。

2. 违法强制执行的赔偿

（1）法院对赔偿案件的裁判方式

以"张某良等人诉枣庄市薛城区人民政府行政赔偿再审案"[①]为例。最高人民法院经审查认为，《行政诉讼法》第一条规定，为保证人民法院公正、及时审理行政案件，解决行政争议，保护公民、法人和其他组织的合法权益，监督行政机关依法行使职权，根据宪法，制定本法。据此，行政案件审理应当以实质性化解纠纷为宗旨，及时解决行政争议，减少当事人诉累。《国家赔偿法》第二条规定，国家机关和国家机关工作人员行使职权，有本法规定的侵犯公民、法人和其他组织合法权益的情形，造成损害的，受害人有依照本法取得国家赔偿的权利。第九条第二款规定，赔偿请求人要求赔偿，应当先向赔偿义务机关提出，也可以在申请行政复议或者提起行政诉讼时一并提出。赔偿请求人对于通过何种方式获得赔偿具有选择权，既可以选择由赔偿义务机关先行处理，也可以在申请行政复议或者提起行政诉讼时一并提出。赔偿请求人先提起行政诉讼，之后再提起行政赔偿诉讼，就是选择通过司法途径解决其赔偿问题。基于司法最终原则，人民法院对赔偿之诉应当依法受理并作出明确而具体的赔偿判决，保护赔偿请求人的合法权益，实质性解决行政争议。本案中，被申请人薛城区人民政府拆除涉案房屋的行为已被在先的生效行政判决确认违法，申请人张某良等人诉请判令薛城区人民政府赔偿因违法拆除造成的相应损失，依法有据。另外，在"刘某胜诉河南省漯河市郾城区人民政府行政赔偿再审案"[②]中，最高人民法院经审查认为，《最高人民法院关于审理行政赔偿案件若干问题的规定》第二十九条规定："人民法院审理行政赔偿案件，就当事人之间的行政赔偿争议进行审理与裁判。"关于人民法院审理后如何裁判的问题，如果认为确定赔偿内容的事实、证据均已明确，可以直接判决赔偿相应的损失；认为相关事实、证据尚不明确或者需要行政主体先行作出行政判断的，可以在明确相关赔偿内容、标准或者计算方法后，判决被告在一

---

① 参见最高人民法院（2019）最高法行申8132、8135、8137号行政裁定书。

② 参见最高人民法院（2020）最高法行赔申116号行政裁定书。

定期限内作出赔偿决定。本案中,被申请人郾城区人民政府强制拆除申请人刘某胜房屋行为已经被另案生效行政判决确认违法,郾城区人民政府对于刘某胜的损失,依法应予赔偿。刘某胜主张的房屋及装修损失、室内物品损失、院内附属设施及租房损失等,均系郾城区人民政府违法强拆导致的直接损失,事实清楚,证据充分,不需要郾城区人民政府先行作出行政处理,应当直接判决赔偿相应损失。一审、二审未直接判决赔偿,而是责令郾城区人民政府在判决生效之日起 90 日内依法予以行政赔偿,不符合本案实际,确有不当。同样,在"段某江、段某书诉衡阳市人民政府、衡阳市石鼓区人民政府行政复议再审案"①中,最高人民法院认为,涉案房屋系位于征收拆迁范围内,在涉案房屋被强制拆除后,原有的补偿问题依法可以通过赔偿解决,法院应该直接进行实体审理并就赔偿问题作出判决。申请人段某江、段某书的第三项诉讼请求是请求被申请人石鼓区人民政府赔偿因违法拆除行为造成的经济损失,系一并提起的赔偿请求,人民法院已予受理,应当依法对赔偿请求进行审理和裁判。

从上述司法实践可看出,在强制执行违法案件中,当事人已经依照程序提出明确的赔偿请求且已经进入司法程序的情况下,法院不应再判决由赔偿义务机关先行作出赔偿决定,使赔偿争议又回到行政途径。法院直接判决赔偿能够避免出现行政机关对赔偿问题不予处理、拖延处理或者作出不合理的赔偿决定的情况,更有利于公平、公正解决问题。法院在涉案房屋存在权属争议的情况下,仍然可以就涉案房屋因强拆导致的损失,要求行政机关依法作出赔偿决定,并通过提存相应赔偿款的方式,督促行政机关及时履行赔偿义务。以"阳春市河朗镇高车河水电站诉广东省阳春市人民政府、广东省阳春市自然资源局、广东省阳春市河朗镇人民政府行政强制再审案"②为例。最高人民法院就行政赔偿的对象及责任方面作出如下认定:本案中,行政机关未按照法定程序强拆涉案房屋,侵犯公民的合法权益,受害人有取得赔偿的权利。申请人高车河水电站以转让协议为证据,主张第三人许某强已将涉案房屋转让给徐某平,并作为高车河水电站的宿舍使用。但是,目前涉案房屋

① 参见最高人民法院(2017)最高法行再 97 号行政判决书。
② 参见最高人民法院(2019)最高法行赔再 7 号行政裁定书。

所有权仍然登记在许某强名下,且各方对转让协议的标的内容存在较大争议,徐某平作为高车河水电站的投资人,应当积极通过提起民事诉讼或者申请仲裁机构仲裁等方式解决涉案房屋产权归属等问题。即使涉案房屋存在权属争议,重新审理本案的法院仍然可以就涉案房屋因强拆导致的损失,要求行政机关依法作出赔偿决定,并提存相应赔偿款,以督促行政机关及时履行赔偿义务。

(2)举证责任的承担

《行政诉讼法》第三十八条第二款规定:"在行政赔偿、补偿的案件中,原告应当对行政行为造成的损害提供证据。因被告的原因导致原告无法举证的,由被告承担举证责任。"《最高人民法院关于适用〈中华人民共和国行政诉讼法〉的解释》第四十七条第三款规定:"当事人的损失因客观原因无法鉴定的,人民法院应当结合当事人的主张和在案证据,遵循法官职业道德,运用逻辑推理和生活经验、生活常识等,酌情确定赔偿数额。"《最高人民法院关于行政诉讼证据若干问题的规定》第五十四条规定:"法庭应当对经过庭审质证的证据和无需质证的证据进行逐一审查和对全部证据综合审查,遵循法官职业道德,运用逻辑推理和生活经验,进行全面、客观和公正地分析判断,确定证据材料与案件事实之间的证明关系,排除不具有关联性的证据材料,准确认定案件事实。"

基于此,在政府违反法定程序、强制拆除被征收人房屋,导致被征收人无法举证证明屋内物品损失的情况下,依法应当免除被征收人对除超出正常生活消费水平的贵重稀有物品外行政赔偿损失事实的举证责任。以"田某诉新抚区政府行政补偿再审案"①为例。最高人民法院经审查认为,被申请人新抚区政府在未与申请人田某达成征收补偿协议,也未作出征收补偿决定的情况下,对田某的房屋实施强制拆除行为,属于违反法定程序、超越职权的行政行为。因违法强制拆除行为造成的损失,新抚区政府应当予以赔偿。新抚区政府违反法定程序、越权强制拆除田某的房屋,导致田某无法举证证明屋内物品损失,为此,依法应当免除田某对行政赔偿损失事实的举证责任。但是,对于超出正常生活消费水平的贵重稀有物品,田某仍负有举证责任。鉴于新抚

① 参见最高人民法院(2016)最高法行申589号行政裁定书。

区政府在违法强制拆除房屋过程中，未对屋内物品进行清点、登记造册，亦无法证明损失的具体情况，根据上述法律及司法解释的规定，一审、二审法官运用逻辑推理和生活经验，结合案件实际，全面、客观和公正地分析判断，酌定损失数额，并无不当。田某主张粮栈街果品楼1单元701号房屋有蜜蜡、黄金扑克等贵重物品。根据查明的事实，田某因孩子出生，在房屋拆除前已长时间不在该房屋居住，涉案房屋在拆迁片区，且已有房屋被拆除的情况下，根据生活经验和常理，不可能在随时可能被拆除的房屋内留存价格昂贵的物品，因此，一审、二审对田某的该项赔偿请求不予支持，并无不当。关于粮栈街70－1号楼5单元103号房屋（音像社）的物品损失，田某主张新抚区拆迁办曾与其商谈，意欲补偿60万～70万元。因该商谈的补偿标准并未实际履行，且双方当事人未达成征收补偿协议，在商谈调解过程中作出的让步，亦不能作为对其不利的证据。田某的音像社在2012年12月已经停止营业，2013年年初被拆除，一审、二审结合上述事实，通过对周边类似音像社的走访，酌定相应的赔偿数额，亦无不当。

（3）赔偿数额的确定

在强制执行违法案件中，法院处理的基本原则在于给予被征收人的行政赔偿项目和数额不得低于行政机关合法拆除被征收房屋给予的行政补偿项目和数额。

司法实践中，以“刘某学诉湘潭市雨湖区人民政府行政赔偿案”[①]为例。最高人民法院认为，湖南省高级人民法院已作出生效行政判决，确认被申请人雨湖区人民政府拆除申请人刘某学房屋的行政行为违法，各方当事人对强制拆除行为违法均无异议。鉴于涉案房屋已被雨湖区人民政府拆除，且不能恢复原状，对于违法强拆造成的直接损失应当依法予以赔偿。人民法院在审理行政赔偿案件时，确定赔偿数额时要坚持全面赔偿和公平合理的理念，既要体现对行政机关违法拆除行为的惩戒，也要确保赔偿请求人的合法权益得到充分保障。在房屋征收强制拆除的行政赔偿案件中，依照现行法律规定确定行政赔偿项目和数额时应当秉持的基本原则是，赔偿数额至少应不低于赔偿请求人依照安置补偿方案可以获得的全部征收补偿权益，不能让赔偿请求

---

① 参见最高人民法院（2018）最高法行赔再4号行政判决书。

人获得的赔偿数额低于依法征收可能获得的补偿数额，以体现赔偿诉讼的惩戒性和对被侵权人的关爱与体恤，最大限度地发挥国家赔偿制度在维护和救济因受到公权力不法侵害的行政相对人的合法权益方面的功能与作用。此时，对《国家赔偿法》第三十六条中关于赔偿损失范围之"直接损失"的理解，不仅包括赔偿请求人因违法拆除行为造成的直接财产损失，还应包括其作为被征收人所可能享有的全部房屋征收安置补偿权益，如产权调换安置房、过渡费、搬家费、奖励费以及对动产造成的直接损失等，如此才符合国家赔偿法的立法精神。此外，在"西宁仁杰粮油批发市场有限公司诉青海省西宁市城东区人民政府房屋强制拆迁行政赔偿案"①中，最高人民法院亦认为，本案是因国有土地上房屋征收过程中，征收机关违法强制拆除被征收房屋引发的行政赔偿案件。按照《国有土地上房屋征收与补偿条例》的有关规定，征收国有土地上的房屋首先要制定征收补偿方案、作出征收决定，其次是签订补偿协议或者作出征收补偿决定，予以补偿。补偿是房屋征收过程中的主要步骤之一，是关系被征收人核心利益的重要环节。如果在依法给予被征收人补偿之前，房屋被征收机关违法强制拆除，按照《国家赔偿法》第四条关于"行政机关及其工作人员在行使行政职权时有下列侵犯财产权情形之一的，受害人有取得赔偿的权利：……（三）违法征收、征用财产的……"的规定，产生国家赔偿责任。原本需要给予被征收人补偿的房屋及相关财产的价值转化为违法强制拆除行为造成的财产损失，被征收人作为赔偿权利人可以请求国家赔偿。由于赔偿与补偿指向的客体基本相同，这种赔偿的范围、标准和方式除依照《国家赔偿法》的有关规定执行外，还可以参照《国有土地上房屋征收与补偿条例》的具体规定。此外，为了防止征收机关"以赔代补"、恶意违法强拆行为的发生，赔偿的金额原则上不能低于补偿的数额。

关于如何确定直接损失的问题。司法实践中，以"夏某诉长春汽车经济技术开发区管理委员会行政征收二审案"②为例，法院在结合一审法院的判决和上诉人夏某上诉的理由的情况下，对确定直接损失的原则和方法作出如下认定：法院在审理行政赔偿案件时，要坚持全面赔偿和公平合理的理念，既要

---

① 参见最高人民法院（2017）最高法行申7437号行政裁定书。

② 参见吉林省高级人民法院（2018）吉行赔终1号行政判决书。

体现对行政机关违法拆除行为的惩戒，也要确保赔偿请求人的合法权益得到充分保障。对于土地、房屋征收过程中的行政赔偿案件，确定受害人的直接损失也即应予赔偿项目和数额时应当秉持的基本计算原则是，赔偿数额至少应不低于依照安置补偿方案可以获得的全部征收补偿权益，以体现赔偿诉讼的惩戒性和对被侵权人的关爱与体恤，最大限度地发挥国家赔偿制度在维护和救济因受到公权力不法侵害的行政相对人的合法权益方面的功能与作用。根据《最高人民法院关于适用〈中华人民共和国行政诉讼法〉的解释》第四十七条的规定，在原被告均不能提供有效证据证实违法行为造成的直接损失，且难以对房屋及其他财产损失进行鉴定时，法院可以结合在案证据和实际情况，全面、充分考虑当事人的各项损失，在裁判时机成熟情况下，遵循法官职业道德，运用逻辑推理和生活经验、生活常识等，酌情确定赔偿数额。

第五章　深圳房屋征收与补偿实践问题研究

在前面四章中分析了房屋征收的基础理论，回顾了国家立法的变迁和深圳房屋征收政策的历史，并从立法执行应然性的角度研究了程序与实操中的基本问题。然而，基于我国幅员辽阔，各地发展不平衡以及城镇化过程中产生了诸多问题等现实情况，房屋征收与补偿的实践中往往无法直接适用规范条文，而是需要根据相关立法精神，在遵循实事求是原则的基础上，结合实际情况作出征收和补偿。鉴于"房屋征收项目中的每一个补偿客体的具体补偿标准"以及"被补偿人是谁以及是否可以给予补偿"是房屋征收实际推进工作过程中需要解决的首要问题，本章中，笔者将重点关注的是房屋征收补偿过程中有关核心内容，也是实践中的难点问题——补偿标准、被补偿人、补偿的合法性。

从实践的逻辑来说，完成一项房屋征收补偿工作的核心是与被补偿人签订补偿协议，完成对被补偿客体的补偿。而签订补偿协议的前提是确定被补偿人与补偿标准，这就需要房屋征收部门根据每一个被补偿人的不同身份、每一个补偿客体的不同属性、用途、合法性等多种因素进行相应的判断。本章中，笔者将结合实际案例，仔细研究这些影响补偿标准的相关因素，简言之，综合这些因素以判断补偿客体"怎么补""补给谁""能不能补"的问题。

首先，"怎么补"问题。鉴于根据现行立法的规定，相较于其他一般补偿标准，唯有享有深圳市原村民身份的被征收人在房屋征收补偿中能够享受较为特别的补偿权益,故此,笔者将分析深圳市原村民及相关补偿政策产生的历史原因,即其如何作为原村民享有居住权利的保障,从而成为深圳市城市化进程中重要的组成部分,又如何一步步将建房资格转化为补偿权益;然后进一步探讨"原村民一户一栋"与480平方米补偿权益的关系,以及480平方米这一标准的由来,探讨"一户""一栋""一户一栋"的含义。至于在掌握基础补偿标准后延伸出的"一户多栋""多户一栋"等补偿问题,则通过各种相关案例逐一进行分析研究。另外,除了原村民身份可能影响补偿标准,一些特殊的补偿客体也存在不同的补偿标准及补偿方式,这些也将在本章中一并探讨。

其次,"补给谁"问题。房屋征收补偿工作中,对于已经取得合法产权证书的房屋,补偿对象均清晰明确,故而产生的争议问题较少。较为复杂的问题主要来自未经产权登记的私房建筑,以及通过相关政策进行处理后权属仍不确定的违法建筑。此类补偿对象不明确的情况会导致现实中权属核查工作中存在许多不确定性。

最后,"能不能补"问题。一般而言,违法建筑不具有可补偿性。然而深圳市城市化及土地相关制度改革过程中出现了诸多具有历史时代特色的问题,导致部分违法建筑可能因相关政策转化为合法建筑,或者具有一定的可补偿性,对此就必须结合相应的政策规定,对单个补偿客体的应得补偿进行判断。

围绕上述三个问题,笔者将结合具体依据和案例进行相关分析。除此之外,还将探讨房屋征收实践工作中遇到的其他相关问题,如历史征转土地所遗留下的补偿问题、关于房屋征收模式的思考以及签订完毕补偿协议后仍可能需要面对的"清租"问题。

综上所述,本章将基于房屋征收实践工作中遇到的重点疑难问题,以"判断被补偿人身份""判断被补偿房屋是否适用'原村民一户一栋'补偿标准""确定房屋的权属""确定房屋用途等进一步明确补偿标准""明确补偿标准后签订征收补偿协议""签订征收补偿协议后解决取得被征收房屋实际控制权障碍问题"的基本工作流程为逻辑顺序进行论述。

一、深圳房屋征收补偿中的"原村民"问题

在深圳的房屋征收与补偿实践中,最具"地方特色"的问题当属"原村民

一户一栋”的问题。所谓原村民,特指在城市化后,个人户籍身份“农转非”的农村集体经济组织成员,即由农业户口转为非农业户口,由农村村民转为城市居民。对于这一部分人群来说,其在城市化过程中许多原生权利仍由政府为其保留,因此,在政策及立法上也区分于一般城市居民而赋予其“原村民”的身份。原村民问题主要出现在最早开始城镇化的广东省珠三角地区,又以深圳市为先发。2004 年,深圳市在实现全市范围的城市化转地过程中仍遗留有许多实际补偿问题,其中就包括原农村集体经济组织成员本来因其农村村民身份而享有居住权利,但其在城市化转地后失去了原有的居住权利,因此应当得到相应特别补偿的问题。

正是由于上述背景,在房屋征收中,倘若被补偿人享有“原村民一户一栋”补偿资格,则代表着在同样的补偿客体上,该被补偿人可以获得更多的补偿权益。[①] 故当出现原村民作为被补偿人时,通常情况下均会提出按照“原村民一户一栋”政策进行补偿,这就要求房屋征收部门在判断此标准时需要更加的谨慎。深圳市“原村民一户一栋”的政策至今已经历了二十余年[②]的演化,2004 年深圳市城市化后,相应的补偿政策也出现了不同程度的变迁。为了准确理解“原村民一户一栋”补偿问题,我们需要探究这些演化和变迁的过程与原理,掌握此问题的实质内涵,在此基础上,结合现行立法和政策,更好地分析实践中的相关问题。

(一)“原村民”的时代背景

进一步阐述,“原村民”的诞生主要基于城市化的出现,即可以理解为“原来的村民身份”,而由于原农村城市化后,“原来的村民身份”消失而转化为城镇居民身份,因此称之为原村民,也即“原来属于村民现为城镇居民”之意。那么何为“城市化”? 城市化又称为城镇化,是农村人口转变为城市人口的过程,其实质是农民从农业劳动转为从事工业、商业及其他非农业劳动。[③] 从广义上来说,城市化包括人口素质的提高、城市规划管理的进步、生活质量的提

① 简而言之,对于同样的特定建筑补偿客体,原村民可获得的补偿为 480 平方米的产权调换所对应的权益,而非原村民仅为 150 平方米,具体的详细差距下文中将进行详细对比。

② 深圳市 20 世纪 90 年代已出台通过“原村民一户一栋”资格申请建设建筑的相关政策。

③ 刘凯章:《论农村城市化的内涵特征及其目标取向》,载《特区理论与实践》1995 年第 10 期,第 49 ~ 52 页。

高、基础设施的完善、生态环境的保护、社会经济结构的合理化等6个方面40多项主要内容的变化。[①] 具体而言,人口城市化包括三个层次:第一,在实质方面,其是人口经济活动的转移过程;第二,在表现形式方面,其表现为农村人口转变为城市人口、农业人口转变为非农业人口;第三,在内容方面,其包括社会生产方式的转化、生活方式的转化以及价值观念的转化。[②]

1992年11月11日,国务院批准深圳市撤销宝安县建制设置5个行政区并在经济特区内实施农村城市化的"农转非"计划。2003年10月29日,中共深圳市委、深圳市政府发布了《中共深圳市委深圳市人民政府关于加快宝安、龙岗两区城市化进程的意见》,决定将农村集体经济组织全部成员转化为城市居民,原属于其成员集体所有的土地依法转为国家所有。该意见提出:"改革开放以来,随着全市经济社会的迅速发展,宝安、龙岗两区发生了历史性的巨大变化,工业化水平大大提高,经济结构已经基本实现了由第一产业为主转变为第二、三产业为主,镇村基础设施建设、精神文明建设和社会福利事业有了长足进步,村民基本上已不再从事传统的农业生产。这表明宝安、龙岗两区的经济社会发展已进入了一个新的历史阶段"。在经济管理方面,"新成立的居委会要加强对集体股权的管理和监督,规范其运作,维护所属居民的合法权益。集体股权收益主要用于为原村民购买养老和医疗保险、改善和维护社区公共服务设施以及原村民的福利等方面。股份合作公司股权收益的分配、股权继承等有关事宜由各股份合作公司在法律框架内自行决定。股份合作公司可以依法向全体股东或社会以增发新股、配股等方式募集发展资金,新增股份与原始股份同股同权"。在土地资源方面,"村集体经济组织全部成员转为城市居民的,原属于其成员集体所有的土地依法转为国家所有。从宝安、龙岗两区城市化工作正式启动开始,市、区规划国土部门要集中力量依法对这两区的农村集体土地进行清理,并加大管理力度。具体方案由市规划国土部门提出,报市政府批准后实施。宝安、龙岗两区政府要以科学合理的城市规划为指导,以建设国际化城市为目标,坚持可持续发展,积极推进老工业区和旧村改造,加大城市基础设施建设投入,优化土地资源配置和土地

① 章济宏:《走出对城市化认识的误区》,载《浙江经济》1999年第2期,第54页。

② 向小东:《成都市城市化主题分析》,载《经济体制改革》2000年第S1期,第287~289页。

的合理利用,提高城市建设和管理水平。对非农建设用地(包括村民宅基地和工商用地)未达到市政府规定标准的村委会,国土部门要一次性留足。但必须按照工业进园、农业进基地、住宅进社区的原则,进行统一规划和建设”。

其后,深圳市政府于2004年6月26日发布了《深圳市宝安龙岗两区城市化土地管理办法》。该办法第二条规定:“根据《中华人民共和国土地管理法实施条例》的相关规定,两区农村集体经济组织全部成员转为城镇居民后,原属于其成员集体所有的土地属于国家所有。”

根据上述文件可以看出,从2003年抑或更早开始,深圳市便对原宝安、龙岗两区进行了农村城市化工作,根据深圳市的发展规划及深圳市农民的生活条件和状态,对农村集体及农民从行政管理、经济管理、发展规划、土地资源、市政建设、城市管理、户籍和计划生育、社会保障和劳动就业、学校教育、党建与其他事务各个方面进行了城市化调整,同时,特别明确“村集体经济组织全部成员转为城市居民的,原属于其成员集体所有的土地依法转为国家所有”。

深圳在城市化进程中,通过各种方式保障了农村集体经济组织及农民的相关权利调整,包括给予农村集体非农建设用地指标、给予农民身份城市化后城市居民关于社保、劳动就业、学校教育、公共设施等多方面的生活、工作保障政策等。

(二)“原村民”居住权利的保障

早在1987年1月1日施行的《土地管理法》第三十八条中就规定:“农村居民建住宅,应当使用原有的宅基地和村内空闲地。”第六条第二款规定:“农村和城市郊区的土地,除法律规定属于国家所有的以外,属于集体所有;宅基地和自留地、自留山,属于集体所有。”因此,根据当时的土地管理法律,农村村民已经拥有在集体所有的宅基地上建设住宅的权利。

现行《土地管理法》第四十八条第四款规定:“征收农用地以外的其他土地、地上附着物和青苗等的补偿标准,由省、自治区、直辖市制定。对其中的农村村民住宅,应当按照先补偿后搬迁、居住条件有改善的原则,尊重农村村民意愿,采取重新安排宅基地建房、提供安置房或者货币补偿等方式给予公平、合理的补偿,并对因征收造成的搬迁、临时安置等费用予以补偿,保障农村村民居住的权利和合法的住房财产权益。”这进一步明确了征收土地需要保障农村村民居住的权利。

深圳市人民代表大会常务委员会于2009年6月2日发布并于2019年9月5日修正的《深圳市人民代表大会常务委员会关于农村城市化历史遗留违法建筑的处理决定》第六条规定:“经普查记录的违法建筑,符合确认产权条件的,适当照顾原村民和原农村集体经济组织利益,在区分违法建筑和当事人不同情况的基础上予以处罚和补收地价款后,按规定办理初始登记,依法核发房地产证。”第十二条规定:“对违法建筑拆迁的补偿和补贴,应当遵循尊重历史、公平合理、区别对待的原则,适当照顾原村民和原农村集体经济组织的利益,体现向守法合规者倾斜的精神。具体补偿和补贴办法由市政府另行制定。经处理确认产权的违法建筑,因实施城市规划、旧城(村)改造、公共基础设施建设等公共利益需要拆迁时,依法予以补偿。经普查记录的违法建筑,除经处理确认产权或者未申报的外,位于原农村非农建设用地红线内或者位于原农村非农建设用地红线外但建设行为发生于农村城市化之前且由原村民或者原农村集体经济组织兴建的,依法拆迁时,给予适当补贴。”第十三条规定:“原村民所建非商品住宅未超过‘两规’最低控制标准的,在实施相关改造、拆迁时,应当给予政策优惠。具体办法由市政府另行制定。”

从上述相关规定可看出,原农村集体经济组织成员拥有在集体所有的宅基地上建设符合一定标准住宅的权利。对于该居住权利,在征收时应当给予倾斜性保障,区别于其他房屋和土地。这也正是为什么在深圳市的房屋征收工作中具有原村民身份的被征收人能够获得高于其他身份被征收人补偿标准的原因。换言之,原村民身份平时是建房资格问题和建房标准问题,遇到征收时则转换成了补偿标准问题。

(三)“原村民”房屋征收补偿权益标准问题

1.“原村民一户一栋”建房资格

根据我国现行的农村土地集体所有制和宅基地制度,[①]村民享有居住保障的权利,其可获得对应居住用途的土地使用权以建设住宅房屋,大部分情况下实施的是达到一定条件即可向村集体自治管理组织申请土地使用权以

① 具体体现在《宪法》《民法典》《土地管理法》和各地关于宅基地的立法及规范性文件之中。

建造自己的住宅房屋的制度,而这一条件又大多表现为“自立门户”或以“成家”即结婚为最主要的具体表现。换言之,在大部分情况下,农村集体中的成员只要达到成家、自立的条件,就自动获得能够在居住方面受到保障的权利。而这些供村民成员自建私宅房屋的土地,现在大多称为“宅基地”,随着土地管理改革的发展,也出现了如“非农建设用地”中的“非农居住用地”等名称。

1993 年 1 月 1 日,宝安县正式撤县建区,原宝安县被划分为宝安、龙岗两区,以此为契机,深圳市第一次针对农村集体土地利用和管理问题出台了规范性文件。1993 年 7 月 14 日,深圳市人民政府发布施行《深圳市宝安、龙岗区规划、国土管理暂行办法》,该办法依据当时宝安区及龙岗区经济发展的实际状况,将两区的土地划分为城市规划建成区内及城市规划建成区外两个部分。其中,深圳市规划国土部门派出机构负责对城市规划建成区内的土地实行统一征用,转为国有土地;而城市规划建成区外的土地仍属于集体土地。该规定同时对原非农建设用地的使用管理做出了规定,即确定了原非农建设用地的用途和划定标准。根据该标准,非农建设用地分为工商用地、住宅用地和公共设施用地(公建用地),这是深圳市历史上首次较为明确地在规范性文件中划定非农建设用地。

2003 年 10 月 29 日,中共深圳市委、深圳市政府发布《关于加快宝安、龙岗两区城市化进程的意见》,全面推进深圳市关外两区的城市化进程。文件中规定原属于其成员集体所有的土地依法转为国家所有。同时,市、区原规划国土部门要集中力量依法对两区的农村集体土地进行清理,加大管理力度,具体的方案由原市规划国土部门提出,报市政府批准实施。为解决转地后原集体经济发展,转地后仍保留原非农建设用地。

2005 年 4 月 19 日,深圳市政府发布《深圳市宝安龙岗两区城市化原非农建设用地划定办法》(深府〔2005〕65 号),进一步明确了“原非农建设用地中居住用地按核定未建房户用地单独划地”及“固本强基”用地、征地返还用地、“同富裕”和“扶贫奔康”用地的相关用地政策等。此阶段非农建设用地的划定是以 2005 年公安局公布的户籍人口数据为准按上述标准进行划定。

通过上述文件中关于原村民居住用地即非农建设用地中的非农居住用地的规定,可以看出深圳市在城市化过程中,随着土地改革、制度改革的不断深化和完善,对于原村民居住权利的保障形式虽有变更,却依旧秉承以原村民户为基本单位设计与落实保障制度,即原村民享有以户为单位的建房权利。

2."原村民一户一栋"建房标准

前面提到,在深圳市原先的农村集体经济形态下,原村民独立成户后便有权申请建设私宅的建设用地。不过,建设用地的用地面积与所建设私宅的建筑面积均需要受到一定的限制,其中关于建筑面积的限制就是"480 平方米"。

《深圳市宝安龙岗两区城市化土地管理办法》第十四条规定:"继受单位和个人非农建设用地按下列标准予以确定:……(二)居住用地,按 100 平方米/户计算,建筑面积不超过 480 平方米……本条涉及的户籍户数、人口数以批准两区镇村建制转变之日的户籍数和人口数为准。"该规定首次明确了宝安、龙岗两区的原村民个人居住用地的建筑面积标准为 480 平方米。

此外,深圳市政府于 2006 年 6 月 19 日发布并施行的《深圳市原村民非商品住宅建设暂行办法》(深府〔2006〕105 号)第四条第一项规定:"原村民居住用地的基底面积不超过 100 平方米,住宅建筑面积不得超过 480 平方米;符合原农村宅基地或者非农建设用地标准的停止施工的建筑物,建筑面积超过 480 平方米的必须按现有高度封顶,不得加建;已建建筑面积超过 480 平方米的,按照有关法律、法规规定予以罚款、没收或者限期拆除。"如此,在住宅建筑面积不得超过 480 平方米的基础要求上,又进一步明确对于超过 480 平方米部分的处理方式。

根据上述两个文件,结合前文中对申请建设用地的原村民户的论述,可以看出对于原村民申请建房的标准为:"每一户原村民户可申请一块居住用地建设一栋建筑面积不超过 480 平方米的私宅房屋。"此即为"原村民一户一栋"建设标准。

不过,历史证明,深圳市城市化过程中对于土地的征转所采取的方式引起了原村民的担忧和顾虑。法律上的"土地国有化"并不意味着深圳市城市化的实际实现,事实上,在"转地"后,由于历史遗留的违法用地以及土地管理制度的相对滞后和不完善,一部分在法律上转变了身份的土地仍掌握在原村民和原农村集体经济组织手中,一些原村民和少数外来人员在经济利益驱动下开始进行“种房保地”等违法建设，形成大量违法用地和违法建筑。尽管深圳市委、市政府要求“要坚决防止抢建现象，防止出现新的‘城市病’和‘后遗症’”，但相关数据表明，深圳市 2003 年和 2004 年出现了违法建筑的高峰。[①]

为了部分解决上述问题，严格管控原村民的建房行为，除了前述《深圳市原村民非商品住宅建设暂行办法》，在此期间，深圳市还陆续发布了各项规定来处理此类违法建筑，后文中将会论及。同时，结合深圳市本身城市化的进展，深圳市政府于 2004 年 10 月 22 日发布《深圳市城中村（旧村）改造暂行规定》（深府〔2004〕177 号），对旧村和城中村进行改造，以此在物理上实现其城市化，而在这些改造项目中，鉴于需要对原村民居住权利进行特殊的保障，“一户一栋”从原村民建房资格权利逐渐地转换成了原村民补偿权益。相应地，“一栋”也开始衍生出了更多的内涵，除了最早代表一户原村民仅能建设一栋房屋的含义外，也成为了原村民 480 平方米补偿权益的“基础”，并促使了“一户一栋”从原村民建房资格权利到原村民补偿权益转换的最终完成。

3.“原村民一户一栋”补偿权益

《深圳市房屋征收与补偿实施办法（试行）》第二十五条第三款规定，根据《深圳经济特区处理历史遗留违法私房若干规定》和《深圳经济特区处理历史遗留生产经营性违法建筑若干规定》（以下统称“两规”）、《深圳市人民代表大会常务委员会关于农村城市化历史遗留违法建筑的处理决定》（以下简称《决定》）及其配套政策处理取得非商品性质房地产权证书的住宅房屋，以住宅房屋的房地产权证书为产权调换基本单位，按照下列规定进行补偿：(1)符合原村民非商品住宅建设用地标准的，不超过建筑面积 480 平方米的部分给予产权调换，超出部分按照本办法附件有关规定给予货币补偿。所建房屋建筑面积未达到 480 平方米的，可按照建筑面积 480 平方米给予产权调换，差额部分面积由被征收人按产权调换房屋的成本价购足；被征收人选择货币补偿的，以建筑面积 480 平方米的标准计算被征收房屋的价值，扣减 10% 的公告基准地价后予以补偿。(2)被征收人为非原村民的，不超过建筑面积 150 平

① 钟澄、黄建新：《深圳市农村城市化历史遗留违法建筑沿革、现状与对策研究》，中国政法大学出版社 2013 年版，第 27 页。

方米的部分给予产权调换;被征收人选择货币补偿的,按照被征收房屋的价值扣减10%的公告基准地价予以补偿。超出部分按照本办法附件有关规定给予货币补偿。

根据上述规定,在房屋征收补偿工作中,被征收人房屋符合原村民非商品住宅建设用地标准的,可以享有更好的补偿权益。该规定实际上对应了两种情形,即对于符合原村民非商品住宅建设用地标准的特定房屋,拥有以480平方米为标准的特定补偿权益:第一,如果房屋建筑面积超过480平方米,则对于480平方米以内建筑面积可给予产权调换,对于480平方米以外建筑面积给予货币补偿;第二,如果房屋建筑面积未达到480平方米,此时被征收人仍可选择产权调换,未足480平方米部分面积可以成本价购足,同时亦可选择货币补偿,补偿的标准同样是480平方米而非房屋的实际建筑面积。

从上述《深圳市房屋征收与补偿实施办法(试行)》第二十五条的规定可以看出,对于满足条件的,原村民所建建筑面积480平方米以外的部分可以获得货币补偿,然而,由于480平方米是"合法可建设权益",因此,480平方米以内所对应的补偿权益标准理应高于480平方米以外的部分。在原村民对480平方米以内部分选择货币补偿方式时,该货币补偿的单价也应当高于以外部分。为了实现这一保障,《深圳市房屋征收与补偿实施办法(试行)》提出了"置业补助"。

《深圳市房屋征收与补偿实施办法(试行)》第二十六条前三款规定:"对被征收房屋价值的补偿,不得低于房屋征收决定公告之日被征收房屋类似房地产的市场价格。被征收房屋的补偿价格由具有相应资质的房地产价格评估机构依法评估确定,但本办法另有规定除外。市房屋征收部门发布房屋征收补偿基准价格。被征收房屋的价值以房地产价格评估机构评估确定的价格或者房屋征收补偿基准价格确定。住宅房屋的被征收人选择货币补偿,但被征收房屋经评估的补偿价格低于该房屋在产权调换情况下本次房屋征收提供的所有产权调换房屋的平均市场评估价格的,房屋征收部门应当将该价差部分作为置业补助支付给被征收人。"

根据该条规定,房屋征收给予货币补偿的标准系基于"房地产价格评估机构评估确定的价格或者房屋征收补偿基准价格"确定,而可以确定的是,因大部分被征收房屋的陈旧程度、建筑材质等因素，评估价格及房屋征收补偿基准价格都将远远低于“产权调换”所对应房屋即回迁安置房的价值。因此，第三款关于“置业补助”的规定应理解为在“被征收房屋经评估的补偿价格低于该房屋在产权调换情况下本次房屋征收提供的所有产权调换房屋的平均市场评估价格”的前提下，即在被征收房屋的评估价格低于产权调换对应回迁安置房的市场评估价格的前提下，被征收人选择货币补偿的，为保证产权调换与货币补偿的补偿权益的对等一致，对价差部分以置业补助形式进行补偿。简言之，当被征收房屋价值低于产权调换房屋价值时，被征收人的房屋在可以选择产权调换的前提下选择了货币补偿，其得到的货币权益应当等同于产权调换房屋的价值权益。需要再次强调的是，此处货币补偿中置业补助出现的前提，必须是在可以选择产权调换的前提下选择了货币补偿，也就是原村民符合原村民非商品住宅建设用地标准所建房屋对应 480 平方米产权调换的特定权益。

再结合《深圳市房屋征收与补偿实施办法（试行）》第二十五条关于被征收人为非原村民的补偿规定：“……被征收人为非原村民的，不超过建筑面积 150 平方米的部分给予产权调换；被征收人选择货币补偿的，按照被征收房屋的价值扣减 10% 的公告基准地价予以补偿。超出部分按照本办法附件有关规定给予货币补偿。……”可看出对于非原村民仅仅给予 150 平方米的产权调换权益。

在此，可以通过一个案例进行理解。

Z 先生系深圳市 M 村原村民，其于 M 村内有一处私宅已按“两规”进行处理，私宅实际建筑面积为 200 平方米。现该私宅遇到房屋征收，该私宅房屋对应的房屋征收补偿基准价格为每平方米 10,000 元，房屋征收项目提供的产权调换房屋的平均市场评估价格为每平方米 20,000 元，产权调换房屋的成本价为每平方米 5000 元。在此案例中，如 Z 先生选择产权调换，那么应当给予其 480 平方米的产权调换，其中超过被征收房屋实际建筑面积部分即 280 平方米（$480-200=280$ 平方米），需补成本价即 140 万元（$5000\times280=1,400,000$ 元），则 Z 先生支付 1,400,000 元后所得到的补偿权益为 480 平方米的安置房，换算成价值即 820 万元（$20,000\times480-1,400,000=8,200,000$ 元）；如果 Z 先生选择货币补偿，那么，直接以建筑面积 480 平方米的标准计算被征收房屋的价值，扣减10%的公告基准地价后予以补偿。同时，其对应的情形为能够选择产权调换而选择了货币补偿，因此应当给予相应的置业补助补足价差，而根据置业补助的定义实为补足被征收房屋价值与产权调换房屋价值的价差，则此时Z先生实际得到的货币补偿应等同于选择480平方米产权调换房屋的价值，即同样是8,200,000元，而8,200,000元与480平方米被征收房屋价值补偿[①]之间的差价，即为置业补助。[②] 由此可以看出，"置业补助"这一项补偿的设置，就是为了平衡符合"原村民一户一栋"补偿政策的被征收人的利益，确保其在能够选择产权调换的范围内，无论是选择产权调换方式还是货币补偿方式，最终得到的补偿价值是一致的。

简单总结来说，"原村民一户一栋"之"480平方米补偿权益"就是指对于同样符合标准的私房建筑而言，如果符合"原村民一户一栋"政策的，可以给予480平方米的产权调换的权益，而此产权调换而来的480平方米安置房的价值，是要远大于不能产权调换时所得到的补偿价值。还以上述案例中的Z先生为例，由于他符合"原村民一户一栋"补偿政策，因此虽然他的房屋仅有200平方米，但他可以获得480平方米的补偿权益，对应价值为8,200,000元。反之，如果他不符合的话，可以获得的补偿价值就仅有200平方米房屋所对应的实际价值，即$20,000 \times 200 = 4,000,000$元。

4."原村民一户一栋"补偿权益的政策立法变迁

按照对原农村集体经济制度以及立法的相关理解，一户原村民有权申请一处居住建设用地建设一栋私宅。然而实际中，由于前文提到的历史违法建筑问题，被征收人可能存在不只拥有一栋私宅的情形，正是因为这个超出一栋的数量问题，为深圳市的房屋征收补偿工作带来了诸多衍生问题。在20世纪90年代，深圳市主要政策中仅认可"唯一一栋"的合法性，后续的征收补偿政策同样秉持的是仅对符合"唯一一栋"的被征收人进行原村民480平方米权益补偿的原则，具体规定如下：

1993年11月9日施行的《深圳市人民政府关于处理深圳经济特区房地

---

① 约为$480 \times 10,000$再扣减10%的公告基准低价。

② 实践中需要结合相关评估规则进行估算，而本案例仅为了作出大概演示，其中的补偿数额属于简化处理后的数额，与实际估算过程存在一定差距。

产权属遗留问题的若干规定》第十四条中规定："已建成的私人房屋，原村民每户（分户以特区农村城市化时公安机关登记的为准）只能选择一幢房办理房地产登记发证手续，多余房屋待后依法处理。"

2007 年 3 月 15 日施行的《深圳市公共基础设施建设项目房屋拆迁管理办法》第三十五条规定："拆迁纳入原农村历史遗留问题处理范围的违法私房和生产经营性房屋，符合《深圳经济特区处理历史遗留违法私房若干规定》《深圳经济特区处理历史遗留生产经营性违法建筑若干规定》及市政府有关规定处理条件的，或者已经过处理、并确认产权的，按下列规定给予补偿：（一）符合原村民非商品住宅建设标准与人口资格标准的住宅，被拆迁房屋建筑面积不超过 480 平方米的部分，按'拆一补一'原则进行产权调换或者给予商品房交易均价的货币补偿；超过 480 平方米的部分，按市场评估价格给予货币补偿……"

2013 年 5 月 1 日施行的《深圳市房屋征收与补偿实施办法（试行）》（深圳市人民政府令第 248 号）第二十五条第二、三款规定："以非商品性质住宅房屋进行房屋产权调换的，其所调换房屋的产权仍受相应限制。符合相关规定的，被征收人可以补交规定差价后转为商品性质。根据《深圳经济特区处理历史遗留违法私房若干规定》、《深圳经济特区处理历史遗留生产经营性违法建筑若干规定》（以下简称'两规'）及其配套政策处理取得非商品性质房地产权利证书的住宅房屋，以住宅房屋的房地产权利证书为产权调换基本单位，按照下列规定进行补偿：（一）符合原村民非商品住宅建设用地标准（一户一栋政策）的，不超过建筑面积 480 平方米的部分给予产权调换，超出部分按照本办法附件有关规定给予货币补偿；（二）被征收人为非原村民的，不超过建筑面积 100 平方米的部分给予产权调换，超出部分按照本办法附件有关规定给予货币补偿。"第三十三条规定："房屋征收范围内未经产权登记的建筑，属于《深圳市人民代表大会常务委员会关于农村城市化历史遗留违法建筑的处理决定》（以下简称《决定》）第二条规定范围，已经申报但尚未进行处理的，按照下列规定进行补偿：（一）符合'两规'处理条件但尚未处理的，根据'两规'及其配套政策确定其可以获得的产权状况，扣减其补办处理手续的地价、罚款后予以补偿。可获得非商品性质产权的住宅房屋，以栋为产权调换基本单位，可以参照本办法第二十五条第三款规定给予补偿；（二）符合原村民非商品住宅建设用地标准（‘一户一栋’政策）的农村城市化历史遗留违法建筑，不超过建筑面积480平方米的部分按照商品性质房屋扣减10%的公告基准地价后予以补偿，超出480平方米的部分给予建筑物重置价补偿……对未经申报或者经规划国土部门审查属于依法应当拆除或者没收的农村城市化历史遗留违法建筑，不予补偿。”

根据上述规定，可以看出在上述文件发布的年代，只有对已按照“两规”规定取得非商品性质房地产权利证书的住宅房屋，才能进行以480平方米为限的产权调换，[①]而且产权调换的方式为“拆一补一”——拆除多少面积就补偿调换多少面积，即产权调换面积仅限于已建的实际面积，并未提到未建足480平方米的部分如何补偿，即未有关于补足480平方米补偿权益的说法。

随后，在2014年4月1日施行的《〈深圳市人民代表大会常务委员会关于农村城市化历史遗留违法建筑的处理决定〉试点实施办法》（深圳市人民政府令第261号）第五十六条规定：“对原村民所建符合原村民非商品住宅政策、无超建或者无一户多栋情形的住宅类建筑，在实施相关改造、搬迁时，应当给予以下政策优惠：（一）未达到原村民非商品住宅政策最高控制标准的，依法实施产权调换时，允许在补足建设成本的前提下按照最高控制标准进行产权调换；（二）采用货币补偿的，按照市场评估价实施补偿，被搬迁改造建筑物建筑面积低于改造、搬迁相关决定发布年度本市人均居住建筑面积的，以本市人均居住建筑面积为基准计算货币补偿的建筑面积，不再结算差价；（三）市政府规定或者批准的其他政策优惠措施。”

《〈深圳市人民代表大会常务委员会关于农村城市化历史遗留违法建筑的处理决定〉试点实施办法》相对之前的文件，对于“原村民一户一栋”未建足480平方米的部分，提出“允许在补足建设成本的前提下按照最高控制标准进行产权调换”，即在补足建设成本的前提下可以获得480平方米的补偿权益。同时，也对之前文件中的“一户一栋”概念进行了进一步的明确，使用了“原村民所建符合原村民非商品住宅政策、无超建或者无一户多栋情形的住宅类建筑”的表述。可以看出，在当时要想满足未达到原村民非商品住宅

---

① 前文中已就产权调换与货币补偿的相关问题进行过分析，得出的结论是，一般而言，产权调换的权益要远高于货币补偿。

政策最高控制标准(480平方米)时,可按照480平方米的标准进行产权调换的前提条件是,原村民所建房屋严格限定在一栋范围内且建筑面积不得超过480平方米。

因此,此后深圳市一些区在具体执行这一政策时,提出"未建足480平方米住宅房屋补偿安置补偿标准执行需以被征收人该处房屋为只有唯一一处私宅作为前置条件"的规定,即要求只有当被征收房屋为被征收人唯一一栋私宅房屋时才能享受"原村民一户一栋"480平方米的补偿权益。鉴于不少私宅缺少有效登记,部分区还要求被征收人承诺在将来如发现被征收人存在第二处私宅要求补偿,被征收人必须退回此前已获得的480平方米的补偿权益。总言之,在此阶段,严格要求获得"原村民一户一栋"480平方米的补偿权益的前提条件是,符合原村民非商品住宅政策、无超建或者无一户多栋情形即"唯一一栋"。

或许是因为前文所提到的违建之风盛行导致真正的"一户一栋"很少,使补偿工作无法按照规定顺利开展,又或许是立法者对深圳市城市化土地房产管理问题研究过程中对私宅和违建处理的态度有所转变,2016年12月23日正式施行的《深圳市房屋征收与补偿实施办法(试行)》进行了变革性的规定,该办法在第二十五条中明确规定:"……符合原村民非商品住宅建设用地标准的,不超过建筑面积480平方米的部分给予产权调换,超出部分按照本办法附件有关规定给予货币补偿。所建房屋建筑面积未达到480平方米的,可按照建筑面积480平方米给予产权调换,差额部分面积由被征收人按产权调换房屋的成本价购足……"至此,480平方米的补偿权益正式从原村民的建房标准,转换成一个在房屋征收中"提现"的补偿标准。

同时,《深圳市房屋征收与补偿实施办法(试行)》第三十三条规定:"……符合原村民非商品住宅建设用地标准且超出480平方米的部分以及不符合原村民非商品住宅建设用地标准的多栋部分,按照本办法附件有关规定给予货币补偿……。"此处首次提到"多栋"的概念,相当于承认了"原村民一户一栋"之外私宅房屋可获得相应补偿权益。这也意味着,《深圳市房屋征收与补偿实施办法(试行)》相较于之前的征收补偿政策,最重要的改变在于承认了对480平方米外的建筑面积,不再严格要求唯一一栋作为"原村民一户一栋"补偿资格的前提。

关于上述各时期的文件对于“原村民一户一栋”补偿的变迁情况，我们可以从表2的对比和解读中进行较为直观的感受和理解。

表2 各时期对“原村民一户一栋”补偿规定对比

依据	条文规定	条文解读
1993年11月9日施行的《深圳市人民政府关于处理深圳经济特区房地产权属遗留问题的若干规定》	第十四条规定：已建成的私人房屋，原村民每户（分户以特区农村城市化时公安机关登记的为准）只能选择一幢房办理房地产登记发证手续，多余房屋待后依法处理	每户只能选择一栋房屋登记发证，多余房屋依法处理。即仅承认一栋的合法性
2007年3月15日施行的《深圳市公共基础设施建设项目房屋拆迁管理办法》（深圳市人民政府令第161号）	第三十五条规定：拆迁纳入原农村历史遗留问题处理范围的违法私房和生产经营性房屋，符合《深圳经济特区处理历史遗留违法私房若干规定》、《深圳经济特区处理历史遗留生产经营性违法建筑若干规定》及市政府有关规定处理条件的，或者已经过处理、并确认产权的，按下列规定给予补偿：（一）符合原村民非商品住宅建设标准与人口资格标准的住宅，被拆迁房屋建筑面积不超过480平方米的部分，按“拆一补一”原则进行产权调换或者给予商品房交易均价的货币补偿；超过480平方米的部分，按市场评估价格给予货币补偿……	对于建筑面积在480平方米内，未足480平方米的，强调“拆一补一”；对未建足部分建筑面积未提及补偿事宜
2013年5月1日施行的《深圳市房屋征收与补偿实施办法（试行）》（深圳市人民政府令第248号）	第二十五条规定：……以非商品性质住宅房屋进行房屋产权调换的，其所调换房屋的产权仍受相应限制。符合相关规定的，被征收人可以补交规定差价后转为商品性质。 根据《深圳经济特区处理历史遗留违法私房若干规定》、《深圳经济特区处理历史遗留生产经营性违法建筑若干规定》（以下简称“两规”）及其配套政策处理取得非商品性质房地产权利证书的住宅房屋，以住宅房屋的房地产权利证书为产权调换基本单位，按照下列规定进行补偿：（一）符合原村民非商品住宅建设用地标准（一户一栋政策）的，不超过建筑面积480平方米的部分给予产权调换，超出部分按照本办法附件有关规定给予货币补偿……	对于建筑面积在480平方米内的，与《深圳市公共基础设施建设项目房屋拆迁管理办法》基本相同，480平方米外的货币补偿有了具体的规定而不再是按市场评估价格

续表

依据	条文规定	条文解读
	第三十三条规定：房屋征收范围内未经产权登记的建筑，属于《深圳市人民代表大会常务委员会关于农村城市化历史遗留违法建筑的处理决定》（以下简称《决定》）第二条规定范围，已经申报但尚未进行处理的，按照下列规定进行补偿：（一）符合“两规”处理条件但尚未处理的，根据“两规”及其配套政策确定其可以获得的产权状况，扣减其补办处理手续的地价、罚款后予以补偿。可获得非商品性质产权的住宅房屋，以栋为产权调换基本单位，可以参照本办法第二十五条第三款规定给予补偿；（二）符合原村民非商品住宅建设用地标准（一户一栋政策）的农村城市化历史遗留违法建筑，不超过建筑面积 480 平方米的部分按照商品性质房屋扣减 10% 的公告基准地价后予以补偿，超出 480 平方米的部分给予建筑物重置价补偿；……对未经申报或者经规划国土部门审查属于依法应当拆除或者没收的农村城市化历史遗留违法建筑，不予补偿	根据“两规”规定已申报但尚未进行处理的私宅房屋，可参照上述第二十五条的标准进行补偿。同时，规定了未经申报的历史遗留违法建筑，不予补偿
2014 年 4 月 1 日施行的《〈深圳市人民代表大会常务委员会关于农村城市化历史遗留违法建筑的处理决定〉试点实施办法》（深圳市人民政府令第 261 号）	第五十六条规定：对原村民所建符合原村民非商品住宅政策、无超建或者无一户多栋情形的住宅类建筑，在实施相关改造、搬迁时，应当给予以下政策优惠：（一）未达到原村民非商品住宅政策最高控制标准的，依法实施产权调换时，允许在补足建设成本的前提下按照最高控制标准进行产权调换；（二）采用货币补偿的，按照市场评估价实施补偿，被搬迁改造建筑物建筑面积低于改造、搬迁相关决定发布年度本市人均居住建筑面积的，以本市人均居住建筑面积为基准计算货币补偿的建筑面积，不再结算差价；（三）市政府规定或者批准的其他政策优惠措施	对于“原村民一户一栋”唯一一栋情形的，建筑面积在 480 平方米内不足 480 平方米的，不足部分可以补足建设成本后进行 480 平方米的产权调换

续表

依据	条文规定	条文解读
2016年12月23日施行的《深圳市房屋征收与补偿实施办法(试行)》(深圳市人民政府令第292号)	第二十五条规定:根据《深圳经济特区处理历史遗留违法私房若干规定》、《深圳经济特区处理历史遗留生产经营性违法建筑若干规定》(以下简称"两规")、《深圳市人民代表大会常务委员会关于农村城市化历史遗留违法建筑的处理决定》(以下简称《决定》)及其配套政策处理取得非商品性质房地产权证书的住宅房屋,以住宅房屋的房地产权证书为产权调换基本单位,按照下列规定进行补偿:(一)符合原村民非商品住宅建设用地标准的,不超过建筑面积480平方米的部分给予产权调换,超出部分按照《实施办法》附件有关规定给予货币补偿。所建房屋建筑面积未达到480平方米的,可按照建筑面积480平方米给予产权调换,差额部分面积由被征收人按产权调换房屋的成本价购足;被征收人选择货币补偿的,以建筑面积480平方米的标准计算被征收房屋的价值,扣减10%的公告基准地价后予以补偿……	对于按照"两规"处理取得非商品性质房地产权证书的住宅房屋,符合"原村民一户一栋"的,未建足480平方米可以成本价购足后进行480平方米的产权调换,超过部分进行货币补偿
	第三十三条规定:房屋征收范围内未经产权登记的建筑,属于《决定》第二条规定范围,尚未进行处理的,按照下列规定进行补偿:(一)原村民所建的住宅类建筑,符合原村民非商品住宅建设用地标准的,不超过建筑面积480平方米的部分可参照《实施办法》第二十五条第三款第(一)项的规定给予产权调换或者货币补偿。符合原村民非商品住宅建设用地标准且超出480平方米的部分以及不符合原村民非商品住宅建设用地标准的多栋部分,按照本决定附件有关规定给予货币补偿……	对比2013年《深圳市房屋征收与补偿实施办法(试行)》的规定,不仅是针对按照"两规"规定已登记的房屋,而是放宽到征收范围内所有未经产权登记的私宅房屋。同时,增加对于"多栋"部分的补偿规定

5."两规"的规定

根据2013年《深圳市房屋征收与补偿实施办法(试行)》第二十五条的规定,享受480平方米补偿权益的前提条件之一是被征收房屋已取得按照"两规"规定处理的房产证书。此处的"两规"是深圳市政府在2001年和2002年出台的关于对历史遗留的违法建筑处理的两个文件,主要内容是规定哪些违法建筑不予以确权,哪些可以确权以及确权的条件。在深圳市历史遗留违法建筑处理以及房屋征收补偿政策的变迁史上,"两规"扮演着"承上启下"的角色。如前文所提到的,虽然深圳市在政策和立法上对原村民居住权利进行了保障,但在原村民申请居住用地及建设私宅的具体实施过程中,在早期出现了较多制度不完善、监管不到位的问题,以至于出现了大量未经产权登记的私宅及违建、抢建的违法建筑,因此,真正符合上述"唯一一栋"情形的少之又少。后续为了处理这些私宅及违法建筑,深圳市进行了长期的摸索与改革。而在这漫长的处理过程中,首先要做的是为"合法"私宅正名,于是"两规"就应运而生,[①]为违法建筑指明了一条"出路",即1999年2月26日《深圳市人民代表大会常务委员会关于坚决查处违法建筑的决定》实施之前的特定违法私房和生产经营性用房,可以在按照一定标准补交地价和罚款后,进行确权。

"两规"中的《深圳经济特区处理历史遗留违法私房若干规定》第五条规定:"除本规定第四条第一款所列情形外,违法私房按以下规定处理:(一)原村民在原农村用地红线内所建违法私房符合一户一栋原则、总建筑面积未超过480平方米且不超过四层的,免予处罚,由规划国土资源部门确认产权。建房者申请补办确认产权手续时,应补签土地使用权出让合同,免缴地价。……"第十条第一款规定:"依照本规定可确认产权的违法私房,建房者按本规定补办有关手续,接受处理后,房地产登记机关应当按照《深圳经济特区房地产登记条例》规定的时限确认产权,发放房地产证书。"

根据上述条款可以看出,村民在原农村用地红线内所建违法私房符合一户一栋原则、总建筑面积未超过480平方米且不超过四层的,可以申请补办确认产权手续,取得房地产证书。因此,在"两规"出台后,深圳市各地开展了以原农村集体经济组织为单位的排查统计私宅等无产权登记建筑情况工作,该类建筑持有人需到所在街道办事处进行初步的申报登记,后续再依规定补交地价或缴交罚款,取得相应的房地产证书,而这类房地产证书因证书封面颜色的缘故一般被称为"绿本"房产证。[②] 在取得这类"绿本"房产证之后,被

① 实际上关于私宅违建处理的法律法规及规范性文件繁多,但此处的重点在于讨论房屋征收实践工作,因此仅提一下实践工作中经常出现的"两规"登记制度的由来及内容等。

② 实际上,由于存在其他途径取得的"绿本"房产证,所以直接称为"绿本"房产证并不完全准确,在房屋征收补偿工作中仍需要加以区分。

征收人就可通过2013年的《深圳市房屋征收与补偿实施办法(试行)》第二十五条的相关规定获得相应的补偿权益。

综上所述,我们可以从一系列的立法中看出,在房屋征收补偿工作中,“原村民一户一栋”即原村民所特有的补偿标准。然而,在房屋征收补偿工作实践中,认定被征收人是否具备“原村民一户一栋”补偿资格,绝非简单地将立法规范直接适用,以下将展开分析实践中遇到的疑难问题。

(四)深圳“原村民一户一栋”实践问题

1.深圳“原村民”身份的认定

(1)相关立法和政策的规定

2006年发布的《深圳市原村民非商品住宅建设暂行办法》对原村民的身份认定、建房标准作出了详细规定,该暂行办法第四条规定:“原村民是指公安机关登记在册(特区内截止1993年1月1日、特区外截止2003年10月29日)并参加本村劳动分红的农村集体经济组织成员;按照每户原村民划定原农村宅基地或者非农建设用地标准中的一户,是指原村民的户籍单位。原村民中年满30周岁未婚的(特区内截止1993年1月1日、特区外截止2004年3月31日)可认定为一户。”

从上述规定中可以看出,关于原村民的具体定义包括:

第一,原村民的定义:公安机关登记在册(特区内截止1993年1月1日、特区外截止2003年10月29日)并参加本村劳动分红的农村集体经济组织成员;第二,原村民“一户”的定义:以户籍单位划分,其中又有如在城市化转地时年满30周岁且未婚、未从原户籍单位独立出来的,可视为一户。对原村民“一户”的概念主要可理解为以下三种情形:一是于城市化转地节点前(经济特区内截至1993年1月1日、经济特区外截至2003年10月29日)公安部门已登记在册分户且已婚的原村民家庭;二是于城市化转地节点前(经济特区内截至1993年1月1日、经济特区外截至2003年10月29日)已婚但未到公安部门办理分户手续的原村民家庭;三是于城市化转地节点前(经济特区内截至1993年1月1日、经济特区外截至2003年10月29日)年龄已满30周岁的未婚原村民,均可认定为一户。

（2）“原村民”身份认定的实践问题

如前所述，在深圳市具体房屋征收补偿的实践中，由于原村民身份即意味着额外的补偿权益，因此，补偿工作中首要进行认定的是被征收人是否为原村民。尽管对于原村民身份的认定已有相关规范规定，但现实中会衍生出比规范文字更复杂的问题，往往无法通过简单、直接适用规范得出答案。

①原村民身份认定时间节点问题

“原村民是指公安机关登记在册（特区内截止 1993 年 1 月 1 日、特区外截止 2003 年 10 月 29 日）并参加本村劳动分红的农村集体经济组织成员”的规范仅对于原村民的初始状态进行了规定，即于经济特区内 1993 年 1 月 1 日、特区外 2003 年 10 月 29 日之前登记在册，并未对此后是否需要一直登记在册作出明确规定，那么，如果是于 1993 年 1 月 1 日、2003 年 10 月 29 日之前登记在册，但该时间点后又发生了户籍迁出情形的，是否仍然能认定为原村民呢？此外，上述暂行办法对于“参加本村劳动分红”是否需要一直参与也未作明确规定。在此试举一例说明由于该规范不明确产生的问题。

Z 女士原为深圳市原经济特区外 A 村村民，2003 年 10 月 29 日前户籍一直登记在 A 村且参加 A 村劳动分红，有一处自建房屋位于 A 村内。按照规定 Z 女士属于原村民。由于历史原因，Z 女士结婚时与丈夫户籍并未合并，其丈夫户籍所在地位于惠州市。2015 年，出于政策等原因 Z 女士将户籍迁往惠州市其丈夫处。2016 年，Z 女士位于 A 村之房屋要进行房屋征收。此时，是否可以认定 Z 女士为原村民，并对其 A 村的房屋以原村民的政策进行补偿呢？

对于上述问题存在不同的理解。一种观点认为，就字面意思而言，满足在时间节点前登记在册并参加劳动分红的农村集体经济组织成员即可认定为原村民，而深圳市于 2004 年已完成了城市化，其后不再出现农村集体经济组织及成员，“劳动分红”的定义也应当发生转变，[①]从此角度可认为，满足时间节点前一直“登记在册”与“参加本村劳动分红”这两点条件即可，时间节点后两条件发生变化并不影响原村民身份。因此，上述案例中的 Z 女士应符合原村民身份。另一种观点认为，条文中规定的是“并参加本村劳动分红的农村集体经济组织成员”，则符合原村民身份必然要求在认定节点之时，其仍

① 其后大多表现为集体股份公司的分红，在此不赘述。

然属于该原农村集体经济组织或后续农村集体经济组织继受单位的成员，一旦发生户籍的迁出或者不再享受劳动分红的情形，均无法被认定为原农村集体经济组织或后续农村集体经济组织继受单位的成员。因此，该观点认为，经济特区内截至 1993 年 1 月 1 日、经济特区外截至 2003 年 10 月 29 日登记在册并参加劳动分红，其后发生户籍迁出、不参加劳动分红情形的，不能认定为原村民。换言之，需要在满足"公安机关登记在册（特区内截止 1993 年 1 月 1 日、特区外截止 2003 年 10 月 29 日）并参加本村劳动分红"此条件的同时，一直保持户籍、分红状态直至认定节点之时，方能认定为原村民。

结合前文所述，对于原村民居住权利保障的核心要点，深圳市相关政策的出发点是要对城市化之前的原农村集体经济组织成员进行补偿和保障，那么，保障对象就应当是在城市化之前满足条件的原农村集体经济组织成员，且原农村集体经济组织成员在城市化之后户籍及参与劳动分红情况发生变动，并不影响其在城市化之前作为原村民所拥有的居住权利。因此，要求该部分原农村集体经济组织成员在城市化后一直保持原村民状态显得过于严苛。相较第二种观点，笔者更赞同第一种观点，即截止时间节点之时满足公安部门登记在册与参加本村劳动分红条件就可认定为原村民。

②华侨或港、澳、台同胞的相关问题

对于原属于原村民的华侨或者港、澳、台同胞，且其所有的被征收房屋位于原村范围内的，根据 2007 年 3 月 15 日施行的《深圳市公共基础设施建设项目房屋拆迁管理办法》第四十三条规定："拆迁华侨房屋依据《广东省拆迁城镇华侨房屋规定》办理；但华侨或者港、澳、台同胞原籍及其被拆迁房屋均在被拆迁原农村集体经济组织范围内的，可以按照本办法第三十五条的规定办理。"第三十五条规定："拆迁纳入原农村历史遗留问题处理范围的违法私房和生产经营性房屋，符合《深圳经济特区处理历史遗留违法私房若干规定》、《深圳经济特区处理历史遗留生产经营性违法建筑若干规定》及市政府有关规定处理条件的，或者已经过处理、并确认产权的，按下列规定给予补偿：（一）符合原村民非商品住宅建设标准与人口资格标准的住宅，被拆迁房屋建筑面积不超过 480 平方米的部分，按'拆一补一'原则进行产权调换或者给予商品房交易均价的货币补偿；超过 480 平方米的部分，按市场评估价格给予货币补偿；（二）前项规定以外的住宅和生产经营性房屋，按市场评估价格给予货币补偿,本办法和市政府另有规定给予产权调换的除外。”不过,该管理办法被2013年的《深圳市房屋征收与补偿实施办法(试行)》所替代,2013年的《深圳市房屋征收与补偿实施办法(试行)》及后续修改文件对于“华侨或者港、澳、台同胞原籍及其被拆迁房屋均在被拆迁原农村集体经济组织范围内的”是否参照原村民标准进行补偿的问题并未作明确规定。

同样,2014年4月1日起施行的《〈深圳市人民代表大会常务委员会关于农村城市化历史遗留违法建筑的处理决定〉试点实施办法》第十三条第二款规定:“历史遗留违法建筑申报人为原籍在本市的华侨及港、澳、台同胞,或者原符合本实施办法第十二条第三款[①]规定,因升学、就业、婚嫁、服兵役等原因户籍已迁国内其他地方的,对在其原籍所在原农村集体经济组织范围内所建的历史遗留违法建筑进行处理时,仍适用原村民相关处理规定。”该实施办法被2018年10月10日起施行的《深圳市人民政府关于农村城市化历史遗留产业类和公共配套类违法建筑的处理办法》(深圳市人民政府令第312号)所废止,但处理办法中对于“因升学、就业、婚嫁、服兵役等原因户籍已迁国内其他地方”的户籍迁出问题如何处理亦并未作相关规定。

因此,对于原本符合原村民身份,因升学、就业、婚嫁、服兵役等原因户籍已迁国内其他地方的,对其在原籍所在原农村集体经济组织范围内所建的历史遗留违法建筑进行处理时,能否仍适用原村民相关处理规定,以及对于华侨或者港、澳、台同胞原籍及其被拆迁房屋均在被拆迁原农村集体经济组织范围内的,能否按照原村民标准进行补偿的问题,已被废止的《深圳市公共基础设施建设项目房屋拆迁管理办法》《〈深圳市人民代表大会常务委员会关于农村城市化历史遗留违法建筑的处理决定〉试点实施办法》曾作出了相关规定,但现行法律体系中则未作明确规定。在此试举一例。

W先生原为深圳市原经济特区外J村村民,1980年5月出生,1995年开始享受J村分红,1999年W先生上大学时,将户籍由深圳市J村迁出至广东省广州市。而在此期间W先生一直参与J村集体劳动分红。2019年,W先

① 《〈深圳市人民代表大会常务委员会关于农村城市化历史遗留违法建筑的处理决定〉试点实施办法》第十二条第三款规定:“原村民、‘一户一栋’原则中的‘一户’,按照《深圳市原村民非商品住宅建设暂行办法》(深府〔2006〕105号)第四条规定确定。”

生位于J村内的私宅房屋需要被征收。

在该案例中,W先生在1999年上大学将户口迁去广州市之前符合政策规定的原村民条件(2003年10月29日前在公安机关登记在册并参加本村劳动分红的农村集体经济组织成员),但其原村民身份的户籍状态并未一直持续至2003年10月29日,而是在此时间节点之前就因升学迁出。根据上述关于原村民的规定及相关分析,W先生未能满足"截止2003年10月29日公安登记在册"的条件,不能被认定为原村民。从已被废止的《深圳市公共基础设施建设项目房屋拆迁管理办法》《〈深圳市人民代表大会常务委员会关于农村城市化历史遗留违法建筑的处理决定〉试点实施办法》中也能看出,条文所用字眼是"按照本办法处理""仍使用原村民相关规定处理",因而,至少当时立法实际上认为"原属于原村民的华侨或者港、澳、台同胞因升学、就业、婚嫁、服兵役等原因户籍已迁国内其他地方的",即原村民的户籍外迁后,该类人群的原村民身份不复存在,但所持有位于原籍的房屋仍可适用原村民的补偿标准。

关于上述案例,从立法原意出发,结合前文所述,对于原村民的倾斜补偿主要源于对原农村集体经济组织成员居住权利的保障,那么,在城市化之时某农村集体经济组织成员如未完全得到居住权利的相应补偿,其后该成员户籍、分红情况发生变化,在未对其原居住权利进行任何其他形式的补偿之前,该成员应仍然享有受优待、倾斜补偿的原村民的权利。或者,也可以理解为原农村集体经济组织成员在农村城市化中失去了居住权利,应当享有相应的保障补偿权益,而该保障补偿无论以何种形式,应当仅能享有一次。然而,如果从行政行为的角度出发和考虑,在实际房屋征收补偿工作中,对于此类情况,由于对户籍迁出后的当事人是否有获得其他形式的权益补偿情况无法完全掌握,倾向于要求被征收人至房屋征收之时一直户籍登记在册并参加分红,方能享受原村民身份补偿权益。

③"本村"问题

除了上述户籍迁出的问题,关于"本村"的定义也需要明确,在此也举一则案例来说明。

L女士原为深圳市原经济特区外B村村民,于2001年结婚,户籍迁入属同一行政区内的同样为原农村的邻村C村,但其一直参加B村的劳动分红及后续改制后的股权分红至今。

在本案例中，需要特别注意关于原村民的定义，“原村民是指公安机关登记在册（特区内截止1993年1月1日、特区外截止2003年10月29日）并参加本村劳动分红的农村集体经济组织成员”中的“本村”二字，L女士符合公安登记在册的要求，但其登记在C村却参加B村的劳动分红。此时“本村”的实际定义将影响L女士的原村民身份认定，即如果将“本村”理解为公安登记在册的必须为所参加劳动分红之村，那么，L女士不符合原村民身份。而根据条文的字面意思，原村民身份应当满足“登记在册”与“参加劳动分红”二者均为“本村”，即户籍登记在某农村集体组织且参加该村的劳动分红。基于此，案例中的L女士并不具备原村民身份。

综上所述，目前，关于原村民定义的规定仅有“原村民是指公安机关登记在册（特区内截止1993年1月1日、特区外截止2003年10月29日）并参加本村劳动分红的农村集体经济组织成员”一句规范，然而在进行认定时，则因为种种外迁行为而产生许多疑问，诸如“公安机关登记在册”“参加本村劳动分红”是要求在“特区内截止1993年1月1日、特区外截止2003年10月29日”前一直登记在册并参加劳动分红或是曾经即可，还是必须一直登记在册并参加劳动分红直至补偿行为的发生？这些问题只能通过在实践中一步步总结和深化具体细则，并紧紧结合对于原村民居住权利保障的法理予以解决，同时，也需要结合迁出地为深圳市内或深圳市外、是否为同一行政区等情形进行实际研判，但实际上，最终判断的关键仍在于迁出后是否获得了与原村民居住权利相关的其他形式的补偿。

2. 深圳原村民“户”的认定

如上所述，要符合原村民非商品住宅建设用地标准，首先，必须有原村民身份，其次，必须满足原村民申请住宅建设用地的标准即独立成户，此时方有申请私宅建设用地的资格。以此程序申请并在划定土地上建设而来的房屋，才可称为符合原村民非商品住宅建设用地标准的房屋。相应地，在房屋征收补偿工作中，才享有《深圳市房屋征收与补偿实施办法（试行）》中规定的480平方米的特殊补偿权益。

《深圳市原村民非商品住宅建设暂行办法》第四条第二项中关于原村民的“户”作出了如此规定：“（二）……按照每户原村民划定原农村宅基地或者

非农建设用地标准中的一户，是指原村民的户籍单位。原村民中年满30周岁未婚的（特区内截止1993年1月1日、特区外截止2004年3月31日）可认定为一户。”由此可以看出，在深圳市城市化过程中，关于原村民的“户”的理解，并不能完全直接等同于现今广泛意义上所认知的户籍单位，其主要特指的是划定原农村宅基地或者非农建设用地标准的计量单位，同时，对于原村民成“户”的条件还需要以在2004年3月31日前结婚或年满30周岁为主要判断标准。因此，即便身处同一户口本，也可能存在不同原村民“户”的可能性。①

如上文所述，在城市化过程中，需要对原村民人群进行政策保障和优待，需要延续原村民本身以原村民户为划分计量单位的标准。当一原村民成户或达到其他能够申请住宅建设用地的条件时，其户或达到条件的个人就获得了居住受保障的权利。具体而言，即以户为单位给予每户原村民480平方米权益的保障。然而，虽然《深圳市原村民非商品住宅建设暂行办法》已对原村民户的概念进行了一定的规定，但是实际情况远远复杂于规定内容所涵盖范围。

（1）婚姻关系问题

如前文所述，婚姻关系是原村民户的一种形成方式。而当该婚姻关系结束时，对于原村民户的认定是否会产生影响？为探讨该问题，在此试举一例。

H为深圳市原经济特区外G村村民，生于1976年5月1日，户籍登记为G村并参与G村劳动分红至今，符合原村民身份。H于2000年结婚，后于2002年离婚，单身至今，现H名下有一处私宅需要被征收。此时，H的主要问题在于其是否构成了原村民户。首先2003年3月31日时H未满30周岁，不满足“截止2003年3月31日时未婚但已满30周岁”的成户条件，而2003年3月31日前H虽然已结婚，但于2003年3月31日前离婚，并在2003年3月31日前保持单身的离异状态。因此，关于H是否能构成原村民户的主要关键在于，2003年3月31日前结婚又离婚并保持离异身份的原村民，是否能构成一户。

如果H于2003年3月31日前结婚而后未离婚，那么毫无疑问符合构成

---

① 为区分一般的户籍单位，除特别表述外以下所提及“户”均指的是原村民中“户”的概念。

一户的概念,但对于“曾经结过婚”是否能构成一户,仅从《深圳市原村民非商品住宅建设暂行办法》的规定上,并无法直接得出结论。2013 年 12 月 10 日,宝安区人民政府印发了《深圳市宝安区原村民非商品住宅建设暂行实施细则》,其中第八条第二款规定:“原村民是指截止 2003 年 10 月 29 日公安机关登记在册并参加本集体劳动分红的原农村集体经济组织成员;一户一栋原则中的一户,是指原村民的户籍单位,凡于批准两区镇村建制转变之日(2004 年 3 月 31 日)公安部门已登记在册分户且已婚的原村民家庭、已婚但未到公安部门办理分户手续的原村民家庭、已离异或年龄已满 30 周岁的单身原村民,均可认定为一户。”从该规定可以看出,关于原村民户的理解主要标志为已婚的原村民“家庭”,特殊的例外则是 2004 年 3 月 31 日时已满 30 周岁的单身原村民,此外,规定中还特别列明了 2004 年 3 月 31 日时已离异的单身原村民也可认定为一户。根据该实施细则,就本案例中 H 的情况,至少从实践层面上来说,笔者倾向于可认定为原村民的一户的。

按照上文所述,形成原村民家庭是判断形成原村民户的重要条件之一,而形成家庭的关键因素和法定形式为“婚姻”。因此,在判断原村民户时,具体形成婚姻的条件和时间节点都将成为重要的判断标准,同时,离婚情况,甚至是离婚后再婚的复杂情况,会影响房屋征收补偿原村民户的认定问题。在此再举一例。

L 先生与 H 女士为深圳市原经济特区外 L 村同村村民,L 先生出生于 1978 年,H 女士出生于 1980 年,二人于 2002 年结婚,于 2003 年离婚,二人户籍登记与劳动分红的情况均满足原村民身份,问题为:此二人是否构成原村民户?从上文所述关于原村民的身份标准来看,L 先生与 H 女士均为原村民身份,虽于 2004 年 3 月 31 日前未满 30 周岁但已结婚,满足构成原村民户的条件,然而,二人又于 2004 年 3 月 31 日前离婚,此时是否能认为二人分别构成原村民户?

从《深圳市原村民非商品住宅建设暂行办法》关于原村民户的相关规定中,无法直接得知关于离婚对于已形成原村民户的影响。而从是否满足原村民制度中申请住宅建设用地条件的角度而言,对于结婚后又离婚的两个新独立个体,是否能分别重新申请住宅用地?考虑到旧农村的风俗习惯以及如果能够分别申请将可能导致“假离婚”等情形的出现,笔者倾向于认为是不能重新申请额外的住宅建设用地的。但从现今角度去看待这个问题,所有的既往发生已成为事实,出于对原村民居住权利的补偿,也有观点认为应当对两个离异个体分别进行补偿。而根据上述《深圳市宝安区原村民非商品住宅建设暂行实施细则》的规定:“……于批准两区镇村建制转变之日(2004 年 3 月 31 日)……已离异或年龄已满 30 周岁的单身原村民,均可认定为一户”,可以看出至少是对于宝安区而言,于 2004 年 3 月 31 日前已离异的单身原村民,可认定为一户;同时,从该实施细则如此特意对离异情形作出规定,也可侧面看出在具体实践中,该情形的普遍性和常见程度。但即使该实施细则已对原村民户的认定中的离异问题作出了一定程度的规定,还是无法完全涵盖实践中的复杂情况。

(2)“家庭”定义的问题

在此先来看一个案例。

W 为深圳市原经济特区外 X 村原村民,生于 1998 年 1 月 1 日,其父母均为 X 村原村民。2002 年 W 父母因意外离世,剩下 W 一人,此后 W 持续享受 X 村劳动分红至今。同时,2003 年 W 独立成为其户口本的户主。现 W 拥有祖上留下的一间住宅房屋需要被征收。此时,W 是否构成原村民的一户?

本案例中的主要问题在于,W 于 2004 年 3 月 31 日时并未成年,无法满足已婚或离异或年满 30 周岁的成户条件,特殊的地方在于因双亲去世的缘故 W 独立成为其户口本的户主。而结合《深圳市原村民非商品住宅建设暂行办法》第四条关于“户”的定义:“……按照每户原村民划定原农村宅基地或者非农建设用地标准中的一户,是指原村民的户籍单位”,原村民户主要是指形成了能够申请住宅建设用地的基本单位,本案例中,2004 年 3 月 31 日时 W 虽然独立成为其户口本的户主,但按常理推断在当时 W 是不具备独立申请住宅建设用地的条件的,因此无法将 W 认为是原村民的一户。《深圳市宝安区原村民非商品住宅建设暂行实施细则》的规定也说明了这一点,该实施细则认为:2004 年 3 月 31 日前已婚且已到公安部门办理分户的原村民家庭可认为一户、2004 年 3 月 31 日前已婚但未到公安部门办理分户的原村民家庭也可认为一户。换言之,关键在于是否属于“已婚的原村民家庭”,只要已婚形成家庭,是否有到公安部门办理分户并不重要。本案例中,W 虽然已到公安部门办理了分户,但并未形成过已婚的原村民家庭,也未满 30 周岁,因此不能认定为原村民的一户。此前关于原村民户并不能直接理解为广义上公安部门登记的户籍单位之说,也于此得到了印证。

从《深圳市宝安区原村民非商品住宅建设暂行实施细则》的规定中也可看出,形成原村民户还有一条非常关键的标准,即是否形成了“原村民家庭”。关于“家庭”的定义,在普遍的理解中,“家庭”分为广义上的家庭和狭义上的家庭,狭义上的家庭基本仅指以婚姻关系形成的夫妻单位以及后续所衍生的子女后代,而该子女后代又以结婚成家作为独立出原生家庭、另成家庭的标志,因此,可以简单地将狭义上的家庭理解为父母及未成家的子女;而广义上的家庭则在该基础上包含一些其他共同生活的亲属。结合上文关于原村民非商品住宅建设用地标准的理解,关于原村民户认定中的“原村民家庭”,应当指的是狭义上的家庭,即原村民父母及其未成家的子女。从此角度再去回顾上述案例中 W 的情形,W 原本属于其父母与其三人所组成的家庭中的成员,而其父母因意外离世后,该家庭仅剩 W 一人,问题是一人是否能构成一个家庭。而结合常理来看,一人应该是无法构成一个家庭的,此时应当理解 W 的家庭作为一个社会单位因其父母的离世而消灭。因此,从该层面来看,W 于 2004 年 3 月 31 日前,独自一人无法构成家庭,不能形成原村民户。

(3)“原村民”与“非原村民”结婚的问题

既然有原村民,那么就当然存在“非原村民”,如果一位原村民与一位非原村民结婚形成了家庭,那么该家庭是否属于原村民家庭,该非原村民的身份又是否会发生转变?这一问题会对征收中的补偿产生影响。在此试举一例。

L 先生为深圳市原特区外 Y 村村民,户籍登记与劳动分红的情况均满足原村民身份,出生于 1978 年。H 女士原为广西籍人,生于 1980 年。L 先生与 H 女士于 2002 年结婚,结婚后 H 女士将户籍迁入 Y 村,组成家庭后一直生活至今。本案例中,原村民 L 先生与非原村民 H 女士所组成的家庭,是否为原村民家庭?

《深圳市原村民非商品住宅建设暂行办法》关于原村民认定的规定为:“原村民是指公安机关登记在册(特区内截至 1993 年 1 月 1 日、特区外截至 2003 年 10 月 29 日)并参加本村劳动分红的农村集体经济组织成员;按照每户原村民划定原农村宅基地或者非农建设用地标准中的一户,是指原村民的户籍单位。”对于L先生来说,其满足原村民身份,结婚成家后也应当满足申请原农村宅基地或者非农建设用地的条件,因此其所在户应当满足“按照每户原村民划定原农村宅基地或者非农建设用地标准中的一户”,即属于原村民户。从此角度推断,原村民L先生只要满足在2004年3月31日前结婚成户,其所在户即满足原村民户的条件。而关于本案例中非原村民H女士的身份是否会因与原村民结婚而发生转变的问题,如果单独从L先生个人角度而言,其为原村民并形成了原村民户并无异议,但如果单独从H女士个人角度而言,其原本属于非原村民,与原村民结婚是否会改变身份成为原村民呢?根据《深圳市原村民非商品住宅建设暂行办法》关于原村民认定的规定,同样无法直接得出“非原村民在与原村民结婚后是否会转变成为原村民”问题的结论,但如果该非原村民因与原村民结婚而迁户入籍,能单独满足“登记在册并成为参加劳动分红的农村集体经济组织成员”条件的,此时,笔者认为应当可以认定其原村民身份。

因此,根据上述分析,可以推断:关于原村民与非原村民结婚后非原村民的身份问题,如果该非原村民在2003年10月29日前迁户入籍该村,并一直参与该村劳动分红、成为该村成员的,可以认定为原村民,反之则不能。① 即原村民与非原村民组成的家庭,是可以作为一个整体被认定为原村民,但如想要认定非原村民在与原村民结婚后的身份状态,则仍然是通过对该非原村民自身是否符合“登记在册并参加劳动分红的农村集体经济组织成员”条件进行判断。故在本案例中,H女士在与L先生结婚后,因将户籍迁入Y村而满足在2003年10月29日前公安登记在册的条件,但其身份是否会发生转变仍然要基于其是否单独满足“参加劳动分红的农村集体经济组织成员”。然而从婚姻成户的角度,H女士与L先生所组成的家庭实际上满足原村民家庭的条件,因此,从家庭单位的角度来看,可以认为H女士符合原村民身份。

(4)“原村民”与“非原村民”结婚后再离婚的补偿权益问题

如果非原村民与原村民因婚姻关系组成的家庭户整体可成为原村民户,那么,如果非原村民与原村民结婚形成原村民户之后离婚的,离异后的非原

---

① 在实际情况中,深圳市原农村制度对于原村民所嫁娶的非原村民,大多不会直接给予劳动分红,仍然是依附于家庭享受相关权益。

村民的身份又将如何判断？结合上文所述，笔者认为，将与原村民结婚成户的非原村民单独的看待，其是否属于原村民身份主要看其是否独立参加该村劳动分红，因此，与原村民结婚成户又离异的非原村民，同样应当根据其是否独立地参加该村劳动分红进行判断。当答案为否即该非原村民无法独立的参加劳动分红之时，那么随之而来的问题是，该非原村民是否能独立享有非原村民 150 平方米的补偿权益。在此试举一例。

深圳市某房屋征收项目涉及 X 先生名下一处私宅房屋。X 先生为原村民身份，未享受过"一户一栋"补偿政策，其前妻 W 女士为非原村民。X 先生与 W 女士于 2001 年登记结婚，其后 W 女士因夫妻投靠将户籍迁至深圳市。二人于 2013 年离婚，离婚后，W 女士户籍并未迁出，仍与 X 先生同一户口本。经房屋征收部门核查，W 女士已签署声明书放弃对该房屋的所有权，该房屋由 X 先生一人所有。W 女士系非原村民，虽然离婚后仍与 X 先生同一户口，但二人在法律上不存在婚姻关系。问题是，X 先生在被征收房屋上享受其"一户一栋"补偿政策后，是否保留 W 女士在其房屋上享受非原村民补偿政策的资格？

在本案例中，如果认为 W 女士在离婚后，重新成为一户独立的非原村民，能够享受非原村民的补偿权益。那么，很可能导致在房屋征收的"消息"传出之后，因为离婚后可以就两个不同的个体分别享受"原村民一户一栋"补偿政策与非原村民补偿政策，部分符合条件的被征收人可能会采取通过"假离婚"的方式去获取更大的补偿权益，这样一来不利于维护社会稳定。但如果认为 W 女士在离婚后，就失去了其非原村民补偿政策，那么，W 女士仅因曾与原村民结婚的缘故就失去了相应的补偿权益，亦有失公平。因此，应当对此情形下的离婚时间点作出分割，分别予以处理。如在深圳市城市化的时间节点（特区内截至 1993 年 1 月 1 日、特区外截至 2004 年 3 月 31 日）前离婚的，双方应当各自享有其身份的补偿权益。但在城市化时间节点之后离婚的，就需要判断离婚时间与房屋征收项目公布时间之间的关系，同时也要结合夫妻双方在持续婚姻期间，是否就"一户一栋"资格享受过补偿、该补偿权益是否有通过其他方式兑现以及离婚之时该补偿权益是否有被分割等情况，对个案进行补偿处理。

实际上，即便解决了上述非原村民与原村民离婚后的身份情况，我们还可能遇到原村民离婚后再婚的情况，如两个深圳市原特区外原村民于2004年3月31日前分别通过结婚形成家庭后离异，各自符合独立成原村民户的条件，后此二人又于2004年3月31日前结婚形成新的一户，此时新形成的家庭户应当享有一个还是两个原村民户的权益补偿保障呢？如果是2004年3月31日后结婚，结果是否又会不一样呢？分析至此，不难发现，对于原村民与原村民之间、原村民与非原村民之间[①]结婚、离异、再婚的成户与身份问题，一是必须对结婚、离婚的时间作出限制，否则将无穷尽的复杂化下去。结合前文所述，关于原村民户的认定以深圳市城市化的时间节点（特区内截至1993年1月1日、特区外截至2004年3月31日）作为判断分户的时间节点，因此，在判断结婚、离婚情形下的原村民户与身份问题时，也应当以深圳市城市化的时间节点作为标准。二是判断此类身份问题的最终目的是确定各种情形下被征收人所对应的补偿权益，因此，在尽可能的厘清原村民户的复杂情形的同时，也应当结合补偿权益一并分析。

综上所述，符合原村民非商品住宅建设用地标准实际上是满足原村民建房申请用地资格，而这种资格对原村民而言一生仅有一次，如两位原村民在婚姻组成家庭后再次去申请建房用地，则对于两位原村民来说，其申请资格已经使用，其后出现的离异或其他情况，都不会形成新的申请资格。从某种程度来说，也可将此观点理解为两位原村民在结婚形成原村民家庭之时，其二人的原村民申请建房用地资格就已固化到该家庭单元之中。甚至，从现行法律概念可以理解为该原村民申请建房用地资格变成了夫妻共同财产，其后离异，也应当从夫妻共同财产的角度去看待该原村民申请建房用地资格以及与之相关的补偿权益。笔者认为，这种判断方式更符合法理逻辑，也便于实践操作。总结而言，即以城市化为时间节点（特区内截至1993年1月1日、特区外截至2004年3月31日），在该时间节点之前结婚又离婚的，应当认为属于两户不同主体，补偿时应当分别看待；在该时间节点之前结婚、时间节点之后离婚的，应当认为其二人所对应的补偿权益在城市化之时已被固化到婚姻家庭单位主体上，即使之后离婚，该补偿权益也不再另行分论，而是视为夫

① 如属于原村民与非原村民之间的结婚成户问题，未涉及原村民的特殊补偿权益，因此并不复杂，此处就不展开叙述。

妻双方的共同权益在离婚关系中作分割处理。这种逻辑实际上是把城市化作为一道锁,也符合前文中对于原村民户的形成相关依据、定义理论的主要观点。

3."一户一栋"补偿实践问题

根据上文所述,符合"原村民一户一栋"标准实际意味着该原村民户拥有建设私房的权利,亦理应享有"原村民一户一栋"补偿权益。但实际上,符合原村民身份、享有"原村民一户一栋"补偿资格并非意味着可直接享有480平方米的补偿权益。房屋征收部门在明确被征收人是否具备"原村民一户一栋"补偿资格后,仍需要依据《深圳市房屋征收与补偿实施办法(试行)》和"一户一栋"的相关法理精神,结合实际情况判断被征收人是否可享受480平方米的补偿权益。

(1)"一户一栋"之"补偿权益核减"问题

正如前文在探讨原村民户籍迁出问题时所述,"原村民一户一栋"中的480平方米补偿权益是完整的一户原村民家庭所享有的权利,在分析原村民是否满足享受480平方米补偿权益资格之时,需要结合该被征收人是否曾经享受过相关补偿权益。实际上,这其中仍存在一处需要更进一步分析的细节,即享受过相关补偿权益,但该补偿权益并非完整的480平方米补偿权益时,是否能就480平方米的剩余部分继续享受补偿。在此试举一例。

深圳市原特区外某房屋征收项目涉及被征收人H女士房屋的征收补偿,被征收人H女士符合"一户一栋"身份资格,其户内成员均未享受过"一户一栋"补偿政策,但其与丈夫于2008年曾享有一套100平方米的政策性住房。

如前文所述,480平方米的补偿权益实际上是对于原村民居住权利的保障,而在这480平方米居住权利保障转换为480平方米的补偿权益之前,被征收人如果享受了其他的居住保障政策,则二者不可避免地存在冲突。此情形下,该被征收人是否完全无法享受其原村民补偿权益,又或者可以通过核减已享受权益后继续享受核减后的补偿权益,目前暂无相关政策规定作为依据。在实践操作中较为常见的做法是,对H女士房屋按照"一户一栋"的标准给予安置补偿,但安置面积需扣减其与丈夫已享受的政策性住房面积。换言之,对于H女士一户而言,原村民480平方米的补偿权益需要核减已经享受过的政策性住房的相等权益。

(2)“一户一栋”之“私宅”问题

在研究清楚为什么“原村民一户一栋”补偿权益是480平方米,以及为什么是以480平方米为界限衍生出了“拆一补一”“不足补足”“超过不补”的补偿概念后,再来讨论一下“私宅”的问题。因为“一户一栋”指的是一栋私宅,所以需要先厘清“私宅”的含义,从基本概念而言,在房屋征收补偿工作中通常用“私宅”表示原村民根据其自有的居住权利所建设的私人住宅,主要区别于如今更广泛的市场化商品性质住宅。[①] 简言之,可以认为原村民一户一栋的私宅与商品性质住宅的最大区别在于所在土地的使用权上,原村民一户一栋私宅的土地使用权来源于因原村民身份而获得的集体土地中的居住用地,而商品性质住宅的土地使用权主要来源于缴纳土地出让金后的土地出让行为。

另外,在对原村民居住权利的保障的演化过程中,还出现了“统建用地”及“统建楼”的概念。在深圳城市化转地过程中,集体所有土地转为了国有土地,原农民身份也随着转制为社区居民,为了解决原农村集体经济组织继受单位及原村民未建房户的问题,国家为符合未建房户资格的原村民按城市化过渡期政策安排了宅基地,原村集体在划定的统建用地上建设公寓式住宅楼,建成之后原村民按约定分得一定面积的住宅,此种统一安排建设的住宅一般称之为“统建楼”,而此种住宅所在用地一般称为“统建用地”。由此可见,统建用地同样是出于对原村民居住权利的保障而产生的,其是在深圳市城市化过程中,对于特定时期仍未建房原村民户的居住权利的一种实现,实际上也可以理解为由原农村集体经济组织中的“宅基地”转化而来,而统建楼即可理解成为了保障原村民居住权利而统一建设的原村民私宅“集合体”,由分散独立的一栋栋私宅个体,变成了一排排或者其他更多形式的私宅集体。

同时,根据《深圳市原村民非商品住宅建设暂行办法》第二条所提到的:“下列情形之一的,不予办理报建手续:……(二)原村民所在集体经济组织已集中统建的。……”也可看出如果原村民已从其所在集体经济组织集中建设

① 除非特别解释,在下文中的“私宅”均特指这类原村民根据其自有的居住权利所建设的私人住宅。

的非商品住宅中享受到了居住权利的保障,就无法再行按照《深圳市原村民非商品住宅建设暂行办法》申请建设原村民非商品住宅。在此试举一例。

深圳市某房屋征收项目涉及位于深圳市原特区外L村内M女士所有的一处私宅房屋。据房屋征收部门核查得知,M女士属于L村原村民,享有"一户一栋"补偿资格。同时,M女士另有一套位于L村内某小区的房产。该小区房屋均系90年代L村村民提议集资在村集体土地上建设所得,由L村集体统一收取购房款并与建设方签订建设工程合同,但该房屋所在地块不属于非农建设用地中的统建用地。另外,该房屋原村民及非原村民均可购买,且价格标准一致。此时,M女士是否能就L村内的私宅房屋享受"一户一栋"资格补偿政策?

在本案例中,M女士是否能就L村内的私宅房屋享受"一户一栋"资格补偿政策的关键在于,其位于小区内的一套房产是否属于统建楼的范畴内,如果属于,那么该房产占用了M女士的"原村民一户一栋"资格,其不可就其他私宅房屋享受"一户一栋"资格补偿政策。而根据统建楼的相关定义,该小区房屋并非在统建用地上建设,且未限制仅可由原村民成员购买,因此,该房屋应当不属于统建楼。因此,M女士可就L村内的私宅房屋享受"一户一栋"资格补偿政策。

此外,一栋"私宅"是否必须是一栋完整的房屋?换言之,如果原村民仅拥有一栋完整私宅房屋的部分产权,是否可以对其拥有的部分产权按照"一户一栋"补偿资格标准进行补偿呢?再举一例。

深圳市某房屋征收项目需征收T社区L1、L2父子共有的房屋。经房屋征收部门核查,该房屋建筑面积为400平方米。根据该房屋"两规"登记显示,申报权利人为L1、L2,二人分别拥有200平方米的产权,未存在房产证书登记。此外,L1、L2均符合"原村民一户一栋"补偿资格。并且,该房屋为L1、L2仅有的一栋私宅房屋,L1、L2均不存在拥有其他私宅房屋的情形。对于该二人及房屋应如何进行补偿?

本案例可以理解为L1、L2二人分别拥有"半栋"私宅房屋,而二人又分别符合"原村民一户一栋"补偿资格。虽相关规定并未直接明确此情形下如何补偿,但可以将本案例拆分开来,将父子二人视为两个单独的个体,从L1一人而言,则可理解为其拥有半栋私宅,即其拥有200平方米的建筑面积部分,那么,对于L1一人是可以依照规定对其以“原村民一户一栋”补偿资格进行补偿,且L1属于未建足480平方米的情形。同样的,对于L2一人而言,也是可看作与L1一人一样的情形,单独的对其以“原村民一户一栋”补偿资格进行补偿,且属于未建足480平方米的情形。因此,在本案例中,房屋征收部门可以对该房屋分别以L1“一户一栋”、L2“一户一栋”进行补偿,对L1补偿480平方米的补偿权益后,再对L2补偿480平方米的补偿权益。即对于该父子二人共有的房屋,按两户“一户一栋”身份资格标准进行征收补偿。

(3)“一户一栋”之“多栋”情形

上文中已深入探讨了“原村民一户一栋”中的“一栋”的概念,但在房屋征收补偿实践工作中,基于种种因素,更常见的是原村民一户“多栋”的情形。正如前文所述,《深圳市房屋征收与补偿实施办法(试行)》承认“原村民一户一栋”480平方米外的建筑面积,不再严格要求唯一一栋作为“原村民一户一栋”补偿资格的前提,那么,随之而来的问题是,被征收人拥有多栋房屋的,以哪一栋作为“一户一栋”480平方米补偿权益的“载体”? 对此,是否有特别要求和硬性规定。

根据《深圳市房屋征收与补偿实施办法(试行)》第二十五条第三款的规定:“根据《深圳经济特区处理历史遗留违法私房若干规定》、《深圳经济特区处理历史遗留生产经营性违法建筑若干规定》(以下简称‘两规’)、《深圳市人民代表大会常务委员会关于农村城市化历史遗留违法建筑的处理决定》(以下简称《决定》)及其配套政策处理取得非商品性质房地产权证书的住宅房屋,以住宅房屋的房地产权证书为产权调换基本单位,按照下列规定进行补偿:……”可以看出,当被征收人拥有根据“两规”办理取得非商品性质房地产权证书的住宅房屋时,以住宅房屋的房地产权证书为产权调换基本单位,即“原村民一户一栋”480平方米补偿权益是必须落在已办理取得非商品性质房地产权证书的这一栋住宅上的。

《深圳市房屋征收与补偿实施办法(试行)》第三十三条的规定:“房屋征收范围内未经产权登记的建筑,属于《决定》第二条规定范围,尚未进行处理的,按照下列规定进行补偿:(一)原村民所建的住宅类建筑,符合原村民非商品住宅建设用地标准的,不超过建筑面积480平方米的部分可参照本办法第二十五条第三款第(一)项的规定给予产权调换或者货币补偿。符合原村民非商品住宅建设用地标准且超出480平方米的部分以及不符合原村民非商品住宅建设用地标准的多栋部分,按照本办法附件有关规定给予货币补偿……"可以看出,对于被征收人没有按照"两规"取得非商品性质房地产权证书的住宅房屋的,并未对其享受480平方米补偿权益的具体"载体"提出要求。对此,可以理解为,如果被征收人拥有多栋"符合原村民非商品住宅建设用地标准"的私宅房屋,其有权选择其中一栋作为"原村民一户一栋"资格标准进行补偿,其余私宅均归于"多栋"部分按照相关规定进行补偿。此外,在房屋征收补偿实践中,还经常会遇到原村民在多个地区均拥有私宅房屋的情况,此时也要特别注意"多栋"私宅的前提为"符合原村民非商品住宅建设用地标准"。如果被征收人拥有多栋私宅房屋,其中部分私宅房屋坐落在被征收人原村民身份所在原农村集体经济组织之外的其他地区的,对于这部分不在户籍登记及参加劳动分红所在地的私宅房屋,便不能适用"原村民一户一栋"补偿标准进行补偿。在此举一例说明。

深圳市某房屋征收项目涉及被征收人P一处私宅房屋,经房屋征收部门核查得知,被征收人P符合"原村民一户一栋"补偿标准,且P在拥有被征收房屋的同时,其曾有一处按照"两规"取得"绿本"的房屋,两处房屋均位于P所在原农村集体经济组织范围内。在房屋征收项目启动时,P所有的"绿本"房屋已被纳入城市更新项目,并且P已经就该房屋与城市更新项目实施主体完成签约,房屋相关权益已转移并被拆除。经核查,城市更新项目实施主体在对该"绿本"房屋补偿时并未涉及任何关于P"一户一栋"资格、身份认定的问题。经房屋征收部门向不动产登记中心查询,该"绿本"房产证因城市更新项目的相关程序问题尚未注销。此时,房屋征收部门可否对被征收房屋以P"原村民一户一栋"补偿标准进行补偿?

在本案例中,首先应当关注P曾拥有的"绿本"房屋,因该"绿本"房产证书系按照"两规"规定处理后取得,而根据《深圳市房屋征收与补偿实施办法(试行)》的相关规定,此时,P的"一户一栋"补偿资格应当使用在这栋"绿本"房屋上。但本案例中特殊的地方在于,P"一户一栋"补偿资格所在的这栋"绿本"房屋实际上由另一城市更新项目补偿并拆除。在此情形下,如仍坚持"原村民拥有一栋按照'两规'规定处理取得房产证书的'绿本'房屋,则该原村民一户一栋补偿资格必须在该'绿本'房屋上进行补偿"的原则,对P来说,其很可能无法享受“原村民一户一栋”的补偿标准。对于这类具有很强实践性的问题，在缺少明文规定的情况下，笔者认为，还是应当充分考虑在前文中多次提到过的一个原则，即对于该原村民来说，“一户一栋”补偿资格是其仅有一次的权利，根据立法对原村民居住权利的保障精神，房屋征收项目中还是应当尽可能地实现“原村民的一户一栋”被补偿权。因此，对于本案例中的被征收人 P 来说，房屋征收部门在核查清楚其未曾享受过“一户一栋”补偿权益的前提下，即明确其“绿本”房屋在城市更新项目补偿过程中不涉及“原村民一户一栋”或相关身份补偿，故可以对被征收房屋以 P“原村民一户一栋”补偿标准进行补偿。

关于上述“原村民一户一栋”补偿资格必须在“绿本”房屋上进行补偿的问题，需要注意的是，当被征收人按照“两规”取得房产证的“绿本”而房屋被司法机关因债权等判决归属他人时，此时房屋所有权已因司法判决发生了变化，被征收人无法就该不属于其所有的房屋享受补偿。因此，房屋征收部门同样需要考虑被征收人在其他私宅房屋上享受其“一户一栋”补偿的可能性。为了更好地说明此问题，以“关某松诉郑某红返还原物纠纷二审案”[①]为例。本案中，被上诉人郑某红认为，涉案房屋为“绿本”房屋，无法过户登记，仍登记在上诉人关某松名下，但已进行了司法裁定层过户备注，涉案房屋第六层至第七层目前仍由关某松实际控制，其应当返还第六层至第七层并赔偿相应的租金损失。一审法院审理后认为，根据《物权法》(已废止)第二十八条规定，因人民法院、仲裁委员会的法律文书或者人民政府的征收决定等，导致物权设立、变更、转让或者消灭的，自法律文书或者人民政府的征收决定等生效时发生效力。郑某红通过竞拍，以最高应价购得了涉案房产，一审法院(2011)深龙法执字第 5912 - 1 号生效执行裁定已确认该房屋由竞买人郑某红竞得，该房产及附属权利归买受人郑某红所有，深圳市不动产登记中心亦已对涉案房屋进行了司法裁定过户备注，故郑某红已合法取得涉案房屋，关某松仍占有涉案房屋没有法律和事实依据，郑某红要求关某松交付涉案房屋的第六层和第七层，理由成立，一审法院予以支持。二审法院审理后，亦认同一审法院的观点，并作出驳回上诉，维持原判的判决。

---

① 参考深圳市中级人民法院(2018)粤 03 民终 20795 号行政判决书。

从上述案例中可以看出，被征收人的“绿本”房屋，如已被司法机关判决归属他人的，则被征收人无权再就该不属于自己的“绿本”房屋获得补偿。而在该类司法判例出现后，司法机关的观点亦发生了变化，逐渐倾向于“避开”对该类“绿本”房屋所有权的判决，通常会以该类房屋需要经房屋登记等主管部门进行确权为由，不受理相关案件。例如，在“吴某峰等诉刘某全等房屋买卖合同纠纷案”[①]中，法院认为，原告吴某峰等人依据双方签订的房屋买卖合同请求确认涉案协议无效，要求被告刘某全等人返还购房款。涉案房产的加建部分没有合法有效的报建手续，也没有房地产证，故本案应当先由行政机关对加建后的涉案建筑物的合法性进行审查，行政部门对建筑物进行处理后，当事人可就因履行合同而发生的纠纷再向人民法院提起民事诉讼。

（4）同一原村民拥有多个产权证书的情形

在“两规”出台之前，1993 年 11 月 3 日施行的《深圳市人民政府关于处理深圳经济特区房地产权属遗留问题的若干规定》第十三条规定：“原农村私人建房用地，土地所有权转为国有，视为行政划拨用地，个人拥用土地使用权。”第十四条规定：“已建成的私人房屋，原村民每户（分户以特区农村城市化时公安机关登记的为准）只能选择一幢房办理房地产登记发证手续，多余房屋待后依法处理。”上述规定明确了原村民可就其私人房屋登记办理房屋产权证书，且该若干规定第二十九条规定：“本规定由市规划国土局解释。”在实践中，常见的“绿本”房屋产权证书除了按照“两规”取得的以外，更多的便是在“两规”之前，即 1999 年 3 月 5 日[②]前通过依法办理取得的。该类证书多为 1999 年 3 月 5 日以前，在宅基地或村委集体用地有合法报建手续的房屋，经处理后由市规划国土局所颁发的。该类证书虽有登记，但禁止买卖，同样属于非商品性质，而在 1998 年之后市规划国土局未再就此类房屋颁发“绿本”房屋产权证书。同时，根据 2002 年 3 月 1 日施行的《深圳经济特区处理历史遗留违法私房若干规定》第十五条第一款规定，“本规定实施以前已接受处理并确认产权的违法私房，不适用本规定”，其中“已接受处理并确认产权的违

① 参见深圳市宝安区人民法院（2018）粤 0306 民初 1157 号行政判决书。

② 该时间点来源于《深圳经济特区处理历史遗留违法私房若干规定》第二条规定：“本规定所称历史遗留违法私房（以下简称违法私房），是指《深圳市人民代表大会常务委员会关于坚决查处违法建筑的决定》公布实施以前，即 1999 年 3 月 5 日以前违反法律、法规所建的下列私房……”

法私房”，主要指的是这类“绿本”私房。在此试举一例。

深圳市某房屋征收项目涉及001号、002号两栋房屋，经房屋征收部门核查，两栋房屋均为X先生所有，X先生具备享受“原村民一户一栋”的资格。001号房屋于1992年6月8日取得了规划国土资源部门颁发的房屋所有权证，房地产证上登记所有人为X先生。而002号房屋已经于2004年1月3日取得了房地产证，且明确载明“根据《深圳市龙岗区实施〈深圳经济特区处理历史遗留违法私房若干规定〉的办法》登记得来，除市政府另有规定以外，不得买卖”。

根据上述基本情况，X先生名下有两处房屋，均已办理非商品性质房产证书，其中001号房屋的房产证书系1999年3月5日前规划国土资源部门所颁发，002号房屋的“绿本”房产证系按“两规”取得。那么，X先生所拥有的1999年3月5日前已经取得“绿本”房产证书的001号房屋，应当属于X先生根据“原村民一户一栋”政策所建设的房屋。而X先生在已拥有一栋根据“一户一栋”政策建设的房屋后，又根据《深圳经济特区处理历史遗留违法私房若干规定》处理后取得另外一本002号房屋上的“绿本”房屋产权证书，此时，002号房屋上的房产证书只能根据《深圳经济特区处理历史遗留违法私房若干规定》第五条中的，“除本规定第四条第一款所列情形外，违法私房按以下规定处理：……（四）原村民按县、镇政府批准文件在原农村用地红线内所建违反一户一栋原则的违法私房的多栋部分，免予处罚，由规划国土资源部门确认产权。建房者申请补办确认产权手续时，应补签土地使用权出让合同，出让地价按现行地价减免百分之七十五。（五）原村民未经县、镇政府批准在原农村用地红线内所建违反一户一栋原则的违法私房的多栋部分，由规划国土资源部门按建筑面积每平方米处以50元以上100元以下罚款，确认产权。建房者申请办理确认产权手续时，应补签土地使用权出让合同，出让地价按现行地价减免百分之七十五……”处理后取得。因此，001号房屋属于X先生根据“原村民一户一栋”政策所建设的房屋，002号房屋属于X先生所建违反“一户一栋”原则的违法私房的多栋部分根据“两规”规定处理取得“绿本”房产证书的房屋。

而关于本案例如何补偿的问题，按照房屋征收补偿的现行依据《深圳市房屋征收与补偿实施办法（试行）》的相关规定，对于001号房屋，按照《深圳市房屋征收与补偿实施办法(试行)》附件深圳市房屋征收补偿规则第一部分“各类房屋补偿方式”表1“各类型非商品房货币补偿的计算方式”中的规定,属于“取得房地产证(非市场商品房)的私房”,以“被征收房屋的价值-10%公告基准地价”进行货币补偿。而对于002号房屋,虽然其是以按照“两规”取得非商品性质房地产权证书的房屋,但结合上文所述,不符合原村民非商品住宅建设用地标准,因此不能享受480平方米的补偿权益。根据《深圳市房屋征收与补偿实施办法(试行)》附件深圳市房屋征收补偿规则第一部分“各类房屋补偿方式”说明的第二条,“根据《深圳经济特区处理历史遗留违法私房若干规定》、《深圳经济特区处理历史遗留生产经营性违法建筑若干规定》、《深圳市人民代表大会常务委员会关于农村城市化历史遗留违法建筑的处理决定》取得非商品性质房地产证的,适用本部分规定补偿标准”,总体进行分析解读后,应当同样按照属于“取得房地产证(非市场商品房)的私房”,以“被征收房屋的价值-10%公告基准地价”进行货币补偿。

但是,就本案例而言,如果按照上文所分析的补偿方式,X先生就无法享受产权调换的补偿权益,而结合前文提到的“产权调换的权益一般情况下远大于货币补偿权益”,则此种补偿方式对于X先生的情况而言存在相对的不公平。同时,本案例也引申出一个问题,如果一户原村民仅拥有一栋私房,且该私房已取得1999年3月5日前办理的“绿本”房屋产权证书,那么,此时应当如何补偿?根据《深圳市房屋征收与补偿实施办法(试行)》附件深圳市房屋征收补偿规则第一部分“各类房屋补偿方式”表1“各类型非商品房货币补偿的计算方式”中的规定,可以给予相应的货币补偿,但该房屋是否能获得产权调换的补偿,《深圳市房屋征收与补偿实施办法(试行)》未予以明确规定。而根据相关规定及法理,1999年3月5日前已办“绿本”房产证的房屋,应当不属于违法建筑的概念,加之《深圳市房屋征收与补偿实施办法(试行)》第二十五条第一款、第二款规定,“对住宅房屋以产权调换方式进行征收补偿的,作出房屋征收决定的辖区政府应当提供相应的住宅进行调换,并按照下列规定结算差价:产权调换房屋套内建筑面积超过被征收房屋套内建筑面积的,超出面积部分以市场评估价结算差价;被征收房屋市场评估价格高于产权调换房屋市场评估价格的,以市场评估价的差额结算差价。以非商品性质住宅房屋进行房屋产权调换的,其所调换房屋的产权仍受相应限制。符合相关规定的,被征收人可以补交规定差价后转为商品性质",这类房屋应当属于可以进行产权调换的房屋类别,而且补偿标准应属于"拆一补一",即有多少建筑面积即可产权调换多少建筑面积的安置房,只是基于以非商品性质住宅房屋进行房屋产权调换的情形,调换后的安置房仍为非商品性质房屋。

总而言之,《深圳市房屋征收与补偿实施办法(试行)》需要对除按照"两规"规定处理取得方式以外的其他"绿本"房产证书所在房屋如何补偿,进行更进一步的明确规定。

(5)"两户一栋"问题

对于"两户一栋"问题,仍然通过案例来予以说明。

深圳市某房屋征收项目涉及一处私宅房屋,房屋征收部门在核查过程中发现,根据被征收人提供的房地产证显示,被征收房屋于1993年竣工,1995年取得产权证书,证载权利人为C父、C母、C先生三人,共有方式为按份共有。C先生为C父、C母婚生子,C父于2014年去世。经核查,C母、C先生分别符合"原村民一户一栋"补偿资格。被征收房屋系C父和C母建设,1995年C父、C母申请房产证时将其儿子C先生名字也加入房屋共有权利人中,各占1/3份额。后房屋征收部门调取被征收房屋申请建设的原始材料发现,该房屋的"两证一书"显示该房屋是C父申请住宅用地建设而来,因此该房屋为C父户使用其原村民住宅用地权利建设的房屋,其后C父在申请房产证时将妻子C母、儿子C先生名字加入房屋共有权利人中。因此,在被征收房屋上有C母、C先生两个"一户一栋"资格补偿指标。

在上述案例中,被征收房屋为C父、C母户根据"原村民一户一栋"政策建设而来,因此属于C父、C母户"一户一栋"补偿资格所在房屋,而C先生仅作为该房屋的共有权利人。根据目前的补偿政策,对于以"原村民一户一栋"资格申报建设的房屋,补偿时必须以该原村民的"一户一栋"补偿资格进行确权补偿,因此,C母应当在被征收房屋上享受"一户一栋"补偿政策。而被征收房屋取得房产证书的时间为1995年,并非按照"两规"办理的"绿本"房屋,也未发现相关文件信息明确显示该房屋为C先生"一户一栋"资格所在房屋。因此,被征收房屋的补偿与C先生"一户一栋"补偿资格不存在"绑定"关系,即对被征收房屋以C母"一户一栋"补偿标准进行确权补偿后,C先生的"一户一栋"补偿资格不应受其影响。从另外一个角度来看,基于"一户一栋"的相关定义,一户原村民仅可建设一栋房屋,从原则上来说,一栋房屋也应当只能由一户原村民享受政策,C先生是在登记为该房屋权利人之后根据政策满足自成原村民一户的条件,考虑到原村民住房保障的立法精神,则应当由C先生户在其自身的房屋上享受“一户一栋”政策。因此,对被征收房屋按权利人C母“一户一栋”标准进行补偿后,应保留C先生“一户一栋”补偿资格,C先生可在其自身的房屋上享受“一户一栋”补偿政策。

(6)非原村民取得原村民非商品住宅施工许可问题

仍然先看案例。

2008年,D先生取得了《深圳市××街道原村民非商品住宅施工通知书》。此后,D先生建设了一栋符合通知书确定建设标准的住宅房屋。后经房屋征收部门核实,D先生并不符合“原村民一户一栋”资格,但出于某种历史遗留原因,当时相关主管部门允许其建设“一户一栋”指标房屋。此时,对于被征收房屋能否按照“原村民一户一栋”标准进行补偿?

根据行政法中的信赖保护原则,即便D先生身份不符合原村民关于“一户一栋”资格的认定,但当时的相关主管部门向D先生颁发了《深圳市××街道原村民非商品住宅施工通知书》,允许其建设“一户一栋”指标房屋,D先生基于对政府行政行为的信赖建设了“一户一栋”。现如今相关部门要以D先生不符合原村民身份为由撤销该审批行为,D先生作为被许可人基于信赖行政许可决定的合法性,投入人力、物力、财力开展了建设行为,因此,对该施工通知书的撤销而产生的损害,相关行政机关应当予以赔偿。除此之外,根据《深圳市房屋征收与补偿实施办法(试行)》的相关规定,被征收房屋应当按照“非原村民所建私房”的相关标准进行补偿。在实践中,对于非原村民标准中的货币补偿部分,也可考虑其建设行为合法性的问题,酌情参照原村民的相关货币补偿标准进行补偿。

(五)关于“原村民”问题的相关建议

至此,笔者对于“原村民一户一栋”的概念定义及衍生问题已经进行了详细分析和探讨。“原村民一户一栋”首先来自原村民身份,而原村民身份主要来自深圳市城市化过程中原农村集体经济组织成员向城镇居民人口发生转变的特定人群身份。根据国家层面的立法精神,结合原农村集体经济组织的相关制度，出于对原村民成员居住权利的保障，在深圳城市化过程中仍然为原村民保留了相关的申请建房等权利。然而，随着城市化进程的深入和城市化实质内涵的需要，以及土地制度变革、建房管控不严等具有深圳特色的历史遗留问题的产生，原村民申请建房问题逐渐扩大成为违建问题。但该问题同时也进一步推进了深圳对原村民居住权利的保障，从保障原村民的建房权利逐步演化成对原村民居住权利的补偿权益，并通过以房屋征收为主的补偿方式具体实现。

由于"原村民一户一栋"补偿资格在房屋征收补偿中意味着更大的补偿权益，因此，被征收人会倾向于自己享有"原村民一户一栋"资格，房屋征收部门也需要认定被征收人的身份，尤其是认定被征收人是否具有"原村民一户一栋"补偿资格。然而，在房屋征收补偿工作的具体实践中，"原村民""一户""一户一栋"等几个看似简单的"点"，使得补偿认定工作非常复杂，特别是在原特区外地区，"一户一栋"的问题首当其冲地成为房屋征收工作的重要难题。鉴于现行主要指导文件《深圳市房屋征收与补偿实施办法(试行)》对于许多"一户一栋"的实践补偿问题并未作特别明确和详细规定，房屋征收部门需要在具体的征收补偿工作中，通过对相关立法精神、法理及"原村民一户一栋"的由来、演变等知识的把握，在每一宗具体的补偿案件中综合分析，既做到依法行政，又做到在现行框架下保障被征收人的最大利益。

解决"原村民一户一栋"补偿资格标准问题，最核心的思想仍然是抓住"一户一栋"的内涵——"一户原村民有权申请建造一栋仅限自身居住的私宅房屋"，实际上即判断该原村民是否享受过其应有的且仅可享受一次的居住权利的保障。其中，需要特别注意一些实际问题，如被征收人是否满足"原村民一户一栋"身份；其是否按照"一户一栋"建有房子；其"一户一栋"补偿资格是否有固化到因"两规"办法处理取得非商品房地产证书的房屋上；在城市化"农转非"的过程中，其是否曾享受过关于原村民居住权利以其他形式进行的保障等。而在判断过程中，要清楚核实上述相关问题的最终目的，是判断被征收人是否具有原村民480平方米的补偿权益，有无相关需要核减的情形存在，该补偿权益是否被固定到某一栋房屋上。仅在该房屋被征收时可享受480平方米的补偿权益等问题，实际也可理解成是对补偿标准、补偿内容的换算。

在房屋征收补偿中,关于原村民身份问题的相关立法及政策,存在前文中所提到的诸如原村民户籍外迁、结婚离婚导致户的认定困难等问题。虽然存在对上位法"宜粗不宜细"的考量,但也应当在现有规定上,更明确部分问题。同时,也可以给予各行政区在面对具体补偿问题时更大的裁量权,或通过制定详细的实施细则加以明确等形式,使各行政区敢于在现实复杂情况面前作出相关决定,有效开展房屋征收工作,并进一步推进深圳市城市化过程。也是由于"原村民一户一栋"的特殊"体质",在深圳市的城市化道路上,在市政项目征收、城市更新、土地整备等各类征收项目的实施过程中,"原村民一户一栋"的数量随着被补偿而减少,或就在不久的将来,深圳市最后一户符合"一户一栋"资格的原村民得到了补偿,然后,"原村民一户一栋"就永远消失在深圳市城市化进程的历史长河中,不复存在。

二、特殊补偿客体问题

在房屋征收补偿工作中,补偿客体除了前文中重点论述的原村民所建的私宅房屋外,也包括其他特殊的补偿客体。有别于一般的私宅房屋,对特殊类的补偿客体进行补偿时,需要根据特别规定判断。本节中,笔者将列举部分特殊补偿客体,并介绍在实践中遇到这类补偿客体时需要注意的相关问题。

(一)祖屋

祖屋是指建成年限较长,建筑结构域建筑风格具备历史特点,与现代建筑有明显区别,但结构完整,未丧失居住功能的房屋。祖屋的权利人一般为原村民、"原籍原地"华侨及港、澳、台同胞,建成时间为20世纪70年代及以前,房屋结构一般为砖木结构或砖瓦结构。

实际上,祖屋也属于原村民所建的私宅房屋,但是基于祖屋的特殊性质,在房屋征收工作中需要对其区分进行补偿:如果被征收人及其"一户"内家庭成员已经在其他地方建有私房或享受了"一户一栋"政策,祖屋可按市场评估价给予补偿;而如果被征收人及其"一户"内家庭成员未在其他地方建有私房或享受"一户一栋"政策,该祖屋的补偿也可按照"一户一栋"的原则进行补偿。对祖屋存在破旧、坍塌等情况的,其所在土地可按相应未建宅基地补偿标准给予补偿,已破旧、坍塌的房屋部分由相关评估公司根据实际破旧和坍塌程度给予评估。部分区的做法是对已完全坍塌的祖屋参照未建宅基地补偿标准给予补偿;对部分坍塌的祖屋,从房屋墙体痕迹可证明其原面积和层数的,按原面积和原层数给予安置或按市场评估价补偿;对祖屋(含部分坍塌祖屋)内,从房屋墙体痕迹可证明其原有层高超过1.1米但不足2.2米的夹层(含已损坏夹层或损毁夹层)的,按建筑面积给予安置或按市场评估价给予补偿。

在深圳部分地区,还存在一类特殊的祖屋——"老围屋"。所谓"老围屋"是指一个宗族曾聚集在一起居住且具有一定历史的古旧住宅,外有晒谷坪、风水塘和围墙,内有天井、庭院,有的甚至有祠堂。①

老围屋内房屋的确权和补偿应与祖屋基本相同,老围屋具有晒谷坪、风水塘、围墙、水井、过厅等公共配套设施的,可将其中除了祠堂以外的公共配套设施部分的补偿金额按照每户的建筑面积分摊。而祠堂的补偿,最主要的是确定协议对象,根据房屋征收补偿工作的实践经验,一般将集体即社区居委会或者居民小组作为补偿对象,并在补偿协议中注明该补偿款归某姓氏共同所有。祠堂原则上按货币补偿方式给予补偿,考虑到祠堂的特殊性,可采用普通住宅商品房交易均价的标准给予补偿。特殊情况下,安排异地统一重建。

对于这类历史悠久的古建筑物,通常而言缺少相关的权属证书证明,且存在该建筑物原先居住的族人因生活条件等问题纷纷迁出等情况,导致房屋征收部门在涉及此类建筑时的征收实践中,很容易出现找不到相关权利人的情形。此时,需要秉承尊重历史的原则,通过与属地基层管理组织如原农村集体经济组织继受单位、居民小组、社区工作站、街道办事处等调查核实具体情况,明确相关被征收人。

(二)不可移动文物

在古建筑物补偿中,存在一类受到相关法律保护的建筑,该类建筑即为"不可移动文物",对此,政府应更为谨慎合法地开展补偿工作。关于特殊被

---

① 祠堂是一个宗族用来进行祭祖或者其他宗族活动的场所,一般情况下祠堂都会有比较久远的历史。

补偿客体“不可移动文物”的相关问题,在此试举一例。

深圳市某房屋征收项目涉及一处私宅房屋,房屋征收部门在对被补偿人T先生一户的被补偿房屋进行权属核查时发现,该被征收房屋为T氏炮楼院,属于不可移动文物。后T先生一户就该被征收房屋T氏炮楼院与房屋征收部门达成一致并签订了补偿协议。根据国家文物局制定的《第三次全国文物普查不可移动文物登记表》获悉,T氏炮楼院确属不可移动文物,使用单位(或人)为T氏族人,保存现状较好,并具有一定的文物价值。某区文体旅游局认定该房屋为文物并在房屋上挂起相应牌匾。在这种情况下房屋征收部门能否先根据补偿协议书支付补偿款完成房屋的交接,然后再根据文物保护的相关规定对T氏炮楼院进行处置?

《民法典》第二百四十条规定:“所有权人对自己的不动产或者动产,依法享有占有、使用、收益和处分的权利。”权利人T先生对自己的不动产,依法享有处分的权利。《文物保护法》第二十五条规定:“非国有不可移动文物不得转让、抵押给外国人。非国有不可移动文物转让、抵押或者改变用途的,应当根据其级别报相应的文物行政部门备案。”该炮楼院属非国有不可移动文物,不得转让、抵押给外国人,但对转让、抵押给外国人之外的其他处置方式并无禁止性规定,因此,权利人与房屋征收部门以签订征收补偿协议的方式进行处置并不违反法律、法规的规定,但需要在签订协议时向文物行政部门进行备案。《文物保护法》第六条规定:“属于集体所有和私人所有的纪念建筑物、古建筑和祖传文物以及依法取得的其他文物,其所有权受法律保护。文物的所有者必须遵守国家有关文物保护的法律、法规的规定。”第七条规定:“一切机关、组织和个人都有依法保护文物的义务。”T氏炮楼院属于个人所有的建筑物,无论是现权利人T先生还是征收发生后的权利人都必须遵守国家有关文物保护的法律、法规的规定及都享有依法保护文物的义务。因此,对T氏炮楼院进行征收并不会影响对该文物的相关保护工作。《文物保护法》第二十条前三款规定:“建设工程选址,应当尽可能避开不可移动文物;因特殊情况不能避开的,对文物保护单位应当尽可能实施原址保护。实施原址保护的,建设单位应当事先确定保护措施,根据文物保护单位的级别报相应的文物行政部门批准;未经批准的,不得开工建设。无法实施原址保护,必须迁移异地保护或者拆除的,应当报省、自治区、直辖市人民政府批准;迁移或者拆除省级文物保护单位的,批准前须征得国务院文物行政部门同意。全国重点文物保护单位不得拆除;需要迁移的,须由省、自治区、直辖市人民政府报国务院批准。"因此,在房屋征收项目中原则上应当尽可能避开不可移动文物T氏炮楼院,但因特殊情况不能避开的,应当对其尽可能实施原址保护并根据文物级别报相应的文物行政部门批准。

综上所述,被征收人对自己的房屋拥有处置权利,被认定为文物并不能剥夺其自由处分财产的权利,但被征收人签订补偿协议的同时需向相应的文物行政部门进行备案。法律强制性规定了每个被征收人都必须遵守国家有关文物保护的法律、法规的规定并承担依法保护文物的义务,因此,支付补偿款后被征收人把房屋交给房屋征收部门并不会影响该文物的相关保护工作。房屋征收部门与T氏炮楼院的权利人T先生签订补偿协议、支付补偿款并未违反相关法律、法规的规定,但补偿过程中需注意有无向文体旅游局进行备案。另外,在支付补偿款、完成房屋交接工作后,处置房屋前,需先联系文体旅游局,询问相关文物保护、保全要求,并根据《文物保护法》的相关规定妥善开展处置工作。

(三)宅基地

1. 未建宅基地

在前文关于原村民居住权利的保障制度中,曾提到原村民户在具备条件时可申请一块居住用地用以建房,而此时的建房用地一般被称之为宅基地。宅基地,是指家庭户用作住宅基地而占有的土地。当前,城镇住宅通常是由房地产开发企业建造的楼房,一般住户并未涉及宅基地概念,因此宅基地主要是指农村宅基地。① 值得注意的是,农村宅基地的所有权属于农村农民集体成员所有,宅基地的相关权利在某些情形下,也可能成为房屋征收工作中的被补偿客体。

《土地管理法》第六十二条规定:"农村村民一户只能拥有一处宅基地,其宅基地的面积不得超过省、自治区、直辖市规定的标准。……农村村民建住宅,应当符合乡(镇)土地利用总体规划、村庄规划,不得占用永久基本农田,

① 除非特别注明,下文中的"宅基地"均指农村宅基地。

并尽量使用原有的宅基地和村内空闲地。编制乡(镇)土地利用总体规划、村庄规划应当统筹并合理安排宅基地用地,改善农村村民居住环境和条件。农村村民住宅用地,由乡(镇)人民政府审核批准;其中,涉及占用农用地的,依照本法第四十四条的规定办理审批手续。农村村民出卖、出租、赠与住宅后,再申请宅基地的,不予批准。……”

《民法典》第三分编用益物权第十三章亦对“宅基地使用权”作了规定。第三百六十二条规定:“宅基地使用权人依法对集体所有的土地享有占有和使用的权利,有权依法利用该土地建造住宅及其附属设施。”第三百六十三条规定:“宅基地使用权的取得、行使和转让,适用土地管理的法律和国家有关规定。”第三百六十四条规定:“宅基地因自然灾害等原因灭失的,宅基地使用权消灭。对失去宅基地的村民,应当依法重新分配宅基地。”第三百六十五条规定:“已经登记的宅基地使用权转让或者消灭的,应当及时办理变更登记或者注销登记。”

根据上述规定,可以看出宅基地使用权指的是宅基地使用权人依法有权在集体所有的土地上建造住宅及其附属设施的权利,即原村民有权在其申请所得的宅基地上建造私宅。在原村民的宅基地申请经批准后,[①]其对该宅基地享有的是使用权,宅基地的所有权仍归集体所有,并未发生转移。然而,在现实情况中,由于深圳市城市化的原因,深圳市原农村的宅基地制度在城市化过程中可能存在一定的滞后性,同时,由于经济等原因,部分人群无法在申请已获得批准[②]的宅基地上建造房屋,导致宅基地一直空闲,一般称这种宅基地为“未建宅基地”。在实践中往往需要考虑对该类宅基地相关权利的补偿问题,在此试举一例。

深圳市某房屋征收项目涉及T村一块未建空地。经房屋征收部门核实,根据权利人提供的身份证明和村里出具的相关证明显示,被补偿人W先生原为T村村民,20世纪70年代外迁去香港,现为香港居民。根据权利人提供的

---

① 值得注意的是,在深圳市完成城市化征转土地后,深圳市范围内理论上不再存在集体所有土地,也因此不再产生新的宅基地,但因现实情况较为复杂,在现实中可能与理论不一致,其属于历史遗留问题,此处暂不赘述。

② 实际上也包括通过交易行为取得的情况,该类情况较为复杂,也属于历史遗留问题,此处暂不赘述。

“两证一书”、收据等资料，该空地由W先生于1993年向原宝安县某镇国土管理所购得，面积约120平方米，原宝安县某镇人民政府还签发了《宝安县居民(私人)兴建住宅用地批准通知书》。此情形下，对于该未建空地该如何进行补偿？

2004年的《土地管理法》第四十七条第一款规定：“征收土地的，按照被征收土地的原用途给予补偿。”《深圳市人民政府关于进一步完善房屋征收补偿机制的若干意见》(深府函〔2016〕306号)第三条规定：“房屋征收涉及下列空地的，按以下标准补偿：(一)属于原村民未开发建设的宅基地的，每宗宅基地以建筑面积480平方米的标准，按照100%住宅用地公告基准地价予以货币补偿。……”根据上述规定，关于延续非原村民占有使用宅基地补偿事项，对非原村民占有使用宅基地补偿的个案做法，合法部分参照《深圳市人民政府关于进一步完善房屋征收补偿机制的若干意见》(深府函〔2016〕306号)中关于原村民未开发建设的宅基地补偿标准实施。

《土地管理法》第九条规定：“城市市区的土地属于国家所有。农村和城市郊区的土地，除由法律规定属于国家所有的以外，属于农民集体所有；宅基地和自留地、自留山，属于农民集体所有。”第六十二条第二款规定：“农村村民一户只能拥有一处宅基地，其宅基地的面积不得超过省、自治区、直辖市规定的标准。”此外，最高人民法院物权法研究小组亦对宅基地相关问题提出了相应的指导意见：“宅基地使用权不得单独转让，有下列转让情况，应认定无效：(1)城镇居民购买；(2)法人或其他组织购买；(3)转让人未经集体组织批准；(4)向集体组织成员以外的人转让；(5)受让人已有住房，不符合宅基地分配条件。”[①]根据上述规定和相关指导意见，宅基地属于农民集体所有，非集体经济组织成员不能获得宅基地。

因此，非原村民W先生通过支付对价的方式取得空地，并且获得相关报建手续，该行为严格上来说并不符合《土地管理法》《民法典》的相关规定，将该空地定性为宅基地并参照宅基地标准给予补偿的做法具有一定的风险。但W先生最初取得空地时支付了相关费用，取得政府部门核准的“两证一

---

① 最高人民法院物权法研究小组编著：《〈中华人民共和国物权法〉条文理解与适用》，人民法院出版社2007年版，第455～465页。

书”，并且空地闲置多年也并无违建行为，本着尊重历史实事求是的原则对W先生空地参照宅基地标准给予补偿具有一定的合理性。

对于整体的宅基地而言，涉及的是相关权利人在其宅基地上建造房屋的权利，在房屋征收工作中考虑到的是对宅基地使用权人相关权益的补偿。然而，在实践工作中，经常会遇见被征收人提出其宅基地原本划定范围存在未使用的土地面积，要求对该部分未使用土地的相关权益进行补偿。对此，对未使用的土地面积可参照宅基地标准予以补偿。

2. 门前空地

举例如下：

深圳市某房屋征收项目涉及征收一处私宅房屋。根据房屋征收部门核查发现，被征收人持有两本国有土地使用证，该两本使用证证载土地面积之和为200平方米，该房屋占地面积为110平方米，现剩余90平方米的空地。上述空地原先是由围墙与房屋构成一个类似院落的封闭使用区域，后因道路改造施工原因，围墙被拆除。被征收人要求除被征收房屋主体外，另行对被征收房屋门前的90平方米空地给予补偿。

对于案例中这类诉求，目前并未有明确规定如何处理，而这类诉求往往是出于被征收人作为一般民众群体所产生的朴素观念，可能是在看到他人有未建宅基地得到补偿之后，认为自己的宅基地虽然已建有房屋，但房屋占地面积小于宅基地占地面积，剩余面积部分也应当得到相应补偿。对于宅基地占地面积中的未建面积是否可以进行补偿其实存在一定争议。因为宅基地系对原村民居住权利的保障，根据前文对“原村民一户一栋”概念的探讨和理解，此时的宅基地应当属于一个整体，允许原村民在一块宅基地上建成一栋房屋。而宅基地的面积是对所建成房屋占地面积的一个限制，即要求原村民在建房时不得超过所批准的用地面积。因此在原村民宅基地申请获批并建房后，可看作对其居住权利的保障已实施完毕，不应仍就所批准宅基地占地面积的未建足部分再次获得补偿。故对此情况下是否可以进行补偿，仍需有更明确的规定才能指导具体补偿工作。

三、权属核查需要注意的问题

如第四章中所述，房屋权属核查主要是房屋征收部门对征收范围之内的房屋的区位、权属、用途、建筑面积等情况进行核查,并根据核查结果拟定征收补偿方案。因此,房屋权属核查是房屋征收中重要的一个环节,核查人员应当采取入户调查的方式对房屋的区位、面积和结构等进行核查,并分类归档,做到一户一档案。核查人员应当按照法定程序进行登记和记录情况,告知被征收人工作流程和要求,切实维护被征收人的合法权益。

(一)“分栋”问题

前文中曾提到过一栋房屋上存在两个“一户一栋”补偿资格的情形,而实践中,还存在表面上为一栋房屋,实际上为多栋连体房屋合在一起的情形。此时,为贯彻尊重事实、实事求是及公平原则,房屋征收部门需要先对该连体房屋根据房屋构造等实际情况进行分栋“手术”,分成独立的多个房屋建筑个体后,再分别进行补偿。[①] 在此试举一例。

深圳市某房屋征收项目涉及一栋私宅,房屋基底面积120平方米,总建筑面积700平方米。该房屋为一栋连体建筑,有两个不同的门牌号:XYZ路1号、XYZ路2号。XYZ路1号基底面积60平方米,建筑面积350平方米;XYZ路2号基底面积60平方米,建筑面积350平方米。房屋征收部门核查得知,形成连体的两户房屋之间有实体墙分隔,且均有独立的入户门、门牌、水电表、厨房、卫生间及楼梯等生活配套设施。两户房屋的权利人S、L承诺各自独立使用两户房屋,且有XYZ村居委会予以证明,同时,XYZ村居委会就用地情况提供了相关证明,证明该连体房屋系S和L二人合建且共同享有对该土地的使用权。

在本案例中,由于两户房屋户间不互通,有实体墙分隔,各自有独立的入户门、门牌、楼梯间等,事实上属于各自分开、独立使用的两户房屋,仅因共用一面实体墙而连在一起;且两户房屋各自有厅、房、厨、卫等功能空间,因此两户房屋的使用人均可独立使用房屋,两户房屋各自具备住宅的基本功能。因此,房屋征收部门应尊重事实,为保障所有被征收人的合法权利,对连体房屋按两户住宅房屋进行确权、补偿。

针对此类“分栋”问题,由于“一户一栋”补偿指标的存在,将一栋私宅分

① 因最终结果是分成多户权利人进行补偿,部分区实践中又称之为“分户”。

成多栋私宅进行补偿的，相应的补偿权益将增加许多。因此，房屋征收部门对“分栋”的相关原则和细节的把握，主要在于判断房屋是否实际由多户人家分开、独立的使用，每户房屋拆开来看均满足独立构成住宅房屋的基本功能，仅因共建或其他原因连在了一起。只有在这种情形下，才可以对该连体房屋按照多户房屋的标准进行确权、补偿。相反，如果一栋房屋虽然为多户人家合建而成，但建成后不具备各户人家分开使用的客观情况的，只能认为该栋房屋为多名权利人简单共有，不适用“分栋”标准进行补偿。

（二）补偿面积核查

补偿面积确认是房屋征收权属核查工作中的一个重点，一般情况下，已办理房地产权利证书的，按照房地产权利证书确定补偿面积；未办理房地产权利证书的，按照实测面积进行确认。但在实际工作中，常常会遇到“证载建筑面积”与“实测建筑面积”不一致，或者房屋局部结构虽然具备使用功能但按现行测绘规范无法计入建筑面积的情况。

为保障被征收人的利益，政府应本着尊重事实的原则进行面积确认。被征收房屋有“绿本”房地产证或房地产证的，如果证载建筑面积超过实测面积，可以按照证载建筑面积给予赔偿，但是赔偿面积与实测建筑面积的误差不得超过5%；被征收房屋没有“绿本”房地产证或房地产证的，或者虽有“绿本”房地产证或房地产证但被征收房地产超过证载面积的，可以参照“两规”标准扣减相应的地价及罚款后，按照实测建筑面积给予补偿。

（三）房屋建设时间核查

此外，在房屋征收补偿工作中，对深圳市房屋征收中无产权登记的私宅建筑进行核查时需要注意建设时间节点。为了遏制其发展势头，避免“违法建筑行为侵占国家土地资源、社会财富、公共利益，严重影响深圳市建设现代化国际性城市目标”，深圳市人民代表大会常务委员会于 1999 年 2 月 26 日通过了《深圳市人民代表大会常务委员会关于坚决查处违法建筑的决定》，要求市政府职能部门从多个方面坚决依法清理、拆除违法建筑，特别是对 1999 年 3 月 5 日，即该决定施行后所建的违法建筑一律查处。2002 年深圳实施《深圳经济特区处理历史遗留违法私房若干规定》《深圳经济特区处理历史遗留违法经营性房屋若干规定》，对 1999 年 3 月 5 日前建的大部分违法建筑申报登记、接受罚款、补缴地价等手续给予了其合法身份。而2009年6月2日正式实施的《深圳市人民代表大会常务委员会关于农村城市化历史遗留违法建筑的处理决定》确认产权的范围不仅扩大到1999年以后抢建的私房,而且扩大到私房外的所有违法建筑。上述决定规定只接受2009年6月2日前建成的房屋登记。因此,在房屋征收补偿工作中,2009年6月2日是一条绝对的红线,对于2009年6月2日后未经批准私自建设、加建、扩建的私宅房屋,一律不得进行补偿。

(四)补偿对象核查

1. 同一房屋上存在多本房屋产权证书的问题

正常情况下,同一房屋上应当仅存在一本房屋产权证书。然而在实际中,由于现实情况的复杂性,也可能出现同一房屋上存在多本房屋产权证书的情形。在此先举一例。

深圳市某房屋征收项目中,H先生提出其为被征收房屋的所有权人,并提供一份惠阳县人民政府颁发的,落款日期为1953年的土地房产所有证作为佐证。土地房产所有证上记载:"L氏家庭户共计房屋肆间,地基拾伍坵。其中楼房叁间东至泉巷,南至某某某,西至某某某,北至某山;一间东至某某某,南至某某某,西至某巷,北至自己天井。"①H先生声称其为土地房产所有证中所提到L氏家庭的后人,认为土地房产所有证是该房屋的有效权属证明。

根据档案资料记载,20世纪五六十年代,因G为家庭户的家庭成分为地主,后来被划分为"五类分子",其有一间房屋(为方便区分,下文称为G氏旧宅)被村革命委员会分配给HMM家庭户居住使用。

1975年,当地氏族负责人考虑到当时L氏家族成员居住情况,将L氏家庭户房屋(被征收房屋)与HMM家庭户居住房屋(G氏旧宅)进行互换。其后G氏旧宅一直由L氏家庭户及继承人H先生居住到20世纪90年代,后该房屋一直处于闲置状态。截至房屋征收工作开始时,L氏家庭户及其继承人H先生未就置换后的房屋(G氏旧宅)办理任何权属证书。

1992年,HMM家庭户就置换后的房屋(被征收房屋)取得了宝安县颁发

① 文中"某某某"均为人名,意思指的是与某某某家比邻,其中内容主要是指房屋的位置。

的集体土地建设用地使用证，上面记载："土地使用者 HMM，地址宝安县某某镇某某村，地号×××，用地面积 80 平方米，建筑面积 80 平方米，用途住宅，四至范围：东至水田，南至某某某住宅相联，西至村道，北至鱼塘，发证机关为宝安县国土局。"

而就在此时，G 家庭户的继承人 GBB 就 G 氏旧宅房屋主张权利，认为 G 氏旧宅房屋属其祖宅，并提供了土地房产所有证（内容同上述被征收房屋土地房产所有证，为惠阳县人民政府于 1952 年颁发），GBB 认为，20 世纪 60 年代，其父亲 G 因特殊情况，将其祖宅交由村民委员会分配给 HMM 家庭户居住。

本案例中有两处房屋：被征收房屋与 G 氏旧宅，其中 G 氏旧宅曾因历史原因发生过分配给他人使用的情形，后两处房屋又出现了占有使用对调的情况。最后被征收房屋上存在两份权属证明，而两处房屋上均存在两名宣称房屋所有权的个人，一位是 H 先生，其提供惠阳县人民政府 1953 年颁发的土地房产所有证，称该房屋为其祖上房产；另一位是 HMM，其提供宝安县 1992 年颁发的集体土地建设用地使用证，且为目前的房屋实际使用人。本案例因涉及房屋年代久远，其间又因历史原因导致房屋实际占有控制权的变动，相对较为复杂，需要逐步进行分析。

首先，关于被征收房屋权属的认定问题，根据《民法典》第二百零八条规定："不动产物权的设立、变更、转让和消灭，应当依照法律规定登记。动产物权的设立和转让，应当依照法律规定交付。"第二百零九条第一款规定："不动产物权的设立、变更、转让和消灭，经依法登记，发生效力；未经登记，不发生效力，但是法律另有规定的除外。"第二百一十条规定："不动产登记，由不动产所在地的登记机构办理。国家对不动产实行统一登记制度。统一登记的范围、登记机构和登记办法，由法律、行政法规规定。"

因此，只有按现行有效法律法规相关规定进行不动产物权登记的，才能产生物权法律效力。就农村集体土地使用权而言，只有按照我国现行《土地管理法》、《土地登记规则》（〔1995〕国土［法］字第 184 号）等法律法规规定进行不动产登记，才能产生物权法律效力。

已失效的《广东省土地证书颁发办法》（粤府〔1987〕138 号）第二条规定："土地证书是土地所有权或土地使用权的法律凭证。合法的土地所有权和使用权受国家法律保护，除国家依法变更外，任何单位和个人不得侵犯。”第四条规定：“我省境内拥有农村集体土地所有权的农业集体经济组织（以下简称集体土地所有者），以及使用国有或集体所有土地的单位和个人（以下简称土地使用者），必须按照本办法规定申领或换领土地证书。”第九条规定：“领证（换证）工作截止于 1992 年底。当事人居住在香港、澳门、台湾地区和国外的，换证截止期限延长至 1995 年底。”第十七条规定：“本办法自 1988 年 1 月 1 日起施行。过去有关颁发土地证书的规定即行废止。”

结合上述相关规定，特别是《广东省土地证书颁发办法》第十七条规定，自 1988 年 1 月 1 日起过去有关颁发土地证书的规定即行废止。虽然《广东省土地证书颁发办法》现已失效，但从整体历史变迁角度来看，在 1988 年的时候，过去颁发土地证书的规定废止，而持旧证的群体最迟需于 1995 年年底前换证。因此在本案例中，惠阳县人民政府于 1953 年颁发给 L 氏家庭户的土地房产所有证已经失效，已不能作为 L 氏家庭户及其继承人 H 某拥有土地使用权及地上建筑物的法定物权凭证。HMM 家庭户于 1975 年通过与 L 氏置换房屋，并于 1992 年就置换后的房屋取得了宝安县颁发的集体土地建设用地使用证，因此被征收房屋实际权利人应为 HMM 家庭户，可确定 HMM 家庭户为被征收人。

其次，再看关于 G 氏旧宅房屋权属的认定问题，根据当时的法律《土地改革法》第三十条规定：“土地改革完成后，由人民政府发给土地所有证，并承认一切土地所有者自由经营、买卖及出租其土地的权利。土地制度改革以前的土地契约，一律作废。”《最高人民法院关于贯彻执行民事政策法律若干问题的意见》（〔1984〕法办字第 112 号）第六部分“房屋问题”第五十三条规定：“有关土改遗留的房屋确权纠纷，一般应以土改时所确定的产权为准。土改时地主、富农被没收、征收的房屋，已确权给他人或归集体所有的，应依法保护。”

因此，对于 G 氏旧宅房屋的权属情况，H 某家庭户并不能提供任何证据进行证明；相反，G 的继承人 GBB 在没有按现行法律法规的规定申领或换领土地证书的情况下，其提交的惠阳县人民政府于 1952 年颁发给 G 家庭户的土地房产所有证虽已失效，不能作为拥有土地使用权的物权凭证，但土地房产所有证是土地改革遗留的房屋产权纠纷时认定房屋归属的重要依据之一；

同时根据上述有关土地改革遗留的房屋产权纠纷的规定，一般应以土地改革时确定的产权情形为准。因此，就该案例各方提交证据情形来看，G氏旧宅房屋应当确权给G的继承人GBB。[①]

综上所述，因HMM家庭户长期占有使用置换后的房屋，并于1992年取得了集体土地建设用地使用证，可确定HMM为被征收人；对G氏旧宅房屋权属，因G的继承人GBB能提供G氏旧宅房屋的土地房产所有证，且目前L氏家庭户无法提供任何证据证明测绘编号G氏旧宅房屋归属于L氏家庭户及其继承人H的情况下，可确定G的继承人为G氏旧宅房屋所有权人。

2. 私宅房屋存在转让情形

先举一例。

房屋征收部门在对S村一间被征收房屋进行权属核查时发现，该房屋未办理相关产权证书，"两规"登记的申报人为E先生，但该房屋的现有使用人为S先生。经房屋征收部门核查了解，该私宅房屋曾经历过好几次私下转让情形，E先生与S先生之间并非直接合同关系，最后一份转让合同的受让人为S先生。

在本案例中，首先应当注意"两规"登记问题，如前文中所提到的，"两规"登记仅仅是作为一个普查工作，其登记不等同于不动产登记，并不具备法定效力。因此，即使被征收房屋"两规"登记的申报人为E先生，也不能直接认为此情形下E先生即是房屋所有权人，在被征收房屋仅有一个"两规"登记申报人，缺少相关产权证书的情况下，房屋征收部门仍需结合实际情况进行权属核查，包括该房屋是否具有除实际使用人以外的他人主张权利，权利人是否能提供建房的原始批文如"两证一书"等材料对权属进行佐证等。

而关于私宅房屋转让在司法实践中的合法性问题，以"郑某龙诉李某扬房屋买卖合同纠纷二审案"[②]为例，二审法院经审查后认为，本案双方转让房屋涉及的土地为农民集体所有土地，违反了《土地管理法》第六十三条之强制性规定，即"农民集体所有的土地的使用权不得出让、转让或者出租用于非农业建设"，故原审认定被上诉人李某扬与上诉人郑某龙于2015年6月10日

---

① 此处仅作理论分析，实际上该处房屋的权属在实践中仍需要结合历史背景、事实情况进行分析核查。

② 参见深圳市中级人民法院(2016)粤03民终19214号行政判决书。

签订的房地产转让协议为无效合同,并根据《合同法》相关规定,判决双方返还各自因本合同取得的财产,并根据双方的过错承担相应的责任,于法不悖。该案在判决书中清晰地诠释了基于农村集体土地使用权而建成的私宅房屋,因违反《土地管理法》第六十三条而被认定为无效。可见,司法上并不认可集体土地上私宅的买卖合同效力。

需要注意的是,关于原村民所建私宅房屋转让问题,很容易牵扯到另外一个类似概念——"小产权房",①但二者仍存在一定差别。"小产权房"大多数都是违法建设的,即买卖标的本身存在违法性,其在严格意义上属于违法建筑;而农村宅基地上的房屋对于宅基地使用权人而言具有一定的合法性,只是法律法规对其交易进行了限制。深圳市的主流观点也是如此:"全市土地所有权均属国有。……深圳并不存在所谓'小产权房'。……'小产权房'通常是指在农村集体土地上建设、向社会公众租售的房屋。国家层面的相关文件提及'小产权房'时侧重于三个方面:占用农村集体所有的土地;占地的违法性;主体方面强调是城镇居民到农村购置。深圳市经过1992年、2004年两次农村城市化改造,全市原农业户口人员已全部转为城市居民,农村集体土地已转为国有,土地所有权实现了从国家所有和农村集体所有的二元结构到国家所有的一元结构转变。在全市土地已经国有化的大背景下,深圳农村城市化历史遗留违法建筑在占地性质方面,与'小产权房'存在本质区别,是农村城市化的历史进程中所产生的若干问题之一。"②

综上,原村民所建私宅房屋的转让因合法性问题可能会被司法机关认定为无效。而在房屋征收实践工作中,经常会遇到通过转让取得的房屋,此时无论将房屋权属核查给转让关系中的任何一方,其他方都可能提出异议、主张自身权利,遇到此情形需要建议各方先通过法律解决争议,此后再确定征收补偿的当事人。

(五)补偿客体用途核查

一般情况下,房地产用途根据房地产权利证书记载确认的房地产性质和用

---

① "小产权房"主要是指在农村集体土地上建设的,未办理相关证件,未缴纳土地出让金等费用的房屋。"小产权房"不是法律概念,是人们在社会实践中形成的一种约定俗成的称谓。

② 丁荡新:《深圳不存在"小产权房"》,载《深圳晚报》2016年1月20日。

途为准，土地法定用途与房屋法定用途不一致的，应以土地法定用途为准。未提供任何产权证明文件的，根据深圳市有关历史遗留违法建筑处理规定进行用途确认。在房屋用途确认的过程中，应本着尊重历史，平衡各方利益的原则，对被征收人给予合理补偿。以下对几种稍显特殊的客体用途进行介绍：

1. 综合楼

先来看一个案例。

深圳市原特区外某房屋征收项目中，房屋征收部门在对U村一被征收房屋进行权属核查时发现，被征收房屋系由原U村经济合作社与M双方合建而成，缺少合法有效的规划证明文件，并且没有房地产登记信息及相关房地产权证书。被征收房屋的现状用途是第一层为商铺，用作商业使用，而第二层至第七层属于居住环境，作住宅使用。

《深圳市房屋征收与补偿实施办法（试行）》第二十七条第一、二款规定："被征收房屋的建筑面积（包括套内建筑面积）与房屋用途的认定，以房地产权证书、房地产登记簿记载的面积和用途为准；但房地产权证书记载与房地产登记簿记载不一致的，以房地产登记簿记载为准。房地产权证书、房地产登记簿未记载或者记载不明的，可以根据合法有效的竣工测绘报告认定房屋建筑面积（包括套内建筑面积），根据合法有效的规划证明文件认定房屋用途。"根据上述规定，《深圳市房屋征收与补偿实施办法（试行）》没有明文规定在不具备房地产权属登记、房地产权属证书、合法有效的规划证明文件的情况下如何认定房屋用途。因此，房屋征收部门根据本款规定仍无法认定被征收房屋的房屋用途的，可以根据房屋设计功能、建筑结构、现状实际用途、权利人申报信息等资料，综合分析后认定房屋用途。上述案例中，鉴于该房屋现用途为一层作商业、二层至七层作住宅，故以该房屋实际用途对该房屋参照住宅类标准补偿存在合理性。

2. 临时建筑

在房屋征收补偿中，还会经常遇到一类补偿客体，即临时建筑。大部分房屋的临时建筑，主要以屋顶的铁皮、房屋屋檐的铁皮、简易房、工厂铁皮棚为主。其中，临时建筑如从始至终未办理过临时建筑手续，或是已办理临时建筑手续但超过期限未拆除的，实际上均属于违法建筑。

《国有土地上房屋征收与补偿条例》第二十四条规定："市、县级人民政府及其有关部门应当依法加强对建设活动的监督管理,对违反城乡规划进行建设的,依法予以处理。市、县级人民政府作出房屋征收决定前,应当组织有关部门依法对征收范围内未经登记的建筑进行调查、认定和处理。对认定为合法建筑和未超过批准期限的临时建筑的,应当给予补偿;对认定为违法建筑和超过批准期限的临时建筑的,不予补偿。"

《深圳市房屋征收与补偿实施办法(试行)》第三十五条"征收未超过批准期限的临时建筑,只给予货币补偿。临时使用土地合同已有约定的,按约定处理。没有约定的,补偿金额根据临时使用土地合同或者临时建设工程规划许可文件规定的使用性质和剩余使用期限及土地使用人支出的土地开发成本、收益等实际情况,经评估后确定。"

根据上述规定,对认定为合法建筑和未超过批准期限的临时建筑的,应当给予补偿;对认定为违法建筑和超过批准期限的临时建筑的,不予补偿。简言之,对未办理临时建筑手续或超过批准期限的临时建筑,不予补偿。

除此之外,《土地管理法》第五十七条第二、三款规定:"临时使用土地的使用者应当按照临时使用土地合同约定的用途使用土地,并不得修建永久性建筑物。临时使用土地期限一般不超过二年。"《城乡规划法》第四十四条第一、二款规定:"在城市、镇规划区内进行临时建设的,应当经城市、县人民政府城乡规划主管部门批准。临时建设影响近期建设规划或者控制性详细规划的实施以及交通、市容、安全等的,不得批准。临时建设应当在批准的使用期限内自行拆除。"《深圳市城市规划条例》(深圳市第六届人民代表大会常务委员会公告第167号)第四十九条第一款规定:"临时建设用地使用期限为两年,期满确需延期的可申请延期一次,但延长期限不得超过一年。使用期满,用地者负责拆除一切临时建筑物、构筑物。"

综合上述规定,临时建筑使用期限为两年,期满确需延期的可申请延期一次,但延长期限不得超过一年。现实中未征转土地上的相关临时建筑基本未取得相关手续,同时部分取得手续的建筑也未申请延期,因此,大部分的临时建筑都是超期限或者无审批文件的。

目前,实践中存在的主要的问题是,对于该部分临时建筑,在法律法规层面本质上属于违法建筑,不能予以补偿。但在实践层面,被征收人房屋于深圳城市化转地前建成,当时建临时建筑无须任何审批,政府后续也未要求完善手续，从某种意义上来说，该部分临时建筑理应得到补偿，实践中亦是这样操作的，但是补偿该部分临时建筑在法律层面并不完全“合法”。

（六）无主房屋确权问题

先举一例。

深圳市某房屋征收项目涉及一栋连体房屋，该栋连体房屋由三户家庭各自居住使用。据房屋征收部门核实，三户家庭中有一户家庭系华侨，现已无法取得联系。因此，房屋征收部门无法对该华侨房屋进行确权，房屋征收工作也无法继续进行。

经过研究，最初提出的方案是让社区股份公司代持该华侨房屋，街道同代持人签订征收协议，补偿款打到代持人账户，由代持人代为保管，待真正权利人出现后，由代持人将补偿款及利息转至权利人账户。但该方案存在的问题是由何人或何组织代持？被征收人以何身份确定补偿款？

第一种解决思路是进行提存。关于提存，现行的主要法律文件是《提存公证规则》（司法部令第 38 号）。在该制度下，提存部门主要是公证机构。《提存公证规则》第五条规定：“债务清偿期限届至，有下列情况之一使债务人无法按时给付的，公证处可以根据债务人申请依法办理提存：……（三）债权人不清、地址不详，或失踪、死亡（消灭）其继承人不清，或无行为能力其法定代理人不清的。”根据上述规定，提存的前提是债的存在。而在尚未和房屋权利人签订征收补偿协议之时，债权债务关系并未形成，补偿款无法提存。

第二种解决思路是由房屋征收部门向法院提出无主物认定申请，由法院作出判决，判决生效后由法院作保全，房屋征收部门组织搬迁拆除。2012 年《民事诉讼法》第一百九十一条规定：“申请认定财产无主，由公民、法人或者其他组织向财产所在地基层人民法院提出。申请书应当写明财产的种类、数量以及要求认定财产无主的根据。”第一百九十二条规定：“人民法院受理申请后，经审查核实，应当发出财产认领公告。公告满一年无人认领的，判决认定财产无主，收归国家或者集体所有。”据此，房屋征收部门可以向财产所在地基层人民法院提出认定财产无主的申请，申请书应当写明财产的种类、数量以及要求认定财产无主的根据。人民法院受理申请后，经审查核实，应当发出财产认领公告。公告满一年无人认领的，判决认定财产无主，收归国家或者集体所有。此时房屋征收部门便可同财产所属的居民小组签订征收补偿协议,继续房屋征收工作。若判决认定财产无主后,原财产所有人或者继承人在法律规定的诉讼时效期间出现,并对财产提出请求,人民法院审查属实后撤销原判决并作出新判决的,房屋征收部门可同房屋权利人重新签订征收补偿协议。

(七)被补偿人取得国(境)外身份后的身份信息核查问题

在房屋征收补偿实践中,房屋征收部门还可能遇到一个关于身份信息核查的问题,即与国内人员相比,被征收人取得国(境)外身份后,公安机关户籍管理部门无法查询其相关身份信息,因此无法核实变更国籍(境外)身份后的被征收人的有效身份信息。如被征收房屋产权登记人为变更国籍(境外)身份前的被征收人,登记的是旧身份证信息,而目前被征收人实际使用的是新的境外身份证、护照等身份证明,则存在无法对应的问题。

《房地产登记技术规程》(住房和城乡建设部公告第 1307 号)规定:“房地产登记后,房地产权利人的身份证明类型、证件号码等内容发生变更,当其申请办理已登记房地产的新登记事项时,提供证明申请主体与登记资料中留存或记载的主体为同一人的材料,应符合下列规定:……境内自然人取得境外居民身份或境外自然人取得境内居民身份,应提交经公证或认证的身份变更证明材料。”据此,我们大致将变更身份的情形分为以下三种:

一是对于境内自然人取得境外(香港、澳门)居民身份的情形,申报人需向香港委托公证人(司法部委托的具有委托公证资格的香港律师)提交香港居民身份证正本、港澳居民来往内地通行证正本(回乡证)、原港澳通行证的个人信息页及只剩签注页复印件、原内地居民身份证复印件等资料,由香港委托公证人出具“同一人”公证文件并将公证书递交至中国法律服务(香港/澳门)有限公司加签。

二是对于境内自然人取得国外居民身份的情形,各国对于“同一人”证明的办事流程及所需材料不尽相同,但基本上都需要到该国外的公证机构、公证人或律师做“同一人”声明书公证,在声明书中写清楚之前的中国名字及身份证或护照号及入籍后的外国名字及护照号,把外国护照和中国护照或身份证复印件附在后面,然后办理该国外交部或相关机构的认证,最后向中国驻该国的使、领馆申请认证。

三是在无法通过提供公证、认证文书情况下，对于合法变更国籍以及合法取得港澳居民身份到国(境)外定居的，房屋征收部门可要求申报人提交港澳居民身份证件、中国政府主管机关签发的居留证件或者其所在国护照、以原户籍身份所办的中国出入境证件、加入外国国籍前使用的中华人民共和国护照，然后，以公函的形式向权利人原在国内的户籍地公安机关调取户籍底册、户口注销档案，向市公安局出入境管理处调取权利人以不同身份出入境的记录或向市公安局户政部门调取注销户口通知书、中华人民共和国退籍证书、入籍归化书、移民登记证明等资料，综合研判被征收人国籍变更前后是否为同一人。

(八)土地权属核查

土地权属核查是国家对土地的所有权、使用权的确定或认可，也是政府行使土地管理权的一个重要方面，其具有管理土地权属、维护土地所有者和使用者的合法权益、防止和解决土地纠纷的重要作用。具体而言，土地权属核查主要包括两种情况：一是政府根据土地管理的需要依法对一定地区的土地权属状况进行调查、核对，认为无误的，予以确认，并颁发所有权证或者土地使用权证；二是经当事人申请，对其所争议的土地所有权或使用权，予以裁决，确定归属。在征收过程中，上述两种情况都有可能出现，征收部门需要通过查看相关土地证件或者土地权属登记簿、流转合同等确定土地的归属和性质。

(九)国有土地上私宅合法性核查

在对私宅房屋进行权属核查时，要特别注意私宅房屋所在地块的性质。一般而言，原村民应在宅基地上建设私宅房屋，但实际情况中也存在占用国有土地进行建设的私宅房屋，在遇到此类私宅房屋时就要特别注意对私宅房屋是否属于违法建筑进行核查。

再以第四章中提到的“陈某森诉深圳市宝安区松岗街道办事处未履行征收补偿职责纠纷二审案”①为例。2013 年 7 月 15 日，被上诉人深圳市宝安区松岗街道办事处与上诉人陈某森签订编号为轨道 11 号线松岗征补〔2013〕第 101 号的征收补偿协议书，对陈某森位于深圳市宝安区松岗街道沙浦围石龙

① 参见深圳市中级人民法院(2016)粤 03 行终 21 号行政判决书。

头工业区,宗号(测绘编号)为 SPW - B - Y253,房屋产权证号为深房地字第5000508486 号,总建筑面积为 4741.63 平方米的物业进行征收。2013 年 9 月 16 日双方又就补偿漏项达成轨道 11 号线松岗征补补充〔2013〕第 25 号的征收补偿补充协议书。两协议书中补偿款共计人民币 14,542,721.00 元。宝安区松岗街道办事处已向陈某森支付了上述全部补偿款项。双方在上述轨道 11 号线松岗征补〔2013〕第 101 号的征收补偿协议书的第九条第三项约定:512.62 平方米的建筑物未列入本协议的补偿范围,甲、乙双方同意若有相关政策出台对上述部分建筑物进行补偿的,双方将再另行签订补充协议。另查明,涉案 512.62 平方米建筑物系在被征收的合法建筑物上临时搭建的,并未取得建设工程规划许可证。2014 年 4 月 2 日,第三人深圳市松岗沙浦围股份合作公司与陈某森签订拆迁补偿协议书,约定对其位于深圳市宝安区松岗街道沙浦围石龙头工业区的 512.62 平方米厂房补偿人民币 400,000 元。陈某森认为其是被迫签订 512.62 平方米厂房的拆迁补偿协议书,请求法院判决宝安区松岗街道办事处以 1300 元每平方米的价格进行补偿,支付补偿差额 266,406 元人民币。而法院认为,根据《国有土地上房屋征收与补偿条例》第二十四条第二款规定:“市、县级人民政府作出房屋征收决定前,应当组织有关部门依法对征收范围内未经登记的建筑进行调查、认定和处理。对认定为合法建筑和未超过批准期限的临时建筑的,应当给予补偿;对认定为违法建筑和超过批准期限的临时建筑的,不予补偿。”参照 2013 年《深圳市房屋征收与补偿实施办法(试行)》第三十三条第二款规定:“对未经申报或者经规划国土部门审查属于依法应当拆除或者没收的农村城市化历史遗留违法建筑,不予补偿。”本案争议涉及的 512.62 平方米建筑物,没有合法建设手续,不是陈某森的房地产证登记的合法建筑面积范围,陈某森没有证据证明经过历史遗留违法建筑“两规”政策申报处理,陈某森与宝安区松岗街道办事处签订的征收补偿协议书和补充协议没有确定予以补偿以及具体补偿标准。因此,陈某森的 512.62 平方米建筑物性质为未经申报确认权利的违法建筑,不属于法定补偿范围。陈某森提交报告请求宝安区松岗街道办事处对 512.62 平方米建筑物进行补偿,深圳市松岗沙浦围股份合作公司签署了情况属实的意见,即深圳市松岗沙浦围股份合作公司认可陈某森提出的补偿请求。因 512.62 平方米建筑物没有评估、没有法定补偿标准,故在法定补偿范围之外,深圳市松岗沙浦围股份合作公司作为陈某森所在征收范围的集体经济组织，使用宝安区松岗街道办事处拨付准备的征收补偿经费，与陈某森通过协商就512.62平方米建筑物的补偿达成协议，应认定为双方协商一致达成的合法有效协议，并已经履行完毕。

根据上述案例可看出，一般而言，对于占用国有土地所建设的私宅房屋会被认定为违法建筑，不具有可补偿性。但实际仍存在例外，即该私宅房屋的建设行为发生在土地转为国有之前，如在土地性质发生变化之时，未对该私宅房屋进行补偿处理的，该私宅房屋便成为历史遗留问题。这一问题将在下一节中详细展开研究。

四、征转土地历史遗留问题

如上所述，2003年10月29日《中共深圳市委、深圳市人民政府关于加快宝安、龙岗两区城市化进程的意见》发布，第三条“准确把握宝安、龙岗两区城市化的工作重点及各项政策措施”中第四项“土地资源”中提出：“村集体经济组织全部成员转为城市居民的，原属于其成员集体所有的土地依法转为国家所有。从宝安、龙岗两区城市化工作正式启动开始，市、区规划国土部门要集中力量依法对这两区的农村集体土地进行清理，并加大管理力度。具体方案由市规划国土部门提出，报市政府批准后实施。”2004年6月26日，深圳市政府发布了《深圳市宝安、龙岗两区城市化土地管理办法》，规定“两区农村集体经济组织全部成员转为城镇居民后，原属于其成员集体所有的土地属于国家所有”。

上述规定表明，与传统模式下的“征用或征收”方式不同，深圳市原宝安、龙岗两区的土地权属随着“两区农村集体经济组织全部成员转为城镇居民后”直接变更为国家所有。深圳市原宝安、龙岗两区在城市化中最为敏感的土地国有化问题上，未采取“正常”途径下的征地方式，而是开创性地采用了“转地”的方式。

当时部分学者认为，“转地”规避和违反了宪法、土地管理法中关于征地的规定。如有的学者认为，在中国的法律框架下，集体土地变为国有土地的过程必然是一个“征收或征用”的过程，该过程必须以公共利益为目的。如果认为农民集体所有的土地可以在农村集体经济组织成员转为城镇居民后，直接“转为”国家所有而不必经历“征地”的过程，是没有充分法律依据的，这实际上是对法律的曲解。[①] 而此后，2005 年 3 月 4 日国务院法制办公室、国土资源部发布了《关于对〈中华人民共和国土地管理法实施条例〉第二条第（五）项的解释意见》（国法函〔2005〕36 号），该解释意见明确指出，《土地管理法实施条例》第二条第五项规定“是指农村集体经济组织土地被依法征收后，其成员随土地征收已经全部转为城镇居民，该农村集体经济组织剩余的少量集体土地可以依法征收为国家所有”。由此，深圳市的“转地”行为独此一份，且在现行土地管理制度及相关法律体系下无法再现。

深圳的“转地”，基本上是通过以下三种方式完成的：

第一种，针对权属不明的土地施行“自然转地”。在现行土地制度下，土地属于国家或集体所有，但在实践中却存在“灰色地带”，最为突出的即是未曾承包到户的农村山林地，该部分山林地是由深圳市农林渔业局负责确认范围的。在转地初期，该部分山林地约有 360 多平方公里，深圳在此次转地过程中，对该部分山林地遵从了“默认国有”的原则，即 360 多平方公里山林地被自然地转为国家所有。农民与政府在转地过程中并未产生明显的冲突，因为该部分土地几乎是未进行过任何开发的。

第二种，针对农民历史上自主开发建设的土地实行“合法化”，把农民集体所有的土地变为“国家所有”。这一方式最具代表性的例子即是宝安、龙岗两区 300 平方公里城市的“已建成区”土地。根据《土地管理法》，农村土地属于集体所有，除了农民宅基地、农村公共建设用地、村组企业用地等，其余土地的使用权不能用于工商开发，仅能用于农业生产。但现实情况是宝安、龙岗两区的企业用地需求旺盛，且从 1990 年开始，深圳农村所有的承包土地绝大部分均用于非农业开发，此即为“已建成区”。2004 年 6 月 26 日发布的《深圳市宝安、龙岗两区城市化土地管理办法》，再次对此前对于“已建成区”的处置办法予以了确认，即政府对农民在“已建成区”中的土地使用权予以承认，不追究其违规责任，但上述两区“已建成区”土地的权属必须统一转为国有，且对于农地征用无须再作出任何补偿。

第三种，将原属农村集体所有的“纯农业用地”通过“适当补偿”的方式转

---

① 韩俊：《质疑行政强制性土地国有化》，载《财经》2004 年第 18 期，第 95～96 页。

为国有。这些需要适当补偿的集体土地,包括宝安、龙岗两区的耕地、林地、山岭、果园、荒地、水面等以及70多平方公里已纳入城市规划范围但尚未完成征地程序和农地转用审批手续的“纯农业用地”。在该种方式下,“适当补偿”包括土地补偿费、青苗补偿费和地上附着物补偿费,“适当补偿”的标准与征地标准大致相同。根据最终确认的数字,深圳市为完成“一次性转地”,计划拿出的资金近200亿元,该资金来源包括深圳市的土地基金、财政预算安排的专项资金,以及由深圳市财政局统一从银行获得的贷款。①

尽管深圳市城市化过程中,农村集体所有土地转为国有,因不是通过征地手段而不存在征地补偿问题,但深圳市仍然从实际出发,比照征地标准,制定了适当的转地补偿标准,该标准包括土地补偿、青苗补偿、地上附着物补偿等。

基于上述历史时代背景,深圳市在土地城市化过程中不走寻常路、另辟蹊径的同时,也伴生了不少历史遗留问题,直接导致房屋征收工作衍生出许多问题。在此试举一例。

深圳市某房屋征收项目涉及F村一处被征收房屋及地上附着物补偿事宜。经房屋征收部门核查,该房屋权利人Q先生符合“原村民一户一栋”补偿标准,房屋建成时间为1999年,房屋所在地块属于国有土地,房屋建成以来从未受过任何形式的补偿。2004年,深圳市规划与国土资源局部门与F村村民委员会签订了征地补偿协议书,协议中约定因涉及重新划定非农建设用地问题而需要将集体土地置换为国有土地,且对被征用土地上的青苗、建筑物、构筑物及附着物和土地将不作任何补偿,无偿提供给规划国土部门使用。

该案例中,被征收房屋属于征转地之前即建成的房屋,征地补偿协议书约定了征地部门对征转土地上建筑物不作任何补偿,而征转地时村集体也未予以补偿,导致被征收房屋建成以来未受过任何主体任何形式的补偿,形成了历史遗留问题。对于此类型房屋,如果由现在的房屋征收部门去进行补偿,则存在几个主要问题:一是该房屋所占土地为国有土地且没有相关房屋产权证书,根据《土地管理法》的相关规定,此类房屋属于违法建筑,不得予以补偿;二是征转地时间距今较久远,房屋征收部门也无法完全掌握该房屋是否曾获得相关赔偿

① 卢彦铮:《深圳农地国有化“特例”》,载《财经》2006年第103期,第101~103页。

及补偿的实际情况，直接进行补偿可能存在重复补偿的行政风险，但如果不予补偿，对于该房屋权利人而言，其建房时间在土地转为国有之前，其建房行为按照后来的政策看待系可获得一定承认的行为，该房屋也具有可补偿性，因此不予补偿违背了相关立法政策及公平原则。基于上述问题，房屋征收部门在面对此类型房屋时，要着重分析未补偿的原因及确认当时应当承担补偿责任的主体。本案例中，签订征地补偿协议书的主体为F村村民委员会，其同意国土部门在征转地之时对地上建筑物不予补偿，则其应当承担相应补偿责任。故，房屋征收部门应当联系该村民委员会的继承单位，核实当时未补偿的事实情况，找出未补偿的具体原因，共同协商解决这一历史遗留问题。

对于占用已征转土地的住宅房屋，部分区的实践做法是：对于征地时未做补偿，且建成时间在征转地时间前的地上建筑物，由街道办事处等相关部门认定后，按照“房地合一”的原则评估补偿，但须扣减该建筑物基底面积涉及的统征地补偿费用，避免重复补偿；对于因历史遗留问题，征转地之后建成的房屋，对建筑物按重置价进行评估补偿；对于部分占用已征转地的，核算已征转地、未征转地上的建筑面积，按上述相关规定分别补偿。

与前面章节中着重讨论房屋征收补偿实践工作中的“怎么补”“补给谁”等问题不同，本节主要关注的是“能不能补”的问题。由于早年的征转土地行为可能存在一定的不规范性，如征转地主体不规范，甚至出现过由镇办企业“代征”土地的情形；又如程序不规范，即征转土地并完成相应补偿行为后，未办理相关土地入库等手续的问题。因此，房屋征收部门在房屋补偿时面对由于这类不规范行为导致的历史遗留问题时，需要尽可能还原历史，查清未补偿的事实情况，找到未补偿的具体原因和应当承担补偿责任的主体，最终结合实际情况采取不同的补偿方式，以便顺利完成房屋征收工作。

五、关于房屋征收模式的探讨

上文已述，《深圳市房屋征收与补偿实施办法（试行）》中并未对房屋征收补偿标准的许多工作细节作具体的规定，但对于房屋征收决定的法定程序，则规定的较为明确。在第四章已经进行详细介绍的基础上，表3中简单展示了从房屋征收决定的启动条件、发布征收提示、制订及公布房屋征收方案、作出房屋征收决定、作出补偿决定的各个工作步骤，以及所对应的条款依据。

表 3　房屋征收工作步骤

工作步骤	具体内容	依据条款*
启动条件	符合国防、外交基础设施建设等社会公共利益需要	第八条
	纳入全市土地整备年度计划	
	全市房屋征收计划	第九条
	项目建设单位取得规划选址与土地预审相关文件	第十条
	项目建设单位取得规划选址与土地预审等相关文件后 3 个工作日内提交房屋征收部门确定拟征收范围	
	项目建设单位已取得发展改革部门的项目建议书或者可行性研究报告的批复	第十九条
发布征收提示	征收范围确定后 3 个工作日内征收部门发布征收提示；征收提示公告后 1 年内未作出房屋征收决定的，应当在年度计划批准后 3 个工作日内再次发布征收提示	第十一条
制订房屋征收方案	房屋征收部门开展前期调查和委托编制征收预算方案，应在征收范围确定后 30 日内完成	第十二条
	房屋征收部门应当在房屋征收范围确定后 30 日内拟定补偿方案报辖区政府	第十三条
	辖区政府组织财政、发改、监察、审计等部门对房屋征收补偿方案进行论证	第十五条
公布房屋征收方案	辖区政府公布房屋征收补偿方案，征求公众意见不少于 30 日	
	征求意见期满后 30 日内，将房屋补偿方案修改情况，在房屋征收范围、政府网站及时公布	
作出房屋征收决定	征收条件具备之日起 3 个工作日内，房屋征收部门提请辖区政府或者报经新区管理机构核准后作出房屋征收决定	第二十条
	作出房屋征收决定之日起 5 个工作日内，在房屋征收范围、政府网站或者深圳特区报、深圳商报，将房屋征收决定公告 3 日，公告日不得为节假日	
	房屋征收决定公告当日，书面通知有关部门和单位暂停办理相关手续，期限最长不得超过 1 年	第二十二条
作出补偿决定	房屋征收实施单位与被征收人在征收补偿方案确定的签约期限内达不成补偿协议的，或者被征收房屋所有人不明确的，报请作出房屋征收决定的辖区政府作出补偿决定，并在房屋征收范围内予以公告	第四十六条

* 表格中的依据条款是根据 2016 年《深圳市人民政府关于修改〈深圳市房屋征收与补偿实施办法（试行）〉的决定》（深圳市人民政府令第 292 号）所列。

在表 3 中，可以看出启动正式的房屋征收决定需要经历严密的程序。正如前文中提到的,考虑到房屋征收行为系国家意志的决定、政府机关的行为,对于民众权益将不可避免地产生影响甚至存在"侵害",因此,在使用这一行政手段之时,应当要严格的奉行程序正当原则。然而,即便在符合如公共利益等条件的前提下,完全依照法定程序开展工作,到最后仍然可能不得不对部分不同意征收的权利人的被征收客体采取强制行为。而这类可能直接导致权利人财产灭失的强制行为,使得作出决定的权力机关不得不直面相应的行政风险与社会维稳风险。

在严格按照《深圳市房屋征收与补偿实施办法(试行)》规定程序的法定房屋征收模式①的启动条件中,纳入全市土地整备年度计划、全市房屋征收计划、项目建设单位取得规划选址与土地预审相关文件等,均属于相关程序性的条件,而"符合国防、外交基础设施建设等社会公共利益需要",相比之下是更需要结合实际情况进行综合判断的启动条件。公共利益的概括性规定必须是为了保障国家安全、促进国民经济和社会发展等公共利益的需要。2010年之前的《宪法》和《物权法》中都没有规定应当基于什么样的"公共利益"才可以进行房屋征收;直至《国有土地上房屋征收与补偿条例》立法时才首次对公共利益进行了界定,明确将因国防和外交的需要,由政府组织实施的能源、交通、水利、教科文卫体、资源环保、防灾减灾、文物保护、社会福利、市政公用等公共事业以及保障性安居工程建设、旧城区改建等纳入公共利益的范畴。该规定罗列了符合征收条件的情形。但一方面,在实际的行政征收中,部分行政机关以"公共利益"为名,却无法提供相关依据,这实际上是以"公共利益"为名侵占土地的非法行为;另一方面,在司法实践中,法院在针对"公共利益"的衡量时也是颇为慎重的,其原因正如前文所说,因为该词的边界不如其他法律概念清晰,所以法院在适用时会尤其慎重。也正因如此,在房屋征收部门启动房屋征收项目时,公共利益的概念也成为"悬在头上的达摩克利斯之剑"。

因此,面对繁复的法定程序、漫长的项目周期以及可能面临的行政风险与社会维稳风险,在房屋征收实践工作中,相对于法定程序的房屋征收决定,

① 下文中除另有说明,对按照《深圳市房屋征收与补偿实施办法(试行)》作出房屋征收决定的征收模式均称为"法定征收模式"。

房屋征收部门更倾向于摸索一条更为灵活、周期相对更短、行政及维稳风险更小的道路。在深圳市部分地区，针对适合的部分房屋征收项目，[①]房屋征收部门已开始摸索一种征收模式，即在不严格按照程序作出房屋征收提示、决定的情形下，通过谈判工作与被征收人达成一致，以签订征收补偿协议的形式开展房屋征收工作。此时，这种以签订协议为主要征收方式的征收模式应运而生。而随之所带来的主要问题是，由于这种协议征收模式一定程度上舍弃了法定征收模式的法定程序和强制性，房屋征收部门与被征收人之间的关系更偏向于平等的合同主体，因此该模式下房屋征收行为的行政行为性质以及该模式下签订的房屋征收协议是否仍属于行政协议，均产生了一定争议。

如2017年修正的《行政诉讼法》第十二条中，关于行政诉讼的受案范围就规定："人民法院受理公民、法人或者其他组织提起的下列诉讼：……（五）对征收、征用决定及其补偿决定不服的……（十一）认为行政机关不依法履行、未按照约定履行或者违法变更、解除政府特许经营协议、土地房屋征收补偿协议等协议的……"对于协议征收模式，其并未按照法定程序作出征收、补偿决定，而该条规定所规定的审理内容仅是针对不履行或违法变更、解除征收补偿协议，而并非针对该征收补偿协议的行为模式以及补偿标准等协议内容。因此，根据这种征收模式所作出的房屋征收行为，是否具备可诉性，被征收人是否具备完善救济权利，仍值得进一步思考与探讨。

无独有偶，上文提到的深圳市所摸索的协议征收模式，在全国范围内也存在类似的征收形式，如"预征收行为"。所谓"预征收行为"，简单而言即是房屋征收部门先组织征收范围内的潜在的被征收人进行"预签补偿协议"谈判，将补偿标准、数额、方式等谈好后进行"预签约"，之后待预签约达到一定比例时正式启动补偿和搬迁工作。而根据《国有土地上房屋征收与补偿条例》之规定，房屋征收的法定程序是先就房屋征收决定和补偿方案进行公告，再按顺序开展调查登记、入户评估、协商签订补偿协议直至作出征收补偿决定，最后申请司法强制拆除。二者对比而言，"预征收行为"主要是通过先行谈判摸底的方式，与被征收人预先签订补偿协议，绕过烦琐的相关法定程序，

---

① 主要指的是一些市政类征收项目，如修建道路、地铁等公共设施，或是其他一些满足城市规划、产业布局等目的的征收项目。

最大限度地避免强拆行为，符合上文提到的"更为灵活、周期相对更短、行政及维稳风险更小的道路"。

在"唐某诉海南省三亚市人民政府行政征收再审案"①中，最高人民法院就认为，2019 年修正的《土地管理法》第四十七条已经将预征收吸收进修改后的《土地管理法》中，成为一项全国范围的正式法律制度。《土地管理法》第四十七条第四、五款规定，拟征收土地的所有权人、使用权人应当在公告规定期限内，持不动产权属证明材料办理补偿登记。县级以上地方人民政府应当组织有关部门测算并落实有关费用，保证足额到位，与拟征收土地的所有权人、使用权人就补偿、安置等签订协议；个别确实难以达成协议的，应当在申请征收土地时如实说明。相关前期工作完成后，县级以上地方人民政府方可申请征收土地。根据上述最高人民法院观点及法律规定，确实可以说先签协议后征收的模式已出现了雏形。

实际上，深圳市某些项目中出现的协议征收模式也好，其他地区的"预征收行为"模式也好，最主要的特征是相比冷冰冰的法定征收决定，征收部门与被征收人的关系更像是平等主体的关系。正因如此，在学界、司法界已经出现了许多探讨，探讨的主要核心即是协议征收模式行为是否仍属于行政行为，抑或是正在朝着民事行为的方向发展以及征收工作中的补偿协议，是否仍属于行政协议，抑或是民事协议。

如前文提到的"唐某诉海南省三亚市人民政府行政征收再审案"②中，最高人民法院裁定书中指出："《最高人民法院关于适用〈中华人民共和国行政诉讼法〉的解释》第一条第二款第十项规定，对公民、法人或者其他组织权利义务不产生实际影响的行为不属于行政诉讼的受案范围。拟征收行为只是市、县人民政府拟对特定范围内土地实施征收的意向，只有经过省级人民政府或者国务院批准后，市、县人民政府才能实际进行土地征收，通常情况下拟征收土地行为对被征收人的权利义务不产生实际影响，不属于行政诉讼的受案范围。"

又如"苏某康诉河北省唐县人民政府、河北省唐县仁厚镇人民政府集体

① 参见最高人民法院（2019）最高法行申 10020 号行政裁定书。

② 参见最高人民法院（2019）最高法行申 10020 号行政裁定书。

土地征收补偿订立行政协议行为再审案”，[①]最高人民法院亦指出，《最高人民法院关于审理行政协议案件若干问题的规定》第二十七条规定，人民法院审理行政协议案件，应当适用《行政诉讼法》的规定；《行政诉讼法》没有规定的，参照适用《民事诉讼法》的规定。人民法院审理行政协议案件，可以参照适用民事法律规范关于民事合同的相关规定。行政协议同时具有行政性和协议性，但是，将其明确为行政诉讼受案范围，主要是基于其行政性特质，而非协议性。因此，前述司法解释规定，人民法院审理行政协议案件要优先适用行政法律规范，行政法律规范没有规定时，在不与行政法、《行政诉讼法》的基本原则相抵触的情况下，可以适用民事法律规范。不是说行政协议既有行政性又有协议性，所以既可以适用行政法律规范，也可以适用民事法律规范。当事人请求确认行政协议无效，实质是对订立行政协议行为不服提起行政诉讼，起诉是否符合法定起诉条件，应当依照《行政诉讼法》规定的起诉条件进行审查判断；订立协议行为是否合法有效，应当依照《行政诉讼法》和相关行政实体法律规范进行审查判断，民事法律规范的适用仅仅是行政法和《行政诉讼法》没有相应规定情形下的一种补充适用。而在集体土地预征收过程中，征收管理部门与被征收人签订的征收补偿协议属于附条件的行政行为，只有在省级人民政府作出征收批复，市县人民政府发布正式的征收公告后，征收补偿协议才能够发生法律效力，对当事人的权利义务产生实际影响。未发生法律效力的征收补偿协议，对当事人的权利义务不产生实际影响，不属于行政诉讼的受案范围。

部分地区也在摸索过程中提出了“模拟搬迁转征收”模式，即政府结合城市规划建设需要等实际情况，根据群众主动要求拆迁的意愿程度确定模拟拆迁区块，然后模拟有关拆迁法律规定程序中的内容开展丈量、评估、签约等工作，同时解决地块内各种拆迁矛盾和问题，由被拆迁人和拆迁人就城市房屋搬迁补偿安置事宜协商并签订模拟搬迁转征收协议。其核心特征是：群众自愿申请改造签名率达到相应比例，即可启动模拟搬迁；在规定时间内，模拟搬迁补偿安置协议签约率达到相应比例模拟搬迁即转为正式搬迁，在转为正式搬迁之后，模拟搬迁协议才产生法律效力；反之，模拟搬迁

---

① 参见最高人民法院(2020)最高法行申9650号行政裁定书。

自行终止。[①] 该种征收模式的主要特点在于,由被征收人自愿申请的形式启动征收项目,通过先模拟的方式与每一户被征收人签订"模拟补偿协议",达到一定比例后房屋征收部门将进行公告、组织征收房屋征收行为,并按照先行签订的"模拟补偿协议"履行,而不再发布房屋征收决定。

实际上,该种"模拟搬迁转征收"的征收模式与深圳市的协议征收模式本质雷同,核心本质均是舍弃法定征收模式的程序性和强制性等特性,以协商签订补偿协议为主的方式进行征收,因此也存在同样的问题。模拟搬迁转征收并不是完全按照《国有土地上房屋征收与补偿条例》规定的程序进行的,该模式下,签订的是模拟搬迁合同与征收补偿协议,即该模式仅符合实体法而不符合程序法。2004 年 3 月 22 日,国务院在《全面推进依法行政实施纲要》(国发〔2004〕10 号)第三条"依法行政的基本原则和基本要求"中提出:"行政机关公布的信息应当全面、准确、真实。非因法定事由并经法定程序,行政机关不得撤销、变更已经生效的行政决定;因国家利益、公共利益或者其他法定事由需要撤回或者变更行政决定的,应当依照法定权限和程序进行,并对行政管理相对人因此而受到的财产损失依法予以补偿。"而"模拟搬迁转征收"区块最终愿意搬迁户要达到 90% 以上才能继续实施,在未达到 90% 比例的情况下,之前进行的房屋评估、制定的补偿标准、签订的买卖协议,包括公布群众个人不动产信息等行为,都自行作废。这并不符合"非因法定事由并经法定程序,不得撤销、变更"的程序约束。拆迁与否的随意性导致"试水"式确定征收地块的盲动性亦有所增加,因此该模式程序的合法性问题值得进一步探讨;但从另一角度来看,实施模拟搬迁转征收时,征收人与被征收人是协议一致的平等民事主体,双方自愿签订民事合同,因此又具有合法性。[②]

综上所述,深圳市在房屋征收工作中,可考虑吸收上述"预征收"行为的相关制度和法理,对比"模拟搬迁转征收"等征收模式的不同之处,吸收和学习其优点。比如,在补偿协议中列明附条件生效的条款,这或许可以逐步在法定征收决定之外找到更适合且有所依据的征收模式。

---

① 史先明、吕云飞:《"模拟搬迁转征收"模式的适用性和工作难点》,载《城乡建设》2013 年第 12 期,第 77~79 页。

② 史先明、吕云飞:《"模拟搬迁转征收"模式的适用性和工作难点》,载《城乡建设》2013 年第 12 期,第 77~79 页。

六、被征收房屋上的租赁关系相关问题

房屋征收工作中，房屋征收部门在解决了被征收人身份认定、权属核查、测绘评估等一系列围绕补偿对象和补偿标准的问题，并历经了所有法定的程序且耐心地解释沟通终于与被征收人达成补偿协议后，仍然不能算作为该房屋的征收工作画上了句号。房屋征收的目的是要消灭原来存在物权，无论该物权是否根据现行法律进行了登记。因此，只有被征收人实际将被征收房屋交付房屋征收部门拆除后，才算达到这一目的。而此时，因为被征收房屋上往往存在另一关系——租赁关系，①“交房”问题又变得复杂。

该问题在深圳市显得尤为突出，深圳在极速城市化发展后，整体上商业化程度较高，表现为大多被征收房屋，特别是原村民所建房屋出租的情形较为常见，且出租用途为商业的更是平常。由于征收房屋的最终结果大多导致房屋无法继续使用，因此在对该类存在租赁关系的房屋进行征收时，必然需要考虑该房屋的实际使用人——承租人的权益问题，以及对租赁关系的相关处理问题。

（一）房屋征收中的承租人

首先要解决的问题是承租人是否属于房屋征收补偿工作中的被补偿对象。1999 年《城市房屋拆迁管理条例》第三条规定：“本条例所称拆迁人是指取得房屋拆迁许可证的建设单位或者个人。本条例所称被拆迁人是指被拆除房屋及其附属物的所有人（包括代管人、国家授权的国有房屋及其附属物的管理人）和被拆除房屋及其附属物的使用人。”被拆迁人除了所有人以外还特别提到了使用人，而承租人正是基于租赁关系形成的房屋使用人，因此，在该条例的规定中，承租人实际上属于被拆迁人的范畴。而该条例后被 2001 年《城市房屋拆迁管理条例》所废止，2001 年《城市房屋拆迁管理条例》第四条第三款规定：“本条例所称被拆迁人，是指被拆迁房屋的所有人。”此时，被拆迁人就仅仅专指房屋的所有人，而未包括使用人。因此，可以看出，被征收

① 正如上文所述，协议征收模式在提高灵活度、降低强拆风险的同时，也导致即使与被征收人就房屋征收达成一致签订补偿协议后，房屋征收部门仍然可能因为房屋上存在承租人不愿搬离而无法取得被征收房屋的实际控制权，进而无法实施拆除行为。

房屋的使用人曾经属于被征收人的范畴，然而，自2001年《城市房屋拆迁管理条例》发布施行以来，被征收人均专指房屋所有权人而不再包括房屋使用人。自此可以看出，在立法层面上，对于被征收房屋使用人是否属于被征收人的问题，并非“没有明确规定”，而是特意将被征收房屋使用人在被征收人的定义范畴内进行了删除。

此后，《国有土地上房屋征收与补偿条例》第二条规定：“为了公共利益的需要，征收国有土地上单位、个人的房屋，应当对被征收房屋所有权人（以下称被征收人）给予公平补偿。”再看深圳市的规定，同样的，《深圳市房屋征收与补偿实施办法（试行）》第二条亦规定：“本办法适用于本市行政区域内因公共利益的需要实施房屋征收以及给予被征收房屋所有权人（以下简称被征收人）补偿的活动。”从上述条文规定来看，房屋征收的被征收人仅限于被征收房屋所有权人，而并未涵括作为被征收房屋使用权人的承租人。

那么，被征收房屋的承租人在遇到房屋征收时无法享有任何补偿权益是否合理呢？根据承租人与出租人之间的租赁合同关系来看，承租人作为合法守约的一方并不存在过错，正常而言，租赁合同因房屋征收行为而实际上无法继续履行，属于因不可归责于合同双方主体的事由导致合同解除。此种情况下，出租人会提出“不可抗力”的理由，而关于房屋征收行为对房屋原有租赁合同关系来说是否属于不可抗力，目前并没有明确的相关规定。《民法典》第一百八十条规定：“因不可抗力不能履行民事义务的，不承担民事责任。法律另有规定的，依照其规定。不可抗力是不能预见、不能避免且不能克服的客观情况。”据此，必须在具体的案例中，结合房屋征收行为的作出是否属于“不能预见、不能避免且不能克服的客观情况”进行判断。

进一步而言，即使房屋征收行为属于不可抗力，也不必然意味着承租人就无法获得相关补偿。从遭遇损失角度而言，房屋征收行为必然会给无过错的承租人带来损失，而房屋征收行为作为政府主导的行政行为，需要充分考虑对相关权利主体的补偿问题。在“龚某荣、郑某君诉盛某伟房屋租赁合同纠纷二审案”[①]中，浙江省金华市中级人民法院就对此问题有过论述，该案件判决书中指出：“二审法院认为：本案租房续租协议约定的租赁期限尚未到

① 参见金华市中级人民法院（2018）浙07民终5373号行政判决书。

期，现案涉房屋被征收，被上诉人作为承租方，基于租赁权利而获取相应的补偿款于法有据……”因此，至少在该案件中，法院认为，承租人“基于租赁权利而获取相应的补偿款于法有据”。

值得一提的是，《深圳市房屋征收与补偿实施办法（试行）》第二十三条规定：“作出房屋征收决定的辖区政府对被征收人以及符合规定的合法使用人给予的补偿包括：（一）被征收房屋价值（含已经取得的合法国有土地使用权的价值）的补偿；（二）因征收房屋造成的搬迁、临时安置的补偿；（三）因征收房屋造成的停产停业损失的补偿。搬迁费、临时安置费、停产停业损失补偿等标准根据本办法附件《深圳市房屋征收补偿规则》确定。”从上述规定可以看出，《深圳市房屋征收与补偿实施办法（试行）》的第二条中虽然规定了被征收人仅仅指的是被征收房屋的所有权人，但第二十三条规定了房屋征收补偿的对象除了所有权人以外，还应当包括如条文所述“符合规定的合法使用人”。然而，《深圳市房屋征收与补偿实施办法（试行）》无法找到其他关于何为“符合规定的合法使用人”的直接规定。因此，从字面意思来看，“符合规定的合法使用人”应该指的是除房屋所有权人外其他享有合法使用房屋权利的主体。而反观房屋的承租人，即通过租赁房屋所形成租赁合同关系的相对人，应当享有对租赁房屋的使用权，故合法租赁合同中的承租人应当属于“符合规定的合法使用人”的范畴。

《深圳市房屋征收与补偿实施办法（试行）》在明确规定被征收人仅指的是被征收房屋的所有权人而不包括使用权人的情况下，又规定了“符合规定的合法使用人”享有相关被补偿的权利。于此，我们无法直接得知立法者的意图是存在倾向订立兜底条款的心态，抑或存在不愿意直接明确承租人为被征收人但却不否认承租人享有一定被补偿权利的心态。但结合上文所述可以理解的是，对符合相关法律法规规定订立租赁合同的承租人，其应当享有合法使用房屋的权利，在房屋征收中也应当享有被补偿的权利。

（二）合法使用人的补偿内容

《深圳市房屋征收与补偿实施办法（试行）》第二十三条规定具有一定的不明确性，无法直接从该条规定中得出“如果承租人可以享有被补偿权利，则其应当获得的补偿内容有哪些”这一问题的答案。对此，应当结合实际来看，以发生房屋征收而导致房屋租赁合同无法继续履行时,承租人将可能遭受到的影响或损失为切入点,判断承租人可获得的补偿内容。

首先,在"搬迁费的补偿"方面,《深圳市房屋征收与补偿实施办法(试行)》附件第二部分第二条规定:"被征收人不同意参照搬迁费标准的,可以委托具备法定资质的评估机构对须搬迁的生活用品、办公用品、机器设备和库存产品的搬迁费用进行评估。不能搬迁或者拆除后无法恢复使用的,按评估确定的重置成新价给予补偿。"从该规定可以看出,搬迁费实际指的是因房屋征收行为导致房屋所有权人及使用人变更居住、经营地点而需要付出的搬迁"生活用品、办公用品、机器设备和库存产品"所产生的费用。一旦发生房屋征收行为,承租人自然需要搬离被征收房屋,因此,如果承租人有权享有被补偿权益,则该补偿权益应当包括"搬迁费"。以"临清友好医院诉赵某臣等房屋租赁合同纠纷案"[①]为例,法院经审理后认为,涉案房屋被征收时尚处于租赁协议书约定的租赁期限内,征收行为导致作为承租人的原告临清友好医院须将涉案房屋内用于经营的相关设施、设备等进行转移,并因此产生搬家费用。因此,涉案房屋的搬家补助费应归搬家费实际支付人的临清友好医院所有。不难看出,该案中法院亦持有类似的观点。因此,在实际房屋征收补偿工作中,如因房屋征收行为导致承租人必须搬迁而产生的费用系由承租人自行承担的,[②]则其应享有搬迁费的补偿。

其次,在"临时安置的补偿"方面,《深圳市房屋征收与补偿实施办法(试行)》附件第三部分第一条规定:"(一)实行产权调换的住宅房屋,被征收人自行安排住处临时过渡的,征收人应当参照同类房屋市场租金按月支付临时安置费……"从该规定可以看出,"临时安置费"主要对应的是产权调换情形下,被征收人自行安排住处所产生的临时过渡安置费用,即该费用系在产权调换补偿形式下产生的费用,而承租人作为房屋的临时使用人,无法享有房屋征收产权调换补偿,因此不会产生过渡期,亦不存在临时安置的说法。同样,在上述"临清友好医院诉赵某臣等房屋租赁合同纠纷案"[③]中,法院亦指

---

① 参见临清市人民法院(2018)鲁1581民初685号行政判决书。

② 实践中,除非合同特别约定,一般均由承租人自行承担搬迁费用。

③ 参见临清市人民法院(2018)鲁1581民初685号行政判决书。

出，临时安置补助费的补偿标准根据被征收人选择产权调换还是货币补偿形式的不同而有所区分，由于临时安置补助费的主要核算参数是房屋应安置面积，且计算方法根据房屋所有权人选择补偿方式的不同而有所区别，故临时安置费源于房屋所有权，系房屋征收部门征收房屋导致房屋所有权人所有权灭失而对其作出的一种补偿，依法应由房屋所有权人取得。故本案中涉案房屋拆迁后的临时安置补助费应由房屋所有权人即被告赵某臣等人所有，原告临清友好医院要求涉案房屋的临时安置补助费归其所有并未得到法院的支持。因此，承租人不应享有临时安置的补偿。

最后，在“停产停业损失的补偿”方面，《深圳市房屋征收与补偿实施办法（试行）》附件第四部分第一条规定：“……（二）征收合法经营性房屋引起停产、停业的，根据被征收房屋的区位和使用性质，按照下列标准给予一次性停产、停业补偿费：能依据完税证明提供利润标准的，给予 6 个月税后利润补偿；不能提供利润标准的，按上年度同行业月平均税后利润额计算或者按同类房屋市场租金，给予 6 个月的补偿。”从该规定可以看出，停产停业损失指的是“征收合法经营性房屋引起停产、停业”所遭受的损失。如果承租人所租赁的被征收房屋系用于商业经营用途，且正常的经营行为因房屋征收引起停产、停业，则应当享有停产停业损失的补偿。值得一提的是，在“临清友好医院诉赵某臣等房屋租赁合同纠纷案”[①]中，法院认为，关于停产停业损失补助费，涉案楼房属于经营性用房，以租赁为主要用途，门面被征收后，原告临清友好医院与被告赵某臣等人客观上均遭受了相应的停产停业损失。并在综合本案案情基础上，酌情认定临清友好医院取得涉案房屋停产停业损失补助费中的 70%，赵某臣等人取得剩余的 30%。由此可以看出，出租人出租房屋的行为可以被理解为经营行为，因此如果被征收房屋存在多层租赁关系即存在转租行为时，其中的每一位出租人、转租人均属于该房屋上合法存在的经营者，均享有停产停业损失的补偿。而实践中房屋转租的行为也甚为常见，按照上述观点，不同于搬迁费应该补偿给实际进行搬迁的最终使用人，停产停业损失的补偿应给予每一位出租人与转租人，这也导致了停产停业损失的补偿归属存在较多不确定性，此情形下很难与所有经营者就停产停业损失的

① 参见临清市人民法院（2018）鲁 1581 民初 685 号行政判决书。

补偿问题达成一致，征收工作可能会因此难以顺利进行。

此外，《深圳市房屋征收与补偿实施办法（试行）》第三十二条第二款还规定："室内装修装饰由承租人投资的，出租人与承租人无约定或者不能达成协议的，房屋征收部门应当向出租人支付装修装饰补偿费；出租人与承租人有约定或者达成协议的，按约定或者达成的协议处理。"从该规定中可看出，承租人还可能基于对被征收房屋的装修装饰以及租赁合同的约定，享有一项"装修装饰补偿费"的补偿。

《深圳市房屋征收与补偿实施办法（试行）》附件第四部分中还规定，"征收产权性质为非经营性用途或者工业用途房屋，未经规划国土部门批准擅自改为经营性用途，但已依法取得营业执照的，除按照原用途予以补偿外的适当补偿标准：……"即被征收房屋原用途为非经营性用途或者工业用途的，未经许可擅自改为经营性用途的，给予适当补偿。该规定主要是因为在房屋征收补偿中，商业性质的房屋与非商业性质的房屋在补偿标准上存在一定差距，因此对于擅自改为经营性用途的房屋并正常经营的房屋，虽无法按照经营性用途房屋的标准进行补偿，但也需要对其实际存在的合法经营行为酌情给予补偿，实践中一般将其称之为"擅改商补偿"。

虽然《深圳市房屋征收与补偿实施办法（试行）》对停产停业损失的补偿与擅自改为经营性用途的适当补偿已做了较为明确的分别补偿方式，但在房屋征收补偿工作实践中，仍然存在诸多问题亟待解决。在此试举两例。

案例1：地铁×号线N站涉及征收补偿测绘编号为Y24、建筑面积为499.73平方米、位于KK路临街第一排的房屋。该房屋一楼至二楼现状由深圳市某有限公司承租经营使用，营业执照对应的楼层为一楼，二楼现状实际为该商户一并承租经营。

案例2：地铁×号线N站涉及征收补偿测绘编号为Y8、位于KK路×××号临街第一排的房屋，建筑面积612.03平方米。经查，该房屋证载占地面积为286平方米，营业执照记载的地址只有三楼，但一楼至三楼实际上一直用于经营用途。

对于案例1中营业执照记载楼层与实际经营楼层不一致，或者案例2中营业执照地址记载为三楼，但一、二楼也实际用于商业用途的这类情形，目前并无法律文件对"营业执照地址上未记载实际经营地址的，是否可以给予擅改商和停产停业补偿”予以规定。

对于权利人营业场所与营业执照登记不一致的情形，权利人营业执照登记的地址或场所只是作为法律文书送达、通知的要件，不是认定其具体经营场所的依据，经营场所面积发生变化，只要具体地址不发生变更，则应当可以认定其为实际经营场所，同时也没有要求做变更登记；至于实际经营面积与登记面积发生变化的，属于卫生、公安、消防等部门许可审查的事项，在权利人提供了商业水、商业电、租赁合同、租金缴纳记录等材料对二楼事实经营行为进行佐证的情况下，为顺利推进征收工作，建议按二楼全面积给予停产停业和擅改商的适当补偿。

（三）符合规定的合法使用人

上文中已对承租人是否能够成为被征收人、是否能获得搬迁费、停产停业损失等相关补偿进行了探讨，但《深圳市房屋征收与补偿实施办法（试行）》第二十三条规定实际上有一个非常重要的前提，在满足该前提的情况下，展开承租人的相关补偿问题的讨论才有意义。该前提即是第二十三条中规定的“符合规定的合法使用人”。前文着重分析的是“使用人”，而在实践工作中，我们会发现，“符合规定”与“合法”对于房屋租赁合同来说，往往没有表面上那么容易。现实中的房屋租赁合同，要于现行法律体系下完全合法合规，实际存在相当多的先决条件，而首先需要进行探讨的就是租赁合同的效力问题。

1. 租赁合同的效力

当房屋征收补偿涉及征收原农村集体经济组织范围内的房屋，且其中又有较大部分属于无产权证书的房屋时，如前所述，根据对原村民居住权利保障的立法精神，结合认定身份、权属核查等程序确认房屋补偿标准，从而有效开展工作。然而，就该类房屋上存在的租赁合同而言，现行法律并没有如认可该类房屋权属一般认可该类房屋上的租赁合同。换言之，从原村民立法保障来看，原村民未经法定程序所建房屋仍在某种程度上拥有接近合法的“外壳”，而除去这层“外壳”，单独看租赁合同，则很容易就进入“违法建筑上租赁合同无效”的问题领域。

(1)违法建筑上的租赁合同效力

违法建筑是指未经规划土地主管部门批准,未领取建设工程规划许可证或临时建设工程规划许可证,违反《土地管理法》《城乡规划法》《村庄和集镇规划建设管理条例》等相关法律法规的规定而动工建造的房屋及设施。

《最高人民法院关于审理城镇房屋租赁合同纠纷案件具体应用法律若干问题的解释》(法释〔2020〕17 号)第一条规定:“本解释所称城镇房屋,是指城市、镇规划区内的房屋。乡、村庄规划区内的房屋租赁合同纠纷案件,可以参照本解释处理。[①] 但法律另有规定的,适用其规定”第二条规定:“出租人就未取得建设工程规划许可证或者未按照建设工程规划许可证的规定建设的房屋,与承租人订立的租赁合同无效。但在一审法庭辩论终结前取得建设工程规划许可证或者经主管部门批准建设的,人民法院应当认定有效。”据此,未取得建设工程规划许可证或者未按照建设工程规划许可证的规定建设的房屋的租赁合同无效。在此举一司法判例。

在“沈某春诉深圳市南山区桃源街道办事处福光社区居委会第二居民小组、深圳市福光实业股份有限公司房屋租赁合同纠纷案”[②]中,因涉案租赁铺位所在房屋未取得建设工程规划许可证且未经主管部门批准建设,原告沈某春与被告第二居民小组及深圳市福光实业股份有限公司就涉诉租赁铺位上的租赁合同是否有效展开了激烈地争辩。沈某春认为,在合同有效履行期限内,其作为涉案铺位的合法使用权人,在涉案铺位出现国家征收时应为合法被拆迁人,根据铺位租赁合同的约定,因国家征收补偿给涉案铺位的拆迁补偿款应归其所有。第二居民小组与其签订的铺位租赁合同合法有效,涉案商铺并非违法建筑。涉案商铺作为第二居民小组农城化改革后在集体土地兴建的建筑物,属于深圳特有的历史遗留建筑。从尊重历史、尊重现实、公平合理的基本原则出发,《深圳经济特区处理历史遗留违法私房若干规定》和《深圳经济特区处理历史遗留生产经营性违法建筑若干规定》等相关规定已明确对涉案商铺等类似历史遗留建筑实行合法化。此外,涉案商铺的合法性从以

---

① 实际上,对于原村民所建私宅或是深圳目前普遍存在的大量无产权登记房屋而言,其性质更接近于“乡、村庄规划区内的房屋”,但鉴于深圳市特殊的土地征转过程,该类房屋所在土地均已转为国有,存在一定程度上的“房地割裂”,关于此问题需要具体分析,此处不赘。

② 参见深圳市南山区人民法院(2015)深南法民三初字第 399 号行政判决书。

下方面也可以体现：①根据涉案商铺拆迁时适用的《城市房屋拆迁管理条例》第二十二条“拆除违章建筑和超过批准期限的临时建筑，不予补偿”，结合《深圳市公共基础设施建设项目房屋拆迁管理办法》第三十五条之规定可知，涉案商铺属于拆迁补偿对象的范畴，即涉案商铺排除违法性。②根据第三人与南山区南方科技大学和深圳大学新校区拆迁安置工作指挥部（拆迁人）签订的《南方科技大学、深圳大学新校区项目住宅类房屋拆迁补偿安置协议书（无产权调换类）》，涉案项目的拆迁人已明确将涉案商铺列入拆迁补偿安置范围，由此也可以证明涉案商铺不仅排除违法性，同时确认涉案商铺符合拆迁补偿安置范围。铺位租赁合同合法有效，其按合同约定获得拆迁补偿的权益。双方基于平等自愿基础上签订的铺位租赁合同，系双方的真实意思表示。第二居民小组签订合同时已预见到涉案商铺可能因国家征收需要遭受拆迁及补偿，仍与其签订铺位租赁合同，应视为其对自身权益的处分，因此，福光居委会第二居民小组在收取拆迁人支付的建筑物补偿款及搬迁费后，应按合同约定将上述补偿款返还给涉案商铺。第二居民小组认为，合同涉及的铺位为违法建筑，其与沈某春签订的铺位租赁合同无效。法院经审理后认为，涉案铺位所在楼未取得建设工程规划许可证，亦未经主管部门批准建设，根据《最高人民法院关于审理城镇房屋租赁合同纠纷案件具体应用法律若干问题的解释》第二条之规定，沈某春与第二居民小组签订的铺位租赁合同无效。

上述案例中，因建设项目需要，需对涉案铺位进行征收。承租人认为，其为铺位合法使用权人，在国家征收时应获得拆迁补偿款。法院认为，因涉案铺位所在房屋未取得建设工程规划许可证，亦未经主管部门批准建设，故出租人与承租人的铺位租赁合同无效，因合同无效，承租人主张应获得拆迁补偿款的诉讼请求无合同依据，法院不予支持。由此可见，对于未取得建设工程规划许可证，亦未经主管部门批准建设的房屋上的房屋租赁合同，在现行法律体系下，司法机关更倾向于认定合同无效。再来看一则案例。

在“冯某勋诉刘某媚房屋租赁合同纠纷二审案”中，[①]法院认为，涉案房屋已经取得相应的建设工程规划许可证并经主管部门批准建设，房屋原出租人以及被补偿人单位深圳市南联刘屋投资发展有限公司亦同意被上诉人刘某

---

① 参见深圳市中级人民法院(2016)粤03民终21290号行政判决书。

媚转租涉案房屋,该合同本应全部有效,但建设工程规划许可证记载的涉案房屋的建筑面积为1800平方米(一幢三层),房屋租赁合同约定的租赁面积为2120平方米(一幢三层),约定的面积超出批准的建筑面积320平方米。且本案中无法查清涉案房屋的实际建筑面积,刘某媚亦无法提交其他证据证实涉案房屋超出批准的建筑面积320平方米有合法审批手续。根据《最高人民法院关于审理城镇房屋租赁合同纠纷案件具体应用法律若干问题的解释》第二条的规定,房屋租赁合同在建设工程规划许可证批准建设1800平方米之内的租赁约定有效,超出部分无效。上诉人冯某勋主张涉案房屋没有相应的许可证,涉案合同应当认定为全部无效的理由不能成立。从本案例中可以看出,取得建设工程规划许可证或经主管部门批准建设的房屋上的租赁合同并非就意味着完全有效,仍需视该房屋是否在建设工程规划许可证或主管部门批准的建设范围、建设规格内进行建设,是否存在超建、加建情形,超出部分所对应的房屋租赁合同无效。

不过值得一提的是,在"深圳市聚隆盛实业发展有限公司诉张某清房屋租赁合同纠纷案"中①,法院认为,原告深圳市聚隆盛实业发展有限公司的房屋无房地产权证、亦无建设工程规划许可证而出租,深圳市聚隆盛实业发展有限公司对合同的无效负主要责任,被告张某清未查清涉案房屋是否合法即租用,应负次要责任。在该案中,司法机关对于无房地产权证、亦无建设工程规划许可证房屋上订立租赁合同的出租人与承租人双方责任作出了划定,认为出租人承担主要责任,而承租人同样因"未查清涉案房屋是否合法即租用"需要承担一定的次要责任。

(2)租赁合同的期限

即便被征收房屋满足各类规范,属于依法建设的合法建筑,承租人与出租人遵照一切相关规定依法依规的订立了房屋租赁合同,但在房屋征收实践中,由于整个房屋征收工作的流程与周期过长,房屋租赁合同很可能在此期间到期届满。正所谓"天下熙熙,皆为利来;天下攘攘,皆为利往",在承租人已经得知所租赁房屋即将被征收的情况下,想要从中获取一定补偿利益也就不足为奇了。因此,房屋征收部门在处理相关租赁关系之时,会经常遇到租

---

① 参见深圳市龙岗区人民法院(2013)深龙法民三初字第222号行政判决书。

赁合同到期而承租人不愿意搬离仍诉求相关权益的情形。

《民法典》第七百三十三条规定:"租赁期限届满,承租人应当返还租赁物。返还的租赁物应当符合按照约定或者根据租赁物的性质使用后的状态。"因此,合同的履行期限届满即意味着合同终止,承租人对所租赁的房屋不再享有权利,其在合同期限届满后对房屋的占有转为无权占有,应当予以搬离。

以"黄某豪诉深圳市龙岗区粮食有限公司房屋租赁合同纠纷二审案"①为例,二审法院认为,涉案房产租赁合同已到期,上诉人黄某豪即应搬离涉案房产并将房产返还给被上诉人龙岗区粮食有限公司,涉案房产在租赁合同到期后是否存在拆迁、黄某豪能否得到拆迁补偿,均属另一法律关系,均不是黄某豪作为房产承租人可不予搬离继续占有涉案房产的正当理由。从上述案例可以看出,租赁合同到期后,承租人应搬离并返还房产给出租人,是否存在拆迁、能否得到拆迁补偿款不应作为承租人不予搬离的理由。

综上所述,在房屋征收补偿工作实践中,欲判断被征收房屋的租赁合同的效力,通常情况下需做的工作包括:通过查阅不动产登记信息、查看房地产权证等方式查清违法建筑所占用土地是否为集体用地;查清所建房屋是否取得建设工程规划许可证以及是否按照建设工程规划许可证的规定建设,以及是否出租用于不动产登记或其他审批机制所规定的用途等;查清租赁合同是否届满、是否存在转租行为的,转租行为是否经过出租人同意,以及被征收人与承租人、承租人与次承租人之间是否出现约定或法定的合同解除事由等。

(四)搬迁费、停产停业费、装修装饰补偿费归属分析

在房屋征收补偿工作的实践中,由于存在前文所提及的部分项目实施的协议征收以及合同相对性的相关原因,在部分房屋征收项目中,房屋征收部门会选择将上述搬迁费、停产停业损失补偿、装修装饰补偿费与房屋主体补偿费用一并补偿给被征收人即出租人,随后由出租人承诺将该部分补偿费用支付给承租人。由于缺乏明确的规定,对于这类补偿费用的归属,需要结合实际情况进行分析。

---

① 参见深圳市中级人民法院(2014)深中法房终字第2028号行政判决书。

1. 被征收人和承租方约定了征收补偿事宜

根据合同意思自治原则，出租人作为被征收人与承租人在平等、自愿的情况下达成协议，并对于停产停业、搬迁费、临时安置费等事项进行约定的，按照约定履行。如果产生纠纷可根据双方的租赁合同关系诉诸法院解决。

2. 被征收人与承租方未约定征收补偿事宜

此种情形下，被征收人不同意将全部或部分有关停产停业费、搬迁费、临时安置费部分的补偿给承租人；或者是被征收人同意将全部或部分有关停产停业费、搬迁费、临时安置费部分的补偿给承租人，但承租人诉求更高利益，均可归结为双方期望获得更高的利益，可以尝试通过多种方式降低双方预期。

而在房屋征收补偿工作实践中，大部分“清租”案件仍需通过出租人与承租人相互协商解除租赁合同的方式进行解决，承租人可能向出租人主张的费用主要包括以下几个类别：

(1)违约金，除出租人通过单方法定解除的方式解除租赁合同外，在租赁合同对出租人提前解除合同约定违约责任的情况下，承租人可以要求出租人按照违约责任条款支付违约金。

(2)装饰装修赔偿，若承租人在租赁期间经出租人同意对租赁房屋进行了装饰、装修的，因租赁合同提前解除，其装饰装修无法继续使用，属于承租人的损失范围，承租人可以要求出租人进行赔偿。装饰装修赔偿的标准通常由双方协商确定，协商不成的也可以通过评估确定。

(3)搬迁费用，因租赁合同提前解除，承租人搬迁生活用品、办公用品、机器设备和库存产品可能产生搬迁、安装、保护等相关费用，部分设施设备不能搬迁或者拆除后无法恢复使用的，也可能产生损失，这些都属于租赁合同解除造成的损失范围，承租人可以主张赔偿。赔偿金额通常由双方协商确定，协商不成的，也可以按评估值确定。

(4)停产停业损失赔偿，停产停业损失是指因租赁合同提前解除导致承租人不能从事商业活动所造成的损失。关于承租人停产停业损失是否应当纳入赔偿范围的问题，在法律上存在一定的争议。该争议表现在，一方面，停产停业损失是否属于租赁合同履行后承租人可以获得的利益；另一方面，停产停业损失是否超过了承租人在订立租赁合同时应当预见到的因违反合同可能造成的损失。

针对第一个争议,有的观点认为,商业经营行为本身存在经营风险,承租人继续履行租赁合同是否一定可以获得利益是难以确定的,但是,商业经营也有一定的规律性,如果承租人对其经营收益的主张能够提供相应的财务数据予以证明,应当认为其存在可预期的利益损失。针对第二个争议,在承租人已向出租人披露房屋商业经营用途的前提下,出租人对于提前解除租赁合同可能给承租人造成停产停业损失是存在可预见性的。因此,有的观点认为,停产停业损失是包含在赔偿之内的,但是承租人应当提供证据证明是否存在损失及具体的损失大小。通常而言,承租人将租赁房屋用于商业经营的,可根据完税证明确定的利润额、上年度同行业月平均税后利润额确定其停产停业损失金额。

此外,当承租人为企业时,还可能提出对员工安置费用进行补偿的主张。租赁合同提前解除导致停产停业的,承租人需要对员工进行安置,就此产生的安置费用属于解除合同造成的损失。安置方式不同,给予员工的安置费用亦有所不同:员工未与承租人解除劳动合同关系,并同意在搬迁后的地点继续工作的,在停产停业期间可以考虑给予其最低工资保障;员工与承租人解除劳动合同关系的,承租人需要与员工协商解除劳动合同关系,并按照《劳动合同法》第四十七条之规定给予员工经济补偿。

还要说明的是,以企业为主导的城市更新、"三旧"改造与以政府为主导的房屋征收在对租赁合同的影响上还可能存在一定的区别。以"陈某州诉深圳市宝深宝实业有限公司、中粮地产集团深圳房地产开发有限公司房屋租赁合同纠纷案"①为例,原告陈某州主张被告深圳市宝深宝实业有限公司违反合同约定,致使其不能实现合同目的,深圳市宝深宝实业有限公司已构成违约;深圳市宝深宝实业有限公司则主张依据合同第十八条的约定,合同有效期内,政府征用、收购、收回或拆除租赁房地产的,其可以解除合同。法院审理后认为,引起本案纠纷的起因为被告中粮地产集团深圳房地产开发有限公司对涉案租赁物业所在的中粮工业园进行城市更新,中粮地产集团深圳房地产开发有限公司为申报、实施城市更新的主体,结合没有证据显示政府对相关

---

① 参见深圳市宝安区人民法院(2013)深宝法民三初字第804号行政判决书。

权利人进行补偿的事实,应认为深圳市宝深宝实业有限公司在合同履行过程中以工业区升级改造为由要求终止合同,不属于政府征用、收购或拆除租赁房地产的情形,其已经违反了合同的约定。

在上述案件中,出租人与开发企业签订了拆迁补偿安置协议,出租人引用租赁条款约定,认为当遇到征收、政府规定等房屋不可继续出租情况时,出租方不承担任何赔偿责任,法院则认为,出租人与开发企业协商将房屋进行旧城改造、拆迁安置,不属于政府征收拆迁行为,出租人以该条款的约定主张其属依约定解除租赁合同,没有事实和法律依据,应赔偿承租人因违约所造成的损失。

综上所述,由于对承租人可以获得的补偿费用缺乏明确规定,且房屋征收部门与承租人之间并不存在直接的法律关系,因此,在房屋征收补偿工作中,房屋征收部门会尽可能地促成出租人与承租人通过协商一致的方式解决各方的补偿问题,否则,如需要等待出租人与承租人就补偿问题诉诸法院予以解决,或通过强制征收的方式取回房屋实际控制权的话,所耗费的时间和承担的风险都比较大。“清租”工作的主要困难也体现于此,想要破除这一困境,则需要有更明确的文件依据对于承租人在房屋征收中是否具备成为被征收人的角色以及应当得到哪些补偿费用等进一步规定。在无法完善的解决承租人的诉求,取得被征收房屋的实际控制权之前,无论是协议征收模式还是前文中提到过的“预征收”模式,均难以有效完成房屋征收工作的收尾阶段。

总结本章,房屋征收补偿工作的实践难点主要源于两大问题:一是征收补偿协议内容的问题,包括补偿对象、补偿客体、补偿标准等。其中,具体表现即由于深圳市“原村民一户一栋”补偿政策的存在,房屋征收部门需要核查补偿对象是否具备深圳市原村民特殊补偿权益、是否可以享有该补偿权益以及应当在哪处房屋上享有该补偿权益等问题。由于存在特殊类补偿客体如祖屋、宅基地、不可移动文物等,房屋征收部门在涉及该类补偿客体的征收补偿工作时,需要结合相关具体规定进行补偿。由于现实情况复杂多变,可能出现诸如同一补偿客体存在多个权利人、权利人身份不明或因出国(境)产生相关问题、多个权利人在“同一栋”连体房屋上需要分栋的问题、征转地未补偿产生的历史遗留问题等。对此,现行相关法律政策无法提供直接有效的依据，需要房屋征收部门在确定补偿客体的性质及核查清楚补偿对象后，根据相关规定和政策及立法精神，结合历史、事实进行具体分析判断，最终明确补偿标准后，与被补偿人/被征收人签订房屋征收补偿协议。二是房屋征收补偿模式的问题，即在明确补偿协议内容后，仍可能因征收补偿模式的问题，无法直接与被补偿征收人签订补偿协议，或者签订协议后，因第三人如承租人的阻扰等原因无法强制取得被征收房屋的所有权，无法达到消灭被征收房屋物权的目的。因此，房屋征收部门需要在实践中思考房屋征收模式的相关问题，包括如何在合法性、合理性上推动房屋征收补偿协议的签订，以及在现行模式下，如何更好地处理被补偿征收人与承租人的法律关系及利益诉求，以便更高效收回被征收房屋的实际控制权并完成房屋征收补偿工作。

结　　语

总结全书的论述，得出以下主要结论：

第一，房屋是公民重要的不动产，具有宪法意义上的财产权属性，国家在行使公权力，包括直接的征收权和间接的规划权对其产生影响时，既要确保公共利益的实现，也要避免被征收人及相关权益人的合法权益受到过度损害。被征收人的合法权益可能包括房屋所有权、土地使用权、居住权，也可能包括因为特定历史原因产生的其他权利。相关权益人的权利可能包括租赁权、抵押权等。这些私权利在面对公权力时，既有一定的对抗性，要求公权力在消灭其时理由正当、程序正当且补偿公平，也要有一定的容忍和让与，即在公共利益和私人利益之间必须有合理的博弈和边界设定。

第二，在我国改革开放后、城镇化初期，为了基础设施建设和旧城改造进行的房屋拆迁在城市开发建设效率和私人财产权益之间倾向于前者，故将拆除权许可给开发企业，将补偿主体定位于开发企业，甚至将房屋所对的土地使用权在私人不知情的情况下赋予开发企业，使被拆迁人丧失了知情权和协商的基础。此外，纠纷解决机制也出现徘徊和不确定性，起不到对私权救济的实际效果。房屋征收制度取代房屋拆迁制度后，改变了拆迁制度下的基本法律关系，排除了市场主体的参与，将征收法律关系双方定为政府和被征收人，形成行政关系，由政府按照严格的行政程序作出行政决定，在被征收人的参与下科学制定补偿方案，并由双方通过协商形成行政协议关系。在无法达成协议的情况下，虽然政府可以单方面作出行政补偿决定，但其强制执行须经法院认可，被征收人作为行政相对人可以获得法院的救济，以阻却可能的违法行为发生。各地在开展房屋征收工作时须严格适用《国有土地上房屋征收与补偿条例》这一基础性行政法规。但由于各地情况不同，在程序细节和补偿方式标准上多通过地方立法或规范性文件进行细化。

第三，深圳作为最早进行土地管理制度改革的城市，在经济特区建立之初就需要征收集体土地和房屋进行建设，为此出台了一系列政策和立法，一方面保障大规模城市开发用地，另一方面保障当地原住村民的生产、生活。2004 年后，深圳全域土地在法律上实现"国有化"。随着四十余年的极速开发，深圳的建设用地从新增用地供给转向存量用地供给，一方面通过市场化城市更新，由市场主体和土地使用权人达成再开发协议"自下而上"供给，另一方面遵守国家立法，对于公共利益项目采取包括房屋征收在内土地整备模式进行"自上而下"的收储后供给。现行的《深圳市房屋征收与补偿办法（试行）》于 2013 年发布、2016 年修改，并辅之以配套文件，形成了目前深圳市房屋征收的基础立法。而为了克服市场化城市更新的谈判僵局，《深圳经济特区城市更新条例》中也确立了"个别"征收制度，设置了相应的条件和基本程序。

第四，一个房屋征收项目的前提首先是符合公共利益，标准即《国有土地上房屋征收与补偿办法》第八条。深圳将第八条中的"旧城区改造"扩展到城市更新。此外，司法实务认为，不能仅以房屋被征收后"土地用于商业开发"为由完全否定征收的公益目的。其次是符合"四规划一计划"，被征收人可就征收决定是否符合"四规划一计划"向法院提起诉讼。法院如果认定征收决定符合"四规划一计划"，会对被征收人的主张不予采纳；如果认定征收决定不符合或未纳入"四规划一计划"，则该征收决定属于违法征收，除非撤销该征收决定会对公共利益造成损害，一般都会判决撤销该征收决定。

第五，在房屋征收前期准备阶段，首先，深圳市确定了房屋征收计划的起草报送时间和方式，但城市更新中的个别征收除外；其次，要根据规划选址和土地预审文件确定拟征收房屋的具体方位；再次，为了固定征收成本，深圳设立了"征收提示"制度，即提示发布之日起至征收决定公告之日，征收范围内的"人、财、物"不得变动；最后，需要对征收范围内房屋进行调查，为评估和征收补偿方案做好基础工作，调查结果需要公告，实践中房屋征收前期调查权属、用途、面积等具体方面均可能出现纠纷，可以通过司法途径解决。

第六，在前期工作基础上，制定房屋征收补偿方案并进行论证、征求意见、听证和公示，同时进行社会稳定风险评估，并做到征收部分费用专户存储、专款专用、专人管理、及时拨付、足额到位。上述三个问题均可能产生争议，行政机关务必保证由有资格的行政主体依法作出上述行政行为，虽然不同法院对于政府是否做到房屋征收补偿费用足额到位、专户存储等情况的认定存在差别，如有的法院认为，只要其履行了大部分的补偿义务且未有影响被征收人获得补偿的权利等情形，即可认定其履行了应尽职责。但总的来说，政府在房屋征收补偿费用方面应尽量做到足额到位、专户存储、专款专用，以最大程度降低败诉风险。

第七，完成上述工作后，政府可以作出房屋征收决定。深圳对公告日期、方式进行了细化规定，利害关系人可以对决定申请行政或司法救济。通常而言，在征收范围内多数当事人已达成补偿协议或多数当事人已实际履行协议的情况下，法院在认为征收决定作出存在瑕疵的情况下会判决确认征收决定违法，但不撤销征收决定，以这种方式维护征收法律关系的稳定并保护被征收人合法权益，对公共利益与私人利益之间的冲突进行平衡，从而实现法律效果和社会效果的统一。但与此相反，在征收决定具体实施前，或者虽已实施但因各种原因而停滞后，法院则可以作出撤销征收决定的判决。征收决定作出后会出现"冻结期"，深圳的规划国土、建设、户籍、产权登记、房屋租赁管理、抵押担保、市场监管等部门和单位会暂停办理征收行为限制所列事项的受理、审批、登记等相关手续，但不能超过 1 年。

第八，房屋补偿范围通常包括房屋和对应土地使用权价值、搬迁临时安置补偿和停产停业损失，具体会根据不同的补偿客体设定不同的标准并根据评估决定。在深圳的实践中，包括整村搬迁、集体安置的住宅房屋，个人住宅房屋，住宅兼经营性用房，未经产权登记建筑，原农村集体经济组织继受单位的房屋，临时建筑，华侨房屋，特殊房屋，设定抵押房屋等，补偿对象则要根据政府确权认定。由于补偿标准和对象的争议，实践中会产生针对评估机构资质、评估程序、评估方法的争议。

第九，房屋征收补偿协议是政府与被征收人签订的行政协议，司法实践中除非出现显失公平、欺诈胁迫的情形才会被撤销。如果政府不履行协议，被征收人可以根据行政诉讼的规定要求变更、解除或继续履行；被征收人不履行，则政府作出行政决定，申请法院强制执行。如果无法达成房屋征收补偿协议，则政府可以单方面作出房屋征收补偿决定，被征收人为了避免久拖不决也可以要求政府作出该决定。决定的依据是对征收安置补偿方案的合法性及有效性进行审查，由有权部门作出，相应的评估机构选定程序、评估报告作出程序须具有合法性，决定的补偿内容、补偿方式、补偿数额的合法、公平、准确。

第十，在强制执行阶段，政府应当保障居住人和使用权人的利益和安全，采取公证的方式对搬迁过程进行固定。不得采取暴力、威胁或者违反规定中断供水、供热、供气、供电和道路通行等非法方式搬迁，否则可能面临国家赔偿。

第十一，针对深圳市的特殊情况，就深圳房屋征收补偿中最具特殊性的"原村民"问题，明确"一户一栋"的内涵——"一户原村民有权申请建造一栋仅限自身居住的私宅房屋"，以此判断该原村民是否享受过其应有的且仅可享有一次的居住权利的保障。在补偿依据方面，现行主要依据的《深圳市房屋征收与补偿实施办法（试行）》相对于复杂现实，仍显得框架性、程序性，应当在现有规定基础上，进一步明确"原村民"相关问题，或通过制订实施细则等形式予以明确。就特殊类补偿客体而言，主要为原村民相关的祖屋、宅基地以及与文物保护相关的不可移动文物。对于祖屋、宅基地等部分存在时间较久的客体，需要特别注意历史遗留、风俗习惯等问题，在尊重历史事实、风俗文化的前提下，确定权利人后，根据特殊的补偿标准进行补偿。对于涉及文物保护类特殊客体，则需要按照相关文物保护法规的要求，妥善地进行房屋征收工作。就征转地历史遗留问题，由于深圳市特殊的征转地模式，导致现实中存在部分按照现行规定无法补偿的历史遗留问题。对于该类问题，房屋征收部门同样应当秉承尊重历史、实事求是的原则，尽可能还原历史，查清未补偿的事实情况，找到未补偿的具体原因和应当承担补偿责任的主体，最终结合实际情况采取不同的补偿方式。

第十二，关于房屋征收模式的相关问题，现行的征收制度虽然避免了拆迁时代的问题，但如广东俗语所说"蔗无两头甜"，由于现行法定征收模式存在程序烦琐、时间较长、灵活性较差等特点，且一定征收决定和征收补偿决定作出后会面临行政复议和行政诉讼问题，导致项目停滞及带来行政风险，使征收的工作效率“赶不上”项目进度要求，故在广东省探索市场化“三旧”改造和城市更新的“比较背景”下，深圳市房屋征收部门在实践中也摸索协议征收等其他更为和缓的模式，而类似“预征收”“模拟搬迁”等征收模式也在探索之中。不过，这些法律框架下的变通模式仍需要得到立法的进一步认可和规范。

参 考 文 献

一、著作类

1. 陈明灿:《土地征收导论》,台北,新学林出版股份有限公司 2013 年版。

2. 董和平、韩大元、李树忠:《宪法学》,法律出版社 2000 年版。

3. 房绍坤等:《公益征收法研究》,中国人民大学出版社 2011 年版。

4. 韩大元、林来梵、郑贤君:《宪法学专题研究》,中国人民大学出版社 2008 年版。

5. 最高人民法院物权法研究小组编著:《〈中华人民共和国物权法〉条文理解与适用》,人民法院出版社 2007 年版。

6. 林明锵:《国土计划法学研究》,台北,元照出版公司 2006 年版。

7. 蒙敬杭主编:《深圳年鉴(2004 年)》,深圳年鉴出版社 2004 年版。

8. 深圳经济特区年鉴编辑委员会主编:《深圳经济特区年鉴(1994 年)》,深圳特区年鉴社 1994 年版。

9. 深圳经济特区研究会:《深圳经济特区改革开放专题史》,海天出版社 2010 年版。

10. 王才亮、程国顺等:《国有土地上房屋征收与补偿条例条文释义与案例指导》,法律出版社 2011 年版。

11. 王锡锌编著:《〈国有土地上房屋征收与补偿条例〉专

家解读与法律适用》,中国法制出版社2011年版。

12. 谢瑞智:《宪法词典》,台北,文笙书局1979年版。

13. 钟澄、黄建新:《深圳市农村城市化历史遗留违法建筑沿革、现状与对策研究》,中国政法大学出版社2013年版。

14. 张俊浩:《民法学原理》(上册),中国政法大学出版社2000年版。

15. 张文显:《二十世纪西方法哲学思潮研究》,法律出版社2006年版。

16. 张文显:《法哲学范畴研究》,中国政法大学出版社2001年版。

17. [英]A. 布洛克等编:《现代思潮辞典》,社会科学文献出版社1988年版。

18. [英]鲍桑葵:《关于国家的哲学理论》,汪淑钧译,商务印书馆2011年版。

19. [英]弗里德利希·冯·哈耶克:《自由秩序原理》,邓正来译,生活·读书·新知三联书店1997年版。

20. [英]洛克:《人类理解论》,关文运译,商务印书馆1959年版。

21. [英]洛克:《政府论》(下),叶启芳、翟菊农译,商务印书馆2011年版。

22. [德]汉斯·J. 沃尔夫、奥托·巴霍夫、罗尔夫·施托贝尔:《行政法》(第二卷),高家伟译,商务印书馆2014年版。

23. [美]E. 博登海默:《法理学:法律哲学与法律方法》,邓正来译,中国政法大学出版社2004年版。

二、论文类

1. 陈柏言:《法理视野中公共利益之边界》,载《学术探索》2011年第5期。

2. 曹建海:《论我国土地管理制度与重复建设之关联论中国土地制度与重复建设之关联关系》,载《中国土地发展研究参考》2004年第11期。

3. 曹天:《我国城市房屋征收中公共利益的界定》,载《法制博览》2019年第28期。

4. 傅达林:《拆迁修法:求解城市发展和谐之道》,载《社会观察》2010年第4期。

5. 冯玉军:《权力、权利和利益的博弈——我国当前城市房屋拆迁问题的法律与经济分析》,载《中国法学》2007 年第 4 期。

6. 顾大松:《论我国房屋征收土地发展权益补偿制度的构建》,载《法学评论》2012 年第 6 期。

7. 韩俊:《质疑行政强制性土地国有化》,载《财经》2004 年第 18 期。

8. 侯雪梅:《房屋拆迁中私人财产权利的法律保护》,载《法学论坛》2004 年第 5 期。

9. 贾康、程瑜、陈龙、陈通:《国有平台、整合分类、权益求平、渐进归一:中国新型城镇化进程中土地制度改革难题破解路径——基于深圳调研的报告》,载《经济研究参考》2015 年第 21 期。

10. 焦清扬:《国有土地上房屋征收的立法透析与制度反思》,载《河南财经政法大学学报》2016 年第 1 期。

11. 刘芳、邹霞、姜仁荣:《深圳市城市化统征(转)地制度演变历程和解析》,载《国土资源导刊》2014 年第 5 期。

12. 龙凤钊:《房屋征收补偿协议的性质与救济——对〈国有土地上房屋征收与补偿条例〉第 25 条的分析》,载《行政与法》2013 年第 11 期。

13. 李怀:《城市拆迁的利益冲突:一个社会学解析》,载《西北民族研究》2005 年第 3 期。

14. 刘金国:《再论权力腐败的法律制约》,载《政法论坛》2001 年第 4 期。

15. 黎江涛:《深圳市土地管理法律制度初探》,载《企业经济》2012 年第 7 期。

16. 刘凯章:《论农村城市化的内涵特征及其目标取向》,载《特区理论与实践》1995 年第 10 期。

17. 李龙、刘连泰:《宪法财产权与民法财产权的分工与协同》,载《法商研究》2003 年第 6 期。

18. 龙翼飞、杨一介:《土地征收初论》,载《法学家》2000 年第 6 期。

19. 卢彦铮:《深圳农地国有化“特例”》,载《财经》2006 年第 103 期。

20. 马金芳、魏志学:《公共利益保护的三重视界》,载《商场现代化》2010 年第 28 期。

21. 权小虎:《土地征收制度的法律经济学分析》,载《当代经济》2008 年第 1 期。

22. 史先明、吕云飞:《“模拟搬迁转征收”模式的适用性和工作难点》,载《城乡建设》2013 年第 12 期。

23. 石佑启:《论私有财产权的人权属性及在人权体系中的地位》,载《河北法学》2007 年第 3 期。

24. 王富博:《土地征收的私权保护——兼论我国土地立法的完善》,载《政法论坛》2005 年第 1 期。

25. 王夏昊:《私有财产权的人权底蕴——论私有财产权的性质与意义》,载《云南社会科学》2004 年第 2 期。

26. 武勇:《私有财产权宪法保护的完善及其意义》,载《集宁师专学报》2005 年第 2 期。

27. 邢鸿飞、蔡鹏:《论我国房屋征收制度之发展与完善——兼评〈国有土地上房屋征收与补偿条例〉》,载《湖北社会科学》2011 年第 10 期。

28. 肖俊:《“居住”如何成为一种物权——从罗马法传统到当代中国居住权立法》,载《法律科学(西北政法大学学报)》2019 年第 3 期。

29. 向小东:《成都市城市化主题分析》,载《经济体制改革》2000 年第 S1 期。

30. 闫尔宝:《〈国有土地上房屋征收与补偿条例〉第 25 条分析》,载《行政法学研究》2012 年第 1 期。

31. 余能斌、范中超:《所有权社会化的考察与反思》,载《法学》2002 年第 1 期。

32. 张豪:《城市房屋从拆迁到征收的制度嬗变——兼评〈国有土地上房屋征收与补偿条例〉》,载《社会科学战线》2012 年第 2 期。

33. 章济宏:《走出对城市化认识的误区》,载《浙江经济》1999 年第 2 期。

34. 郑磊:《征收权的规划控制之道》,载《浙江社会科学》2019 年第 10 期。

35. 张明:《国家征收权的异化及其限制》,载《河北法学》2012 年第 10 期。

36. 朱嵘:《房屋征收行政诉讼立案受理三题》,载《法律适用》2011 年第 6 期。

37. 张岩鸿:《深圳原住民城市化的政策演进》,载《特区实践与理论》

2014年第3期。

38. 刘永红、王卫城:《快速城市化地区的征地留用地规划管理探索与实践——以深圳为例》,载《生态文明视角下的城乡规划——2008年中国城市规划年会论文集》。

39. Eminent Domain, 29 A COUPLE JURIS SECUNDUM 147, 2, p. 162. Cited from Ellen Frankel Paul, Property Rights and Eminent Domain.

40. J. B. Thayer, *The Right of Eminent Domain*, MONTHLY LAW REPORTER, n. s. Ⅸ (1856) at 241. Citied from Ellen Frankel Paul, Property Rights and Eminent Domain.

41. Nichols, *The Law of Eminent Domain*, 1.1 *Cited from Ellen Frankel Paul, Property Rights and Eminent Domain.*

42. See Richard A. Epstein, *Takings: Private Property and the Power of Eminent Domain.*

三、报纸类

1. 丁荡新:《深圳不存在"小产权房"》,载《深圳晚报》2016年1月20日。

2. 郭少峰:《中国拟立法以"搬迁"替代"拆迁"》,载《新京报》2010年1月21日。

3. 王怡:《论城市房屋拆迁中的强制权》,载《南方周末》2003年9月11日。

四、学位论文类

1. 化玲珍:《私有财产权的宪法保障》,郑州大学2005年硕士学位论文。

2. 苏丽君:《城市房屋征收补偿问题研究》,复旦大学2012年硕士学位论文。

3. 王波:《国有土地上房屋征收与补偿社会稳定风险评估研究》,南京师范大学2011年硕士学位论文。